電子復刻版
奥泉栄三郎監修　初期在北米日本人の記録／布哇編
26

布哇日々新聞社 編

布哇成効者實傳

Biographies of successful persons in Hawaii

BDL
Bunseishoin Digital Library
Bunsei Shoin
Booksellers,Co.,Ltd.

Digital Reprint Series
Publications of Early Japanese in North America
Hawaiian Edition
Editorial Supervision : Okuizumi Eizaburo
Management of Publishing : Onuma Yoshishige

齋藤總領事序

布哇成功者實傳

布哇日々新聞社編纂

布哇在住日本人成功者實傳に題す

一身貧賤なれば妻我を以て夫となさず父母我を以て子となさず皆な我の罪なりと豈に酸鼻の極に非らずや然も一朝奮然起て其の志を行ふに方りては即ち曰く世情冷暖を看人面高低を逐ふ吾今日乃ち富貴の少くべからざるを知ると洵に共に至言と云ふべし匹夫身を立てゝ家を齊なふるに於てすら既に富貴の少くべからざること斯の如し奚ぞ況んや苟も此昭代に生れ志として達せざるなく業として成らざるなく尚ほ進んでは國を富まし世に益せんと欲するの鬚眉男子たるに於てをや布哇日日新聞社長鶴島半藏君、木村芳五郎君近ごろ相謀て布哇に在住する日本人に就き其成功者實傳を纂す上下二百餘名予受て之を讀むに或は書を擲て寧ろ百夫の長と爲りし者あり（勞働者監督を云ふ）或は大に牛羊を猗氏に畜ふ者あり（牧畜業者を云ふ）或は彼の南畝に饋し田俊至て喜ぶ的の者あり（獨立農業者を云ふ）或は千里貨を通じ什一の利に富巨萬を致す者あり（商業に從事する者）然も其始め洛陽に在るに方てや豈に城南負郭の田二頃を有せんや蓋し其の多くは茆茨の下に舍し短褐を衣て庭廖を炊ぎ藜藿を羹にし人の爲めに傭工したるに非るはなし唯だ一旦世情の冷暖を看るを慨し人面の高低を逐ふを歎ずるに際し千里海を踏んで布哇に來り八島を跋渉し六十耕主に遊説し勤苦經營未だ十數年を出でずして其金牌寶劍を此成功實傳に耀すに至りたるのみ嗚呼盛なる哉予一日鶴島木村二子と共に綠樹の下に箕踞し古今成功者の遺績を談論す皆な曰く季子が言人を欺かずと世の此書を讀む者豈に奮發興起せざるべけんや

明治四十一年四月布哇保農留留府日本人學校中學部講堂に於て

城北書賑精舍侍史記す

緒言

太平洋上の樂園たる布哇は夙に製糖を以て其名世界に喧傳せらる茲を以て各國各人種の勞働者先を爭ふて雲集し今や其數殆んど二十箇國を超へたり豈又昌ならずとせんや然り而して總人口二十萬と稱すれども其大部分を占むる者は我邦人なり

抑も同胞の初め渡來せし者は世に所謂元年者と稱し明治維新の當初渡航せしものにて其數僅に百數十人に過ぎず而して公然我政府と布哇政府が訂約を爲し始て移民の大輸送を試みたるは實に明治十八年一月なりし之を名けて官約の第一回船と云ふ爾來移民の數歲と與に增加し同胞の渡來する者陸續絕へざるに至れり左れど當時は移民の試驗時代に屬し我同胞が果して糖業に適するや否やは一の疑問にして內外人の齊しく危ぶむ所なりし然るに未だ數年ならずして此疑問は解決せられ我同胞は世界唯一の好移民として歡迎を受るに至りしかば官約は轉じて民業となり政府の手より移民會社に移り天下の壯丁を驅りて續々渡航せしむる事とはなれり於是乎同胞移民の數愈々激增し萬を以て數ふるに至れり就中移民の本場として多く渡來せしは廣島山口熊本を以て第一と爲し之に次ぐものを福岡新潟福島と爲す他は少數にして言ふに足らざるなり

斯く年所を經るに從ひ同胞移民の數增加すると同時に先入の同胞は普通勞働の不利なるを悟り獨立事業を起し陶猗の富を累ねんと欲し或は商賈に從ふ者或は珈琲の栽培を爲す者又は米作に從事する

あり又は漁業を營むあり其他養鷄畜豚を爲す者新に鳳梨事業に着手する者其種類千差萬別にして一樣ならずと雖も同胞發展の狀着るべきなり然も彼等は一仙の資を携へて渡航せしに非ず赤裸々の身を以て此國に來り幾多の辛酸を甞めて遂に各種の事業に成功したるなり彼等が勇氣や賞すべく彼等が勤勉や雙手を擧げて讃せざる可らず而して是等同胞の多くは契約移民として渡來したれども中には往々自由移民として渡布したるもあり其は兎に角爾來同胞移民の數は著しく增加し今や七萬の大多數となり布哇總人口の約三分の一を有つに至れり之が爲め邦人の勢力は急速力を以て發展し他人種を凌駕するの優勢を示せり換言すれば布哇の盛衰は同胞の手裏に落在せりと云ふも敢て不可なきが如し夫れ斯の如く同胞の勢力範圍擴張せらるゝに伴ひ効果を奏したる者も亦尠しとせず然るに從來布哇に於て是等成功者の傳記を物し以て一は新來移民の模範と爲し一は以て諸氏の榮譽を後昆に傳へざるは布哇移民史上の一大缺點と言はざるべからず

本社玆に鑒みる所ありて昨明治四十年八月より社員島田軍吉氏を各島に派し各人に就て實地之が調査を爲し前後十ヶ月の長きに亘りて終に結了を告げ編纂せしものなれば傳記の正確なるとは本社の確く保證する所なり覽る者幸に之を諒せよ

明治四十一年六月

布哇日々新聞編輯局識

布哇成功者實傳はしがき

一本書の目的は在留同胞七萬人中の成功者を拔選し之を江湖に紹介すると同時に新來青年者の模範と爲すに在り
一本書に掲載せし以外の人に成功者多々ありと雖も邊陬遠隔の地にして調査すると能はざりし向もあり其は他日再版の際遺漏を補ふべし
一本書中千篇一律のもの尠からざれど元來渡航者の目的及勞働地の區域一定し居るを以て千變萬化の經歷に富まざるも又已むを得ざるなり
一本書は通俗的に文章平易を主としたるが故に更に難解の文字を用ゐざりし畢竟是れ何人にも讀み易からんとを期したればなり
一本書は本年の春を以て出版する筈なりしも案外調査に時日を要し遂に心ならずも遷延したるなり讀者宜しく之を諒せよ

布哇唯一の大新聞

我布哇日日新聞は去る明治三十三年の創刊に係り資本金二萬五千弗の株式組織を以て社基を固め布哇八島の有力者は概ね其株主となり七萬の在留民は殆んど其全部之れが購讀者たり故に我社の主張は直に在留民の輿論となり曾つて實行せられずと云ふこと莫し諸般出來事の報道迅速確實なると廣告の有効なるとは亦邦字新聞紙中の最たるもの也

米領布哇ホノルヽ府
キング街マウナケア街角

株式會社 布哇日日新聞社

（郵函 六八八號
電話 五六二）

布哇成功者實傳目次

目次

オアフ島の部

馬哇島の部

布哇島の部

加哇島の部

ホノルヽ乙部

本重和助君

（在ホノルヽ府）

ホノルヽ商界の重鎮として其名夙に内外人に喧傳せられ克く多方面に向つて秩序ある行動を爲し一擧一動苟くもせず正々堂々の商陣を布き胸に孫呉の韜略を藏し以て商戰場裏に捷を制し今や一方の勇將として名聲嘖々たる者是れ即ち本重和助君に非ずや

君は山口縣都濃郡富田村の人明治六年十二月の出生なり十二才にして父を失ひしかば專ら慈母の手に倚りて生育せしなり左れば君が母に對する感想は一層深きものあり而して十六才より十九才まで藥業に從事し轉じて三年間雜貨の卸賣を開始し大阪九州地方を巡業し大に利殖の道を講じたり時恰も征淸役に際し君の知友多く戰地に赴き活動する所ありしも君は不幸にして機を逸し淸韓の地を踏むと能はざりしを遺憾とし唐突方針を變じ鵬翼を海外に展さんと期し時は明治二十七年九月商品を携帶し故山に背き自由渡航として同年十月ホノルヽに到着せり蓋し同地方に於ける自由渡航は君を以て嚆矢とす君着布後親しく全島の狀況を探り前途甚だ有望なるを看取したり於是乎携帶せし商

品は少しも之を市場に販賣せす先づ將來大飛躍を試むべき階梯準備として語學の研究に熱中せり之ぞ君が秩序ある頭腦を有せし一證として觀るを得べし在府二ヶ年半にて計畫較ぼ成りたるを以て同三十年二月一旦歸朝し同年七月藥品醫療機械等一切を携へ再渡航し同年十月ベレタニア街に開業する事とはなりぬ蓋し日本人專門の藥舖は之を以て元祖とす當時ホノルヽに於て邦醫は乏しく同胞の藥店はなし爲に同胞非常に歡迎せしかば業務發展瞬時に長足の進歩を爲し世人の目を驚かすものありたり殊に開業三ヶ年間は人を雇はず妻君と與に丹精を擢んじて勤勉せしが故に忽ち數千弗の純益を得たり此時に方りて同胞の渡來する者益々多く隨て家屋に不足を感じたれば機敏なる君は同三十二年九月元カナカ寺院の裏面をリースし之に貸家を新築し一方店舖の家屋まで買收したりと又昌なりと云ふべし然るに何ぞ圖らん翌三十三年一月十六日ペスト騷擾の爲め店舖は勿論新築の貸家迄全部灰燼となれり何ぞ其悲慘なるや聞くだに痛惜の至りに耐へざるなり左れど君の剛膽にして沈着なる毫も憂愁の色なく勇氣平生に倍し同年五月新にパラマに開業し後事業の大發展と同時に明治三十七年五月より現今のキング街石造家屋に移轉し以て今日に至れり元來君が商業の主義眼目は着實正直を旨とし終始變るとなく全島顧客の需に應ずるに在り而して商品は藥品賣藥及醫療機械化粧品書籍等總て嶄新の物を販賣せり

君は啻に營業に熱心のみならず凡ての方面に奮鬪するの人なり彼のペスト事件の際世上一般紛擾を

極め宛も戰時に似て誰れ一人起ちて同胞の爲め活動を試むる者なく且つ當時我が商人間に一の團體なきを以て斯る不意の事件發生したる場合に方りては同胞の歩調更に一致せず爲に邦人の困難一方ならず君玆に慨する所ありて奮然蹶起し自ら費用を投じ二週間運動し自衞上財産保護の目的を以て家屋又は店舖を有する者をチャイナタウンに聚め協議の結果遂に共榮會を組織せり之れ君が公共事業に指を染めし端緒なりとす後コーランテンを出でゝ日本商人同志會を設立したり後君推されて其副會長となれり後間もなく君等主唱者となりペスト燒拂に對し損害要償の爲め代表委員會を起し最後迄奮鬪し竟に其目的を達したり次で日本人精米會社を興し其副社長となり本邦より多くの玄米を輸入し之を精白して同胞の需用に供したるを以て全島多數の邦人は布哇米の無味乾燥を去りて脂肪濃厚なる日本米を食することを得るに至れり蓋し本會社は株式組織にして其株主はホノルヽ豪商のみなりと云ふ隨て利益と會社の性質は邦人中唯一のものたり次に君が經歷中一異彩を放ちし事績は最後に帝國貿易合資會社を創立せしに在り其創立の來由を討ぬるに昨四十年五月君歸朝し大阪に於て六名の知友と相議り資本金十萬圓を以て如上の合資會社を組識せしなり本會社は必要に應じては百萬圓まで增資するの制にして營業年限を滿五十年とし專ら海外の貿易に從事するを目的とするものなり即ち本店を大阪に置き支店を廣島東京橫濱布哇に設け今現に着々業勢の發展を計りつゝあり而して君は實に其海外業務の担任者たり君又藥劑師會及藥業會を起せり蓋し藥劑師會は藥品の硏究に

従事し相互に斯業上の智識を交換するに在り次に薬業會は純良なる薬品を販賣し特に日本製出の薬品賣薬の販賣方を奬勵し次て國益の一助となすに在り
布哇に於て邦人の膨脹歳と與に隆なるに連れ永住的の輩も續出し爲に商業は益々發達し毎船の輸入品は積んで山を成すにも拘らず其貨物に對し未だ完全なる邦人の海上保險あらず且つ在布の同胞中家屋を有する者多々ありと雖も未だ邦人の經營に成る火災保險あらず是を以て君夙に之を憂ひ昨四十年歸朝したるを好機とし竟に日本海上保險會社及共同火災保險會社に交渉を遂げ布哇代理店となり今や之が擴張に全力を竭しつゝあり
以上記する所は君が經歴の一端に過ぎざれども若夫れ詳細に記述するに至つては尙ほ多くの紙を費すべし要するに君が幼時よりの來歴は正々堂々たるものにて布哇同胞中稀に見る所なり特に公共的事業の爲に盡瘁したる功績は永く布哇移民史上に特書して沒すべからず君資性謹直嚴正にして腦漿綿密なり是故に君が一たび着手せし事業に成効せざるものなし吾人は君の傳記を草するに當り隔靴搔痒の歎を免れざるを遺憾とする者なり

*　*　*　*　*　*　*

松本菊三郎君

（在ホノルヽ）

布哇に成効者多しと雖も毎に白人を對手として大々的諸般の請負に從事し着々効を奏し今や巨萬の富を作りたる者は本編の主人公松本菊三郎君なり然れども君が今日迄の徑路を訪ぬるに決して一朝一夕の事にあらず請ふ聊か其經歷を説かむ

君は福岡縣三潴郡鳥飼村字大石の人元治元年十一月一日の出生なり九歳の時母を喪ひしかば君の成育は全く父金藏氏の手に倚りしなり君二十三歳より四方の志を起し先づ佐世保に遊び一年三ヶ月間在留せしが偶々病に罹り一旦歸省し全癒の後商業に從事し各地を周遊せり時に九州鐵道の工事開始せしを以て其敷設に從ひ熊本市に在ること前後四年半なりしと云ふ此時君の齡二十六歳なりし後鹿兒島に至り終生の目的を立んと期せしも意の如くならざりしが故に齡而立の時俄に外遊の念を起し之を父に議りしに快諾を得ず當時父の齡六十四歳なりしと左れど君が鬱勃たる渡布の念は禁ずること能はず茲に於て一時の不孝を忍び胸に將來の成効を期し遂に無斷にて妻を伴ひ故山を發程し當布哇に

來り明治二十六年十月二十九日條約地たる布哇島ハカラウ耕地に至り月給十二弗五十仙を以て就働する事とはなりぬ居ると半歳にして不幸にも妻君發狂し到底同耕地に在りては治癒し難きを以て止むなく同地を去る事となれり寛量なる耕主は君の境遇を憫み一仙を要せず解約を爲さんとせしに和田監督官の不親切に依り二十八弗を支出して漸く契約解除の身となりヒロより巡査の保護を受け船中無難にホノルヽに到着しパラマ瘋癲病院に入院せり時に二十七年六月十一日なりし君既に出府すると雖も同郷人はなく且在布數ヶ月に過ぎざれば別に貯蓄もなく進退殆ど谷まり爲に三日間絶食したる事さへありと云ふ斯る境遇に在るも君の性質として他人の保護を受るを屑しとせず又妻君看護の地位に立てば夫婦の情として他耕地に轉ずるに忍びず是に於て忍び難きを克く忍び某白人の所にて三週間無給にて働き以て妻君の病狀を窺へり此間に於る君が苦心慘憺は想像以外に出で聞くさへ同情の涙に耐へざるなり斯くてあるべきに非れば同年八月廿六日よりカリヒなるボンミールに働く事となれり當時征清の役に際しアイエア、ワイパフ方面より召集に應じ歸國する者ありしかば妻君の病治せざるが故に同年十一月四日官の手を經て其人等に托し故郷に送還せり之より君勇氣を恢復しボンミールに在りて熱心に働けり二ケ年半の就業中休みしとは僅に二日間なりしと以て其精勤の一班を知るべし期く奮勵の結果として四百八十弗の貯蓄をなし得たり時に友人杉山氏カメハメハスクール校長タムソン氏の所に働きしが或日來りて君に語るに峰蜜事業の有利なる事を以てす之に依りて同氏を介しタムソン氏より四十二弗の蜂を求めモイリヽに於て同事業を開始し尙資金に不足を感じたれば二年半の外重ねて半歳ボンミルに働き其資を携へて始て獨立經營することとなれり蓋し邦人にして蜂蜜事業に着手したるは君を以て嚆矢と爲す君の先見大に効を奏し破竹の勢を以て日に月に事業發展し折柄米西戰爭に丁り米兵のホノルヽに寄港する者夥しく之に蜂蜜を販賣せしかば意外の盛況を呈し僅に二ヶ年半にて四千弗の純益を得たり玆に於て現今の家屋を購ひ永住の基礎を立て益々奮て大發展を試みんとせり偶々屋後に奇石を發見せしを以て家屋の建築用材として之を市場に販賣せしに世人の注意を喚起し非常に歡迎せられ後には五十七臺のズレーを運用し廣く世上の需に應ずる事となれり君此時を以て身を請負界に投ずることとなり專ら白人側の建築工事を請負ひ明治三十三年頃より愈々順境に向へり爾來白人を對手として大小の工事洩す所なく敏捷に請負ひしかば數年を出すして數萬の富を作り益々進んで大發展を試み多き時は部下百六十七人を使役し少くも百名を下らず平均百二三十人を監督し事に從ふを以て白人の請負師も爲に恐慌を起し君を蛇蝎の如く懼るゝに至れり夫れ斯の如く君の財力威望白人の請負社會を壓するに至りしが故に今や五箇所の事業を擔任し其總收入十餘萬弗なりと云ふ又昌なりと謂ふべし

聞く君はホノルヽに四箇所の家屋を所有するが故に假令今日本に還るも此家屋より生ずる收入は年々優に千弗以上なりと以て君が財力の一端を見るべし君初め蜂蜜事業より成効の緒を啓きしを以て

昔を忘れざるが爲め今に此事業を繼續しつゝありとの事なり思ふに從來邦人の成効したる者は概ね邦人を對手としたるものなるに君は獨り然らず白人の財嚢を以て自己の金穴と爲し以て斯る大々的成効を遂げしは君が無上の名譽と謂ふべし況んや最初より一仙たりとも他人の力を借らざるに於てをや嗚呼君の如きは同胞成効者中の成効者なり吾人は雙手を擧げて君の大成効を祝するに吝ならざるなり目下君の父は健在にて君の鄉に還るを鶴首待ちつゝありと而して君にブラザー六人ありしが君は實に其三人目なりと云ふ君其れ自重自愛せよ

石井勇吉君

（在ホノルヽ）

社會公衆の爲め献身的に慈善事業をなす者天下殆んど稀なり外面に慈善を粧ひ內部に自己を益せんとする者天下滔々乎たり眞箇に慈善を行ずる者は人中の最上々にして稀有最勝の人なり自己を棄てゝ他を救ふ者之を菩薩と云ふ

石井勇吉君は實に其人なり君は廣島縣廣島の人なり吾人は君の幼年時代を知らざれども君は着實溫厚の君子にし曾て人と爭はず隨て一人の敵をも作りたる事なく常に和言愛語を以て人に接するが故に一たび君の容顔を見れば微風幽松を吹き百鳥梢に囀るの感あり君は明治十四年始て看護卒を以て

陸軍に奉職し丸龜松山及五師團等を歷任し遂に累進して藥劑師となり同十九年其職を辭したり是より先き君は從來治療上に使用する繃帶綿花等は不消毒にして而も不完全の點多きを慨し獨逸の繃帶

綿等を參考とし遂に明治二十年六月繃帶材料品消毒綿花綿紗の類を案出發明し之を五師團軍醫長に呈出せしに賞賛を博し尚ほ軍醫長より着色法に就て注意を與へられ茲に始て完全なるを得たり左れば現今日本全國に於て軍隊及病院開業醫等の使用する繃帶綿花等は全く君の發明に係るものなり然れども君の無慾にして慈善心に厚き之が專賣特許を受ければ全國に普及する事難く且つ隨て價も不廉なればとて一般の人に自由製造を許したり又以て君が眞箇の慈善家たる事を知るに足らむ該品發明後君は廣島市に於て藥舖會なるもの創設し之が主任となり大に斯業の發達を圖り又新に海龍堂藥舖を開業し病者を憐み貧者に施藥し益々君が特性を發揮するに至れり

明治二十七年征淸の役起るや君は藥劑雇員として五師團に從屬し牙山の戰鬪終るの時に渡韓し平壤より大孤山、金州、大連灣等を經歷し翌二十八年戰局終を告げて凱旋す此功勞に依り勳六等に敍せらる實に家門の名譽なり或日軍醫長長瀨氏君に告げて曰く公の發明せる繃帶綿花等は可は可なれども歐米諸洲は文化の程度發達し居れば該國に渡り實地研究し來らば定めし益する所多からん公未だ老たりと云ふに非れば之が研究に從事し來らざるやと此勸告に基き斷然意を決し一家は今の令閨に一任し獨逸國に嚮ふ筈なりしが同行者の都合により俄に方向を變じ渡米する事とはなりぬ其途次自家調製の藥品を布哇に賣弘めばやと覺悟し價格一千餘圓の品を携帶し當布哇に立寄りしは明治三十二年十二月末なりし然るに何ぞ圖らん上陸後七日目にペスト騷動起りホノルヽ全市は祝融氏の災に遭ひ君が携帶せし荷物も此難に罹り一物も餘さず全く烏有に歸したるが爲に最初の决心に一大障害を與へ渡米の素志を貫く事能はず止むなく此地に留りて藥舖を開業する事とはなれり君は本來の佛敎篤信家なれば何も皆因緣なりと諦め暫く在留する事に決し間もなく令閨を呼寄せ斯業の擴張に熱心するに至れり噫世はまヽならぬものなる哉

君海外に在るも報國の念禁ずる能はず依りて三十七年三月征露の役に際し金五十圓を赤十字社救護費の中に寄送せしに同社よりは其志を嘉し且つ會員募集の事を囑托し來れり是に於て君同社のため大に盡力せし結果入會金殆んど一萬圓以上を送付せりと云ふ此功蹟に對し三十九年十一月二日付を以て本社の役員會議に於て君を特別社員に推薦したる旨を報じ同時に徽章及辭令書を寄送し來れり以て其人と爲りを知るべし特に吾人の感歎措く克はざるは彼のモロカイ島に在りて終生日本に還ること能はざりし同胞の癩病患者を救ひ本邦に送還せんと欲し卒先して三田村ドクトルと議り數次合衆

國政府に交渉し多くの金と時間を費し自らモロカイの孤島に出張し憫むべき彼等を慰め遂に目的を達し米國政府の認許を得て本年三月彼等七名を東京癈疾園に送還したるは寔に無上の功徳と云ふべし一たび君等兩氏が此運動に着手するや遠近傳へ聞て其擧を賛し忽にして一千弗の寄附金ありしと云ふ畢竟是れ君が献身的慈善運動の結果と言はざるべからず君は眞に在家の菩薩たる價値ありと稱すべし此運動に就ては君が令閨内助の力尠からざりしとの事なり

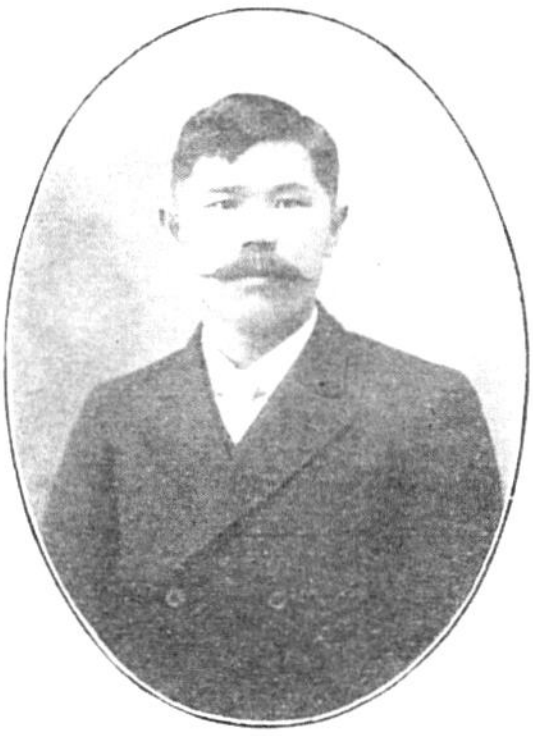

中島音五郎君

（在ホノルヽ）

天性活潑小事に拘泥せず孜々として長谷氏と協同事に從ひサルーン業に成效し今や同業者間に牛耳を執れる者之を中島音五郎君と爲す

君郷里に在りし時は農業を以て本とし傍ら雜業に從事せしが夙に外遊の志あり時は明治二十三年五月上旬官約第十八回船として新湊より三池丸に乘り同月廿九日無事布哇に到着せり而して君は山口縣佐波郡防府町の人にて明治二年五月二日の出生なりと云ふ君一旦上陸するや條約地たる馬哇島ツ

イヘー耕地に送られたり當時君等と與に同耕地に至りし者獨身三十人夫婦者十組ありしと君等就働一ヶ年の後今田某が微細の爭ひよりナイフを以て金澤某を殺害したる事あり依りて今田は有期徒刑二十一年に處せられたり後聞く所によれば同人は服役中病に罹り牢死せりと此事件の爲め耕主大に日本人を畏れ條約を解除せんと申出たり君密に之を悦び三四の知友と解約の上一先づホノルヽに出で岸本ホテルに投宿し四方の狀況を視察し遂に白人の家内的勞働に住込み數年ならずして數百弗の貯金を成し得たれば之を資となしズレー業を開始せり斯業は從來同胞間になき所と云へば君が嚆矢たりし事勿論なり此際君木原牧師に就き岡村氏の女と結婚し今は男子二人女子三人を擧げたりと此當時公式にマレーせし者甚だ稀なりと聞けば君の結婚は恐くば最初のものなりしならむ爾來尾崎酒店に職を奉じ又轉じて木村酒舖に入りたり之れ君が後來酒に趣味を持ちサルーン業に成効せし端緒なりとす而して後君マヌケア街に手合亭と稱する料理店を開けり之ぞ現今新柳亭の元祖なり然るに不幸にも明治三十三年一月ペスト事件の爲め全家燒失し一時廢業せしも間もなくベニヤード街に手合亭を再興し福島市之進氏と協同開業し君は依然木村商會に働きしが後之を福島氏に讓り同氏は後之を今の須内氏に讓れりと云ふ

木村商會主一旦歸朝するに方り同商會が會社組織となりしを以て其職を辭し現今の住所に菜園を求め就業せしが明治二十七年長谷氏がポルキー所有のサルーンを買收し開店せしに依り同氏と協議上

アーラサルンと命名し盛に斯業の發展を圖り今や内外人同業者間に其名聲を博するに至れり而して君の母は明治二十六年に死し父は同三十一年に歿せりと特に悲むべきは君の妻君本年二月二十二日五人の子を遺して黄泉の客と化したるに在り當時記者の偈に曰く

光明遍照十萬界。無古無今絶死生。宇宙乾坤淸似鏡。一聲孤雁月三更。

長谷善左衛門君

（在ホノルヽ）

篤實の資を有し一擧一動苟もせず克く中島氏と和衷協同し自己の天職に向つて精勵の實を擧る者之を長谷善左衛門君とす中島氏の快活なる君の溫厚なる互に意氣融合し以て今日サルーン業の盛を見る故なきに非る也兩者洵に好個の對照と謂ふべし

君は明治二年四月を以て郷里山口縣玖珂郡由宇村に生る君壯年の頃農業に從事せしが明治二十二年十二月下旬岩國新湊より山城丸に乘り官約第十一回船として航海十四日間を費し明治二十三年一月十日ホノルヽに到着し直にオアフ島ヘーヤ耕地に同胞三十五人と與に至れり就働匆々君等二名拔躍

せられて機關部に入り精勵事に從ひしを以て月給及び增金手當等を合し每月の收入三十弗以上なりしとは當時同胞間の珍とせし所なり同耕地に在る二年九ヶ月にして條約解除となり間もなく加哇島キラウエア在勤の白人インジヽルの招きに出り三四名と同行し勤務八ヶ月の後ホノルヽに歸來し轉じて馬哇島ワイルクに遊ぶと四ヶ月なりし再びホノルヽに歸り或者と協同し肉店を開始せしが二三ヶ月にして失敗に歸せり依て白人の家內的勞働に從ひ勤續六年なりしと云ふ此間多くの貯蓄を爲し得たれば奉公の傍ら人を雇ひヌアヌ街に牛乳業を始め稍や順境に趣きしを以て明治三十年白人の家を辭し專門に斯業に從事せり此際乳牛十頭ありしが事業の發展と同時にバウォアに移轉し遂に乳牛四十頭を飼育し外に馬三頭車二輛雇人三名を使役するに至れり豈又盛ならずや君が此業を經營する前後七ヶ年なりし而して一方君はコンクリー製造場にルナ旁機關部に就働せしも悲哉君牛乳業に經驗乏しく且つ土地の選定を誤りしが爲め斃牛續出し七年間に三十四五頭を失ひ竟に三千四五百弗の損害を招きたり是に於て之を他に讓り石風呂を開業し一時全盛を極めたり世人諸病に効驗あるを知り隨て重症者陸續入浴に來り多くの時間を費すか故に勘定合ふて錢足らずの諺に洩れず比較的潤益少き場合となりしを以て明治三十六年ポルキー所有のサルーンと石風呂を交換し遂に元筑紫館跡に引續き開業しライセンスの都合にて一時ポルキーとコンパニーなりしも間もなく分離し後現今の中島氏と協同し目下の處に移轉せしに着々効を奏し今や鯉魚龍門に登るの慨あり

川崎喜代藏君

（在ホノルヽ）

キリスト曰く悔ひ改めて福音を知れと蓋し人類の弱點として自己の罪惡を知り已に反省して之を改悔する者は甚だ稀なり世の多くは血氣の勇に逸り一時の情慾に驅られ知らず識らずの間に罪惡を犯す者なり若し夫れ反省改悔して自己の天分を全ふする者ありとせば其人は眞個の人傑にして人中第一の人と謂ふべきキリスト曰く心の虚しき者は福なり其人は眞の富を得ればなりと川崎喜代藏君は即ち其人なり

君は山口縣大島郡久賀村の產なり君青年の頃より商業を好み酒類を販賣するを業とせり隨て飮酒することを習得し未丁年の當時は既に一升株を以て稱せらるヽに至れり此飮酒の爲には多くの惡友も出來遂には放蕩に身を窶し友人等と與に相撲の群に入り商業を抛ちて各地を周遊し毫も家事を顧みず之が爲に父母涙を呑んで數次諫むれども馬耳東風少しも自省の念なく放逸日に月に增長せり鄕黨爲に指彈し親戚爲に疎外し惡魔を以て君を目するに至れり此間父母より勘當を受ること二回なりし

と云ふ君は十六才より廿四才まで前後九年間放蕩三昧に日を送りしが會々布哇移民の募集ありと聞き君卒先して募に應ぜしが父母親戚大に悦び宛ら疫病神を拂ひしが如く寛俊僧都の夫れに似て遂に君が首途を送る事とはなれり君は一回船の渡航者にて明治十八年一月桑原重太郎氏等と當布哇に來り間もなく加哇島ケアリア耕地に條約移民として就働する事とはなりぬ三年の條約も滯なく勤續して廿一年二月ホノルヽに出府しワイルク汽船會社に雇はれ給仕人たること八ヶ月なりし夫より轉じて共濟會寄宿所の仕出しに從事せしが當時のドクトルは川田氏なりと云ふ之ぞ君が將來旅館を開業するの端緒にして布哇旅館の元老を以て稱せらるゝ所以なり而して三ヶ年の後始めてホテルのライセンスを受けペレタニアに（現今山一旅館の跡）於て開業せしが不幸にもペスト事件の爲め明治三十三年十一月二日全戸燒失の難に遭ひコーランテンに移され一時非常の困難に陷りしが消毒解禁の後直にクヽ井街に於て再び開業し斯業の擴張に熱心せし結果來客毎に充溢して到底衆望に應ずる事能はず家屋狹隘を告げたるに由り明治三十六年四月現今の處に一大家屋を新築するに至れり又昌なりと謂ふべし

君は熱心なるキリスト教信徒なるが抑も君が此敎に入るの動機はケアリア耕地就働中禁酒會に入りしを發端とせり而して明治十一年五月ホノルヽに於て某教會所の說敎を聽きしに敎師の曰く己に罪ある者は救世主の救ひに依りて赦さるを得る云々と茲に於て君熟々想らく吾青年時代より父母の命

に背き親戚の厚意を無みし知己朋友其他の人に對して罪惡を造りし事は擧げて數ふべからず然るに今牧師の敎誨を聽くに吾が如き造罪の者も改悔すれば天帝の惠によりて救はるゝ事を得ると左れば吾之より此敎に入り從來の罪惡を救はれ以て人間の生涯を送らんにはと忽ち此敎の信徒と爲り洗禮を受け淸き世を渡る事とはなれり諺に云ふ惡に强ければ善にも强しと君の如きは眞に其人なり

君が今日まで公共事業に盡したることは枚擧に遑あらざれども就中其一二を擧ればケアリア病院の如きまたヌアヌ街日本人小學校の如きは君が重に發起したるものにて其濫觴は君等の手に基きしものなり殊に現今の日本人慈善會の如きも其始めはミソヂスト敎會附屬の婦人會員三名より起りし者にて同敎會が米本土に引擧る際僅に十二弗の金額ありしを貰ひ受けて君等が東西に奔走の結果漸次に隆昌となり終に今日の盛を見るに至りしと云ふ其効蹟著大なりと謂ふべし

君に五人の令男女あり其中長女は三十八年三月敎育上の都合に依り日本に送還し目下東京靑山女學校に在學中なり君が如きは公私共に克く竭すの人なり君のホテルがホノルヽ四大旅館の隨一として同胞に喝采を博しつゝある決して偶然に非ざるなり吾人は君が業務の益々繁榮するを祈る者なり

* * * * * * * * * * * * * * * *

岩上金壽君

（在ホノルヽ岩上商店主）

ホノルヽ商界の先鋒者として今は根據堅く居を首府の中央に占め勢力聲望兩ながら全ふし八島商界の牛耳を執る者之を岩上金壽君と爲す

君は明治五年十二月を以て栃木縣安蘇郡赤見村に生る君幼にして普通學を修め稍や長ずるに及んで岩上織物工場の監督となり父兄を扶けて大に自家製品の發展を計りしが會々同品が海外輸出向として頗る好況を呈したれば君の實兄幸太郎氏は機逸すべからずとして橫濱に店舗を開始したり時に明治二十一年なりし是に於て同二十二年君鑒みる所ありて織物工場は擧て父に一任し君自らは橫濱に出で兄の事業を補助し傍ら橫濱商業學校に入り以て後來活動すべきの基礎を作れり之より先き最初君が家の製品に拘はる木綿縮は海外輸出品とは聞けど何れの地に向つて輸送され何程の利益あるやを知らざりしが後探究して布哇向なるを確め且つ內地に於て假令へば八十錢の價格あるものが布哇に於ては米價一弗三十仙に販賣せらるヽと聞き掛金蒐集を兼て君自ら渡布せんと志し實兄に議りし

に兄幸太郎氏大に其壯擧を賛し餞別として數千反を附與し曰く汝此物品を携へて渡航し以て將來の運命をトせよ吾家未だ資金豊富ならざれば此行にして失敗せば續いて物品を送附する餘地なし汝之を思へと君此言を聞き感奮期する所ありて遂に萬里の征途に上る事とはなりぬ是れ正に明治二十四年十一月なりし當時君の感慨果して如何ぞや若此行にして失敗に終らば再び兄と相逢ふ事も能はざるべし君が終生の運命は此一擧に決せらるゝなり然るにホノルヽに到着し見れば君の豫期に違はず價格の廉なると物品の精選なるを以て一朝に之を賣盡したり於是乎君益々布哇の有望なるを看破し直に現今のホテル街に一大家屋を借受け愈よ奮て斯業の發展に從事するとゝなれり此當時日本人の各商店は家屋倭小のものゝみなりしに係らず斯の如き大家屋をリースして開店せしが爲め內外人共に一驚を喫したりと云ふ爾來年と共に順境に向ふと同時に同胞商店に對し日本品の買繼を開始し大に便宜を計りしが故に利益と聲望兩ながら第一位を占むるに至れり隨て横濱なる家兄と協力以て海外貿易發展上の必要を感じ明治三十二年兄と合名會社を組織するに至り益々進んで同三十三年には食料部をも開始する事とはなれり又昌なりと謂ふべし斯く營業の發展に伴ひ支店を桑港及大阪に設け同胞商界の白眉たるに至れり後買繼の業務盛大なるに連れ食料部を經營するの餘地なきを以て明治三十八年に之を中止したり

君が店舖の家風は支配人を三年交代とせり開店以來支配人たりしは新谷德次郎、平岡恭太郎、小山鹿藏、小林吉郎、中山金吾の諸氏なりとす而して現今のマチジャは毛利彥十郎氏なり君目下は橫濱に在りて參謀の任に當り畫策に餘念なしと聞く君天性宏量にして人を容れ頭腦明晰決斷流るゝが如し常に沈默を守ると雖も事に臨んでは談論風發の慨あり君平素の主義は油斷大敵仰天大笑を以てせり以て君の人格如何を知るべきなり君又每に店員を自己の手足の如く愛するが故に店員諸氏は犬馬の勞を惜まざる也君は啻に業務に熱心のみならず公共の事にも亦熱心なり彼の日本人小學校の如き敎會事業の如き又浪速艦來港當時の活動の如き其他ペスト事件に運動したるが如きは最も著明なるものなり君は眞個商界の傑物と謂ふべきなり

高木一郎君

（在ホノルヽ）

君は千葉縣安房郡北條町の人去る明治三十六年二月中妻君同伴にて始めて渡來せり當時布哇の狀態は君の想像と大に異なる點多く且つ同鄉者も尠なく隨つて知人も皆無にて企業の容易ならざるを知るも君は普通の勞働者と其の出處の異なる丈け氣品も高く常に人に下るを屑とせず故に君は求めて

困難の位地に逢着するも更に意とせず飽迄獨立的企業を爲さんと畫策せし折しも曾て君より學資の支給を受けて學習院中學在學中の令弟は同中學の業を卒へ進んで帝國大學へ入學の志望を以て君の賛同と學資の支給を請ひ來るに會し流石に意志の强硬なる君も令弟の志望を斥くるに忍びず心機一轉儘よ弟の志望を滿し得させんは父母に對する孝の一端にもなるべきを思ひ一身を犧牲に供する覺悟にて俄に方針を變へ適宜就働せんと欲し傳手を求めし折柄幸ひ旭染物屋戸川氏の望に應じ同店に働く事となりしは三十七年七月のころなりき間もなく烱眼なる君は新來移民の撿疫所千人小屋に於ける狀態を見て彼等の渴望を滿たすべき物品の供給販賣は相互の利益大なるべきに着目し或る知人の援助を得て移民通譯官ギフヲーー氏を通じて米國中央政府の許可を得んと盡力中偶々移民總監サーゼントー氏の移民狀況視察の爲め來布せるに際會し依て以て直ちに特許を得君の目的は達せられたり次で君は副業としてフオートー街クヽイ街角に洋服店を開業し爾來四ヶ年半餘奮勵勤勉し効果は空しからず令弟に充分の學資を支給して一昨年中首尾克大學を卒業せしめしのみならず幾多の蓄財を得て昨年十二月同業を廢し續て本年一月以來各耕地に於ける同胞の慰藉に資せんが爲め新式活動幻燈を購入し現に各耕地を巡回しつゝあり而して其總收入より實費を引き去りし餘の純益金を以て各耕地に於ける公共事業に向つて寄附したりと云ふ蓋し君は勤勉家にして公共心に富むのみならず能く財を集めて克く活用するの人と云ふも過言ならざるべし宜なる哉明治四十年十一月ホノルヽに於け

る四邦字新聞社が聯合人氣投票を行ふに當り君は勤勉家として最高點の榮譽を擔へり君も亦た同胞中の偉丈夫なる哉

水崎虎之助君

（在ホノルヽ）

寡言沈着の資を具へ必要以外の言を弄せずと雖も而も多くの人を使役するに宛も自己の手足を使ふが如く繰縱自在にして克く天賦の職務に忠實なる者是れ水崎虎之助君なり

君は明治十年二月を以て福岡縣筑前國糸島郡一貴山村字田中に生る君青年の頃雜商に從事し九州各地を遊歷せし事あり後明治三十一年九月下旬海外に遊ばんと欲し神戶より依姬丸に乘り海上恙なくホノルヽに到着せしは翌十月十七日なりし着布匆々オアフ島カフク耕地に至り條約移民として三ケ月間就働せしが君の意に滿たざる事ありしを以て斷然日本金九十四圓を支拂ひ解約の上直にホノルヽに出府せり此時君の齡二十三才なりしと云ふ君一旦ホノルヽに出るや熟々想へらく吾れ此國に來るも畢竟金を得んが爲なり左れど利を收むるには英語の素養なかる可らず然りと雖も吾に資金なけ

れば自ら資を投じて專ら語學を研究するの餘地なし吾れ今多くの春秋に富めば英語を習得し而して後ち業に就くも未だ以て晩しと爲さず如かずスクールボーイとなりて英語を修めんにはと玆に於て大奮志を起し自ら諸方を奔走し遂にスクールボーイとして白人の内に住み込み必死を期して勉强せしかば其効空しからず半歳餘にして普通の會話を爲すに至れり偶ま明治三十三年一月ペスト事件起りしを以て君其厄を免れんと欲しヌアス街に往き政府の道路開築の事に從ひしを以て僅に避難するを得たり後數月にしてペスト騷擾終りを告げたれば目下の時間棧橋に就働し二年間精勵の結果累進して終にルナとなり今日まで勤續殆んど八ヶ年に及べり而して君が使役する所の部下は常に少くも六十名を下らず多き時は百五十名を超過する事もありと云ふ此馭し難き血氣の壯者を巧に操縱する君の技量感すべきなり

元來君は篤實にして俠氣あるが故に部下克く心服する決して故なきに非ず試に近時に於ける一例を擧げんに明治四十年十二月九日部下の濱田仙太郎なる者棧橋にて石炭運搬の際過ちて梯子より墜落し即死を遂げたり然るに彼平素貯蓄なきが爲め葬儀を營む事能はず、依りて君之をポスに談判せしにポスは僅に三十弗の外出金せずと言ふ而して其實費は七十弗なり是故に君一身の進退を賭し口角沫を飛ばしポスに嚴談を申込み遂に全額を支出せしめたり之が爲め部下悉く君の憑むべきを知り一層信用の程度を高めたりと寔に君の如きは義の爲め身を顧みざる硬骨の快男子と謂ふべし君の母は

三十八年四月に病歿し父復た三十九年七月他界の人となれり君に兄弟三人ありて君は實に其三男なりと云ふ

菊川仙七郎君

（在ホノルヽ）

君は熊本縣下益城郡東砥用村字畝野の人なり壯年の頃農を以て業とせしが明治十九年五月十日米本土に航せんと志し郷關を出發し横濱に出て外國船に搭じ八人の同胞と共に直航サンフランシスコに到着し直にサンタクロスのソーミルソケルに至り前後三年間就働し多くの資を蓄へたるを以て一先づ歸朝せんと欲し歸路ホノルヽに寄港せしに偶ま知人に逢ひ布哇の事情を聞き且つ知友の勸誘に基き其儘在留する事に決したり

明治二十一年資を携へ布哇島カウ郡パハラに至り豚の飼育に從事し居ること一ヶ年にして飄然去りて馬哇島スペクルに來り勞役一年の後ホノルヽに出で二年間在留し次で加哇島ハナペヽに往き一年間を經て再びホノルヽに歸り數年間拮据勉勵の結果多額の貯蓄を爲し得たるが故に明治三十一年二

月下旬一應歸國し父母の安否を伺ひ而して觀光の爲め諸方を周遊し同年十一月布哇に再渡航し爾來ホノル丶に在りて飲食店を開き盛に業務に熱心せしかば日を逐ふて貲財を貯ふるに至れり時に下田氏イヴリー町に於てサルーンを開始するに當り君其マチジヤとして大に援助を與へ明治四十年四月よりは君專ら其業を擔任せしが本年四月に至り其筋の認許を得て下田の名稱を君の名に改めたるを以て今や君は獨立サルンのボスとして其名を同胞間に知らる丶に至れり

君本年五十七才なるが近年大に悟る所ありて公共事業に全力を注ぎ他方面に向つて熱心努力せり今其一二の例を擧んに君甞て同地邦人に宗敎の何物たるを知らしめんが爲め自宅を以て布敎場に充て毎月眞宗本願寺より出張を乞ひ一般人に二諦の敎義を聽聞なさしめたる如く又ホノル丶本願寺布敎所が別院に昇格したる際も大に力を竭したるを以て本願寺より功勞狀を授與せられ且つ卅九年七月一日に地方世話係を囑托せられたり明治三十九年十月姉川艦來布せし時も赤十字社への加入者三十五名を勸誘せり而して君等夫妻は赤十字社終身社員たり是を以て同社長伯爵松方正義氏より明治四十年三月五日附を以て左の令旨を傳へらる文に云く本社忠愛の主旨に協同し盡力せられ其功勞少なからず仍て總裁殿下の臺聞に達し以て永く謝意を表す菊川仙七郎殿と又大勳位功四級裁仁親王殿下よりも賞狀を賜りたりと實に家門の榮譽と謂ふべし君復た軍人遺族救護會にも加入し以て國恩の萬一に酬ひん事を期せり曩に伏見宮殿下英國よりの御歸途ホノル丶に立寄らせ給ひし時殿下の思召

に基き君等赤十字社員は殿下と與に寫眞撮影の榮を得たりと此一葉の寫眞が後世孫に傳ふべき好紀念と爲すに足るべし宜なる哉明治四十年十一月ホノルヽ四新聞聯合投票を行ひし際君六十大家の一に加へられたる至當の事と謂ふべきなり

君の父は明治三十八年に歿し母は今尚ほ現存せり君は其長男にして君に一人の妹ありと而して君に四人の子ありしが長男は既に死し他の三人は現に日本に在りて壯健なりと云ふ

倉本辰藏君

（在ホノルヽ）

布哇の漁業家として其名夙に世人に知られ今や巨萬の富を作り遠からず錦衣還郷の途に上らんとする者之れ倉本辰藏君なり

君は慶應元年を以て廣島縣安藝郡仁保島村字日宇那に生る君幼時より漁業に志し長ずるに從ひて益々多大の趣味を感じ斯業を以て成効せんと欲し研究暫くも怠らず稍や此道に熟するに及んで近海は勿論內海各所に出漁を試み獲る所甚た多かりし云ふと後明治二十四年遠洋漁業に志し朝鮮に至り一

ヶ年餘在留して非常に利益を占め得たり而して一旦歸鄕し大に鑒みる所ありて布哇に航せんと欲し時は明治二十七年七月即ち征淸役の初に當り自由渡航として當布哇に渡來し上陸匇々オアフ島エワ耕地に至り手慣れざる勞働に從事し三年間無事勤續せり以て君が耐忍力の一班を知るべし後布哇ホノム耕地に至り就働する事半ヶ年にして較ぼ目的の資を得たれば直にホノルヽに出府しカリヒに於てサムゼーモン氏の所有に係はる漁場を條約し兼て練磨せし手腕を揮ひしに豫期の如く計畫着々効を奏し意外の收益ありしかば漁業の傍ら現今の西村旅館隣即ちケカウリケに於て商店を開始したりしに不幸にも間もなく明治三十三年一月ペスト騷擾の爲め火災に罹り全部燒失せり然れども君の剛膽なる更に之を意に介せず同年五月直にキング街パフマに於て重て雜貨店を開業せり左れど君元來商業の人に非れば此事遂に失敗に歸したり是に於て大に感じ商業界に斷念し專ら本職の漁業に從ひ一層漁業範圍を擴張し多くの部下を督し拮据勉勵せしかば日に月に隆昌を極め今や布哇同業者中の大立物として其名全島に鳴るに至れり昨明治四十年十一月ホノルヽの邦字四新聞社聯合して布哇八島六十大家を募集するに方り君が漁業家仲間に於て最高點の榮を得たる決して故なきに非るなり目下君の漁塲區域はカリヒを本據としプールア及びアイエア方面に涉り其延袤殆んど十數哩なりと云ふ又昌なりと謂ふべし而して現今君の部下に屬する壯丁は三十餘名ありて各々勞を惜まず克く勤勉せり

君天性篤實溫厚にして愛嬌あり是故に常に人に珍重せらる洵に得難き好個の人物なり語に曰く天道は善に替し惡を懲らすと實に然り君が斯く成効せしも畢竟平素篤實の果報たりしや瞭然たり矣君に二人の男子あり皆故郷に在りて生育せしが先年故ありて長男を呼寄せ即今ホノルヽ、デーモンスクルに在學中なり君も亦た幸運の人なる哉

牛島公家君

（在ホノルヽ）

資性淡泊人と交るに些の牆壁を設けず磊々落々一杯の杜康に陶然として華胥の國に遊び時に或は醉吟一番世外に超然し毫も所止なき者之を牛島公家君と爲す而も恁麼なりと雖も自己の業務に向つては太だ忠實なり是れ君がサルーン業の盛大なる所以なり

君幼にして舊時の寺子屋に入り學ぶ所ありしが十才より君が附近の小野村櫻井先生に就き三年間劍道を習ひ得る所あり十四才より鹿本郡大清水村の人服部先生植木に於て私塾を創設せしかば同師の門に入り三年二ヶ月間專ら漢籍を學びしに世は明治となりしを以て別に當世流の普通學を修むる事

三年間なりしと云ふ而して君は文久元年の出生にて熊本縣飽託郡西里村字萬樂寺の人なり君廿三才の時今の妻君と結婚し既に三男一女を擧げたり明治二十四年父病沒せしが故に君家督を相續し間もなく村會議員に選ばれ次で學務委員及衛生委員等に推薦せられ大に村治上に力を竭し且つ赤十字社正社員と爲り多くの人をも勸誘したりと以て其人格如何を知るべき也其後君三年間樟腦製造業に從事せしが運惡しくも此事全く失敗に歸し多くの損耗を招き爲めに祖先傳來の財産を傾くるに至れり玆に於て卒に方計を變じ邦貨一千圓を懷にし布哇に至り將來の目的を立てんと欲し長男を母に托し妻君と共に來布したるは明治二十八年七月なりし君自由海航の故に到着直にホノルヽに上陸しマヌケア街の肥後屋旅館に投宿し親しく市内の狀況を視察し一方小雜貨店を開き之れを妻君に一任し一方自らはサウス街在住のシユーマン氏よりワンコール一弗五十仙にて薪切を請負ひ多くの利を得たり之ぞ君が布哇に於ける收益の始なりとす後エワ棧橋に就働する事三年四ケ月なりしと云ふ此間君の辛酸を嘗めたる事尋常一樣ならざりしは君が每に語る所なり明治三十三年ペスト騷擾の際君もカリヒの消毒所に收容せられしが幸にも此處にて日當一弗五十仙にて殆んど四ケ月間勞役せしを以て禍却つて福となれり消毒解禁後クヰン街なる白人の材木商會に入り三年勤續し轉じてワイアルア會社の材木店に雇はれ下ルナとなり二年五ケ月間精勵事に從へり時に明治三十七年七月木村彌三郎氏よりサンライスサルーンを讓受け一時は或人の爲めに迷惑を蒙りし事もありしが爾來順境となり營

業日に增し發展し今や多くの財を蓄ふるに至れり而して母は明治三十九年七月病沒し同年十二月鄕里に遺せし長男武雄氏十九才の弱齡を以て來布したるが故に目下家庭圓滿に和氣常に堂に盈てり君も亦た幸福の人なる哉

米屋三代槌君

（在ホノルヽ）

長軀にして天性活潑の氣慨を有し而も膽力衆に超へ機敏に活動し布哇旅館中嶄然頭角を顯はし遂に成効し昨年六月一旦歸朝し本年四月再渡來せし者之を米屋三代槌君と爲す

君は素と慶應三年十二月を以て山口縣玖珂郡麻里布村字今津に生る而して君の本姓は油屋なりしが後故ありて同郡川下村米屋家を相續せしが故に今の姓を冒すに至れり君二十二才の時即ち明治二十一年五月官約第五回船として布哇國に渡來し直に官約地たる馬哇島パイアブロブランに至り就働し契約解除後布哇島を遍歷せしが大に感ずる所ありて明治二十五年ホノルヽに出で何角實業に從事せんと欲し百方研究の末ホノルヽスミス街に一の料理店を開始せり當時君の懷にせし資金は僅に三弗

五十仙なりしと云ふ是故に君が該料亭を開業するに當り如何に苦心慘憺せしかは想像するに難からざるべし斯業に從事する數年にして稍や資を得たれば他に適當の業を興さんとする際中國屋旅館を讓らんとの議あり玆に於て明治三十年の春同ホテルを讓受け之を米屋旅館と改稱し遂に開業する事とはなりぬ然るに明治卅三年一月ペスト事件の爲め全家火災の不幸に罹りたれば一時イヴリーに旅館を新設し以て同胞旅客の便を圖りしが間もなく同三十四年八月現今のリヴアー街に家屋を新築し盛に業務の發展を計畫せし甲斐もなく踰へて翌三十五年八月十六日の夜重ねて祝融氏の災に遭ひ全家燒失せしも豪放なる君は毫も之を意となさず鋭氣益々加はり直に同所に於て以前に優る宏壯なる旅館を新築し全力を揮ふて斯業の發達を計れり之が爲め米屋ホテルの名聲全島に響き日本より來る者米土に渡る者日に月に君の旅館に群集し殊に三十六年度以降兩三年間在布同胞の米本土に移動する者頗る多く毎船千を以て數ふるの盛況を呈するに方り君機敏に活動せしかば忽ち巨萬の財を貯へ得たり俗に云ふ燒け太りとは君の事を言ひしものならん乎既に斯の如く蓄財と共に内外人の信用次第に高まりければ明治三十九年二月北米合衆國政府の認可を得てホノルヽ府第一郵便支局を館内に設置するに至れり蓋し人種を異にしたる日本人の郵便事務を開始したるは君を以て嚆矢と爲す此一事を以てするも君の信用程度を知るべきなり

君故山を去りて海外に在る既に十九年間なるが故に奠墓の爲め一旦歸朝せんと欲し時は明治四十年

六月七日從來の知己友人に別を告げ住み慣れし第二の故郷を後に見家族を伴ひ歸省せり其不在中は義弟中津柳太郎氏に萬事を一任せしが氏君の鑑識に乖かず諸事を整理し少しも遺憾なからしめたり之が爲め世人氏の敏腕に敬服せりと云ふ

君在布の當時鑒みる所ありて豫め實弟吳竹次郎氏を北海道に派し莫大の資を投じ地所を購求し之に林檎樹を栽培せしかば今は之より生ずる收益も尠からずと君の機敏なる概ね此類なり而して君今や再航して大に活動を試みつゝあれば以前に倍する成効を收むると期して待つべきなり

森田榮助君

（在ホノルヽ）

君は山口縣大郡久賀村の人明治六年六月の出生なり幼にして父を失ひ專ら母の手によりて成育せしなり青年の頃普通學を修め長ずるに及んで商業に志し一人の母に孝養怠らざりしが母亦た君が二十二才の時瞑目せりと云ふ噫又悲哉

君は本來手藝に長ずるの人なり是故に明治二十八年春より同鄉の宮川時計店に入り專心時計術に對

する手腕を磨けり稍や斯道に經驗を積みしかば大阪に上り益々奮つて其蘊奥を究むるに至れり之ぞ君が後來布哇に於て時計業に成効せる基なりとす後明治三十年海外に遊ばんと欲し條約移民として濠洲に至り就働せしも足痛の爲め勞役に耐へさるを以て白人某に就き金銀細工を習得し大に得る所ありたり同三十一年病の爲に一旦歸朝し翌三十二年七月布哇に渡航し時計業を以て身を立てんと期し神戸よりコプチック號に搭じ海上恙なく布哇に到着せり上陸匆々ホノルヽ府キング街岩本時計店に入り兼て練習せし敏腕を揮ひしかば其名忽ち内外人間に嘖々たり是に於て翌三十三年一月より獨立の旗幟を飜へし時計店を開始せり爾來年と共に營業隆昌となり同業者間に一頭地を拔くに至れり宜なる哉明治三十八年布哇日日新聞社が各實業家の投票募集を行ふに當り君は同業者間中に最高點の榮を得たり時に君商品仕入の爲め一應歸國せんと欲し同年十月歸途に就き横濱到着後東京大阪の各地を遊歷し商品の選擇を爲し多くの時計を仕入れ翌三十九年五月再渡航せり然るに從來のキング街店舗は狹隘なるに依り到底君が新に携へ來りし物品悉く陳列する事を得ざれば明治四十年三月營業の發展上現今のホテル街に移轉し斯業の爲め全力を注ぎしに其勤勉の功空しからず布哇八島西より東より或は直接或は書翰にて注文し來る者陸續絕へずと云ふ而して君が店舗の特色なるは總ての時計及附屬品共日米兩國より直接輸入なるが故に他店に比し其價低廉なるに在り是を以て顧客君の店に就て購求するを無上の安心とせり左れば明治四十年十一月ホノルヽ四新聞聯合して布哇六十大

家を募集するに際し君は時計商中最高點を得たり此一事を以てするも君が店舗の繁盛なるを知るに足るべし又昌なる哉

田上雄一郎君

（在ホノルヽ）

ホノルヽ寫眞界に巍然一頭地を拔き衆望を一身に蒐め今や巨萬の富を作り益々進んで盛況を呈し將に本年の秋を以て芽出度歸朝の途に就かんとする者之を田上雄一郎君と爲す

君は明治六年を以て熊本縣飽託郡河内村字白濱に生る君十一才まで郷里に於て普通學を修め十二才にて熊本市一丁目一新校に入學せり在學中偶々父の不幸に遇ひ恰も鳥の羽翼を失ひしが如く一時失望の淵に沈みたり是時に當りて君が親戚の者社會の事情に通ぜざるより君に勸むるに廢學すべきを以てせり茲に於て止むなく退學し一旦母の膝下に歸り閑日月を送る事とはなれり時に君の齡僅に十三才なりしと云ふ之より先き明治十年西南の役に方り今の乃木大將其當時聯隊長として出陣し田原坂の大激戰に負傷し纔に身を以て免がれ君の家に寄泊し生命を全ふするを得たり君の父素と俠氣に

富む是に於て醫藥に溫泉に大將を遇する甚だ厚し負傷全く癒へて凱旋し後同大將旅團長として熊本第六師團に赴任し匆々君の家を訪ひしに其際父は既に病歿しければ大將感慨措く克はず懇に佛前に詣で香を奠し其靈を吊ひ而して後君が十三才の弱齡を以て一事も成すなく閑日月を送ると聞き以前の恩誼に酬ひんと欲し君を誘ふて自邸に還り父に代りて教育を爲す事となれり此時彼の征露役にて戰死せし大將の令息兄弟は兄八才にして弟六才なりしと云ふ君同邸に在りて令息と同一の待遇を受け勉學せしに適々鄕人の君を訪ふ者ありしかば世間慣れざる君は懷鄕の念頓に勃興し遽に暇を告げて故山に歸り再び同邸に至らざりしは君が爲め終生の遺憾なりとす若し夫れ君にして同大將の薰陶を享けしなれば將來有爲の人物となりしや論を俟たざる也君歸省後十五才にして村役塲の見習生となり一兩年を經て地價修正の爲め丈量掛となり諸方を跋渉し後十九才の時三池收治監に奉職し一ヶ年にて歸鄕し感ずる所ありて海軍に志願せしも身體不合格の爲め目的を果す事能はず之に依て方針を變じ米國に航せんと欲したれど頑固なる親戚の此行を沮害せんとを畏れ殊に君戶主なるの故を以て此計畫の他に洩れんを危ぶみ密に神戶に寄留し準備全く成るに及んで事發覺し親戚の爲め中止の不運に遭へり當時親戚の口實に曰汝一人の故を以て許容せざるも若し他日同行者數多あれば敢て拒まずと後布哇に渡航する者多くありしかば機逸すべからずとして渡航せん事を乞ふ親戚遂に之を諾す是に於て明治二十八年三月布哇に來り直に布哇島カウ郡に至りしに五ヶ月にして脚氣を患ひ徒に

二光を消せり時にナーレフに齋藤省吾なる寫眞師あり君に勸むるに斯術を學ばん事を以てせり君心動き同氏に就て此技を研究する事とはなりぬ之ぞ君が寫眞業に成功せる動機なりとす稍や此道に通ずるに及び二十九年ホノルヽに出府し煤孫寫眞舘の補助を爲し後獨立してヌアヌ街に開業せしに圖らずもペスト事件の爲め全家燒失し身は消毒所に收容せられたり間もなく消毒解禁となりければ現今のパラナに新に開業し爾來順境に向ひ竟に成効の目的を達したり

君天性快活にして頭腦緻密なり特に經濟の道に長じ交際は多方面にて圓滿なり而して平素嗜む所は球戯にして技術神に入り同胞中のチャンピォンなり君も亦一個の快男子なる哉

山本義雄君

（在ホノルヽ）

君は山口縣都濃郡德山町字今宿の人なり明治七年一月を以て生る君の家世々德山毛利公の藩士たり君幼にして天性英邁書を好み文字を善くす君小學校に在りし時も毎に級の首席を占めたり當時德山に津本柳塘と稱する書師あり君に勸むるに丹青の道を以てす玆に於て君心動き斯道を研究せんと欲

し明治二十三年、即ち君が齡十七才の時郷關を辭し京師に至り天下有名の書伯森寛齋翁の門に入り專ら畫を學べり居ること三年にして師の病歿に遭ひ止むなく一應歸省し直に東京に出で根岸在住の大庭學僊畫伯に就き練習怠らざりしかば其技大に進み翁の高弟中其名嘖々たるに至れり明治三十六年學仙翁と與に長州馬關に下り翁の補助として健筆を揮ひしが偶々日清役興り翁歸東せるの故を以て此處に袂を分ち君は對岸の門司に在留し地方人の揮毫に應じ好評を博したり後幾千もなく繪畫の材良を蒐集せんと志し寫眞機を携帶し石州地方漫遊の途に上れり之ぞ君が後來寫眞術に成功せる基因也とす然れ共寫眞術は君が研究工夫せしものに拘りて少分も師に就きしものに非ずと云ふ君の技術年と共に發達するに隨ひ端なくも大志を懷き遠く歐米に漫遊し圖書及び寫眞術を研究せんと欲し劈頭第一渡米の目的にて明治三十一年十一月九日自由渡航としてコプチック號に便乘し神戸を出帆し同月二十二日ホノル丶に寄港したり時に知友等君に勸むるに暫く布哇に留らん事を以てせり是に於て在留する事に決したり時に明治三十二年スミス街渡邊某の寫眞館を讓受け開業したりしが不幸にも翌三十三年一月黑死病の爲め火災に罹り全家烏有に歸せり然れども君の剛膽なる毫も屈するの色なく翌三十四年四月再び鐵道停車塲前に開業し大に發展の道を講じ若干の資を得たれば米國より活動寫眞機を購求し之を當布哇に試みたり蓋し布哇に於ける活動寫眞試用は君を以て嚆矢とせりと云ふ後火災損害要償の時君選ばれて委員に擧げられたり明治三十六年六月第五回の內國博覽會大阪市に開設せらるゝや君事業の發展上考ふる所ありて一旦歸朝博覽會場に於て數百金を投じ寫眞用に供する英國製の玉を購入し同年十二月再渡航し翌三十七年四月一日より現今のホテル街に開業し規模を大にし頻りに改造を施したれば今や內外人寫眞館としては第一位を占むるに至れり現に明治四十年ホノルヽ四新聞聯合して全島六十大家を募集するに方り君は同業者間に於て最高點の榮を擔へり以て君が技術と寫眞館の隆昌なる一斑を知るべし君資性溫厚人に接する愛嬌あり常に嫣然として客を迎ふるが故に舘內市を爲し目下全盛を呈せり而して父は君が靑年の時病歿し母は鄕里に在りて健全なりと云ふ

藤山惣兵衛君

（在ホノルヽ）

壯年にして克く事理を辨別し時に或は自ら各島に出馬し商業に拔目なく四方八面を切り廻り多くの顧客を有し日に月に盛況を呈しつゝあるもの之を藤山惣兵衛君と爲す

君は山口縣大島郡森野村大字平野の產なり君は明治十八年第一回船に親父と共に當布哇に來りしな

り當事君は年齢僅に八才なりしと云ふ、人八才の幼時は腕白盛りにて知らぬ他國に行くは心中好まざる者なり父と同行とは云へ叉以て君が幼年時代より活潑の氣慨ありしを證するに足るべし君上陸匆々父に隨ひて布哇島ク、井ハヱレ耕地に至れり此時同胞の同耕地に就働せしもの合計十五名なりと云ふ君該地に在ること三年なりしが其當時は別に日本人の學校とてはなく爲に空しく日子を費すのみにて日本的敎育を受るに由なければ父と協議の上君まづ明治二十一年五月高砂丸にて歸朝する事となり夫より日本の鄕里に於て普通敎育を受ること六ヶ年に及び再び來布せしは同二十七年一月五日なりし時恰も此春米布合併の騷亂興り土人と米軍干戈を交ゆるに際し君は米國より出陣せしマクレン大佐に從屬しボーイたる事滿四ヶ年なりし同大佐任滿ちて歸國するに當り慫に君に渡米を勸めたれども或事情に依り此行を果さざりしは君が爲め千秋の遺憾なりし君既に幼年より當布哇に在りて白人學校に通學し且つマクレン大佐に隨行せし結果英語は君の長所にしてホノルヽ商業家中第一位に居ると云ふ明治三十四年には通辯としてワイパフ耕地に聘せられ一ヶ年間同胞の爲に盡す所ありしが君熟々想へらく我等日本人の此地に來る所以のものは要するに利殖の道を講ずるにあり然るに些々たる通辯に從事しては到底將來の希望を滿足すること能はず左れば吾れ今より身を商業に投じ平素の宿志を達せんと是に於て心機一轉しホノルヽリヽハ街に日本米販賣の商店を開きしは今より六ヶ年前なりしが商業日を追ふて繁榮なるに隨ひ店舗の狹隘を告げしに由り明治三十八年現今のキング街に移轉し規模を擴張し食料雜貨品及び種物一切の卸小賣をなすに至れり而して君が商品の顧客は全島に遍しと雖も就中布哇馬哇を以て大得意とせり

君は本年三十一才の壯齡にして前途有望の人なり古より人は三十才までは何事に依らず蘊蓄時代にて而立以上より活動の時代に入るものなりと果して然れば君は本舞臺に登りて僅の時日を經たるに過ぎざれば君が敏腕を揮ふべきは今日以後にありと謂ふべきなり君たる者目前の小成効に滿足せず遠く十年計畫を立てゝ大成効を奏せん事を吾人は渴望して已まざるなり

君は資性着實快活の人なり且つ交際圓滿にして人と爭はず而も機を看る敏に活動太だ輕妙なり君は本來商業に適したる人物なれば自己の所信を貫徹し獅子奮迅の勇を鼓して一直線に進軍せば近き將來に於て凱歌を奏せんこと期して待つべきなり

高木源太郎君

（在ホノルヽ）

謳幹長大にして磊落の氣慨に富み一見偉丈夫たるを表現する者之を高木源太郎君と爲す君元と門閥

の家に生れ世の諸有辛酸を嘗め盡し今やホノルヽに於て旅館業者中一頭地を抜き着々實功を奏しつゝあり

君は安政五年の出生にて熊本縣菊池郡原水村の人なり熟々君の祖先を討尋するに彼の有名なる細川越中守有齊公熊本城に入るや君より十二代以前の祖先之に隨ふて入城し以て細川公に仕へたり後に城主祖先の勳功を賞し封を菊池郡に賜ひしが故に世々同郡に祿を食み以て君に至りしと云ふ藩主入城以來十二代繼續せしもの太だ稀なりしと云へば其舊門閥家なりし事推して知るべきなり君維新以前に砲術擊劒を學びしが就中砲術は最も長ずる所なりと而して明治八年六月父を失ひしかば止むなく一時宗家なる高木三平氏方に成長し後遂に其家を相續したり

明治十年西鄉南洲翁が反旗を飜すに方り賊軍に投ぜし四方の志士君が家に寄宿し哀を乞ふ者多かりしが君の俠氣なる毫も顧念する所なく貲財を傾けて是等志士を優遇し義に依りて隱匿せしもの尠からざりし現に三十九年姉川艦の來布するや同艦乘組の宮脇少尉の父の如きは其中の一人なりしと爾來幾多の星霜を歷るに從ひ事は志と乖き祖先傳來の財產を蕩盡しければ明治廿四年十二月知友佐々友房氏の勸誘に基き吉佐移民會社の手に依り同縣人六百と與に五年の條約にてオースタリアに往き鑛山業に從へり當時之が監督官は陸軍大尉小野彌一氏なりと云ふ在留二ヶ年の後鑛事の都合により歸國する事となれり是に於て同廿八年二月布哇に航せんと欲し條約移民として神戸よりインテペン

テント號に乘り着布匇々布哇島オカラ耕地に至り三年の契約を終了し直にホノルヽに出府し渡邊宗五郎、今村虎雄の兩氏と協同し熊本屋ホテルを經營し僅に一ヶ年にて之を辭し馬哇ラハイナに往き耕地鐵道敷設の請負に從事し意外の大利を得たり斯業終を告るやオアフ島アイエアに至り機關長ジヨン氏の內に働き多くの資を得たれば三十六年十二月再びホノルヽに出で木村彌三郞氏より肥後屋旅館を讓受け苦心慘憺の末今や地盤鞏固となりホノルヽ旅館中一方の覇王たるに至れり是を以て事業の發展と共に近時ルームを增設し之に粧飾を加へ無比の全盛を極めつヽありと云ふ

本川源之助君

（在ホノルヽ）

基督敎の牧師として眞箇にゴッドの使命を全ふし直接に間接に群生に安慰を與へ心靈の救濟に全力を傾注し多くの方面に敵を爲らず交際圓滿に而も公私の事に克く奔走盡力し內外人より益々信用を收めつヽあるもの之を本川源之助君と爲す

君は茨城縣常陸國筑波郡小田村の人なり君幼にして穎敏夙に長者の風あり稍や長ずるに及んで君以爲く今や社會は道義地に墮ち人心萎微し正路を蹈む者は曉天の星の如く邪道に入る者は雨後の筍の如し若し此儘に放任せば天下滔々乎として禽獸世界と化せんのみ吾愚なりと雖も是等逆界の徒を拔

濟し以て一道の靈光に浴せしめなば其功德廣大なるべし是れ吾が終生の事業なり左れば彼等が心靈を救濟するには適當の宗教に憑らざるべからず方今宗教として我國に勢力あるものは佛教なり然れ

ども佛教そのもの丶教理は且く措き之を布演しつゝある僧侶は概ね品行善からず却て俗輩より嗤笑せらるゝものの多きは洵に遺憾の至りなり抑も宗教家たるものは身に實踐躬行して而して後ち布教傳道せざれば効果を擧ること難し現時泰西の基督教は我國に入りしより日尙ほ淺きにも拘らず旭日の勢を以て全國に傳播しつゝあり而して其教師の素行を看るに品行方正にして其熱心なること感ずるに餘あり且つ歐米の學者政治家等多く此教を遵奉する所を觀るも教理の正確なる事論なきなり故に吾は寧ろ基督教に依り天下の人心を矯正せんと茲に精神一決し遂に身を耶蘇教に投ずる事とはなりぬ

君初め東京斯文學會に入り漢文學を修め次で明治學院に學び明治廿三年即ち國會開設の年を以て業を卒へ傳道師となり直に羽前米澤に駐在して傳道を試み轉じて秋田に布教を爲し又所屬教會の命に依り朝鮮の釜山に渡り幾干もなくして伊勢の四日市に傳道し次で米國桑港に航しプレスビテリアン教會の牧師となり傍ら日本人青年會

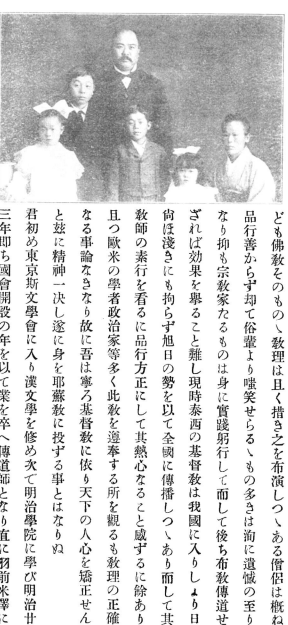

に教鞭を執れり在桑一ヶ年にして慈惠會を起す斯は破落漢を放逐し共同墓地を整理し貧困扶なき者を救恤するを目的とするものなり始め此會の起らざる前正金支店長戸澤、三井物產支店長小田柿の兩氏少しの感情上より互に確執して相下らず各方面の人々之を融和せしめんと欲して奔走したれど其効を奏せず於是乎君は本願寺布教師文學士水月哲英師と諮り遂に兩氏をして握手せしむるに至れり之に由りて紀念として慈惠會を起し戸澤夫人を會長に小田柿夫人を副會長に推薦し君は幹事として諸般の要務を所理する事とはなれり曩に太平洋汽船リオジヤネロ號の金門灣に沈沒するや同會は率先して救濟の任に當れりと云ふ明治三十四年六月君は木原外七氏の後を受けて布哇に渡來し美以教會日本人傳道の監督となり且つ每船移民局に出張し我が同胞の便を圖り呼寄婦人に對しては婚儀の主宰者となり大に勤勉しつヽあり爲に移民局員は適當の人を得たるを喜び居れりとの事なり君の容貌魁偉にして長大肥滿一見して其日本人に非ざるかと疑はしむるなり君談論風發し而も篤實溫厚の質を備へ曾て人と爭はず異宗教者と雖も更に隔壁の念を挾ます互に往來談笑し以て在留同胞間に平和を維持することを圖れり君が如きは眞箇に宗教家たる本領を失はざる也君益々勤て怠らずんば其德望の高き筑波の峯と相競ひ長へに君の縱跡を此國に印すべし吾人は蔭ながら君の健全を祈るものなり

*　*　*　*　*　*　*　*

山本赫郎君

（在ホノルヽ）

年齒三十を踰ゆる僅に一才の壯齡を以て神機妙算の籌略に富み布哇商界の傑物として其名夙に内外人に知られ正々堂々の商陣を張り奇變百出他をして端倪するに暇なからしむる者之れ本篇の主人公山本赫郎君に非ずや

君は兵庫縣播磨國姫路市の人明治十年十月を以て生る君の家世々酒井雅樂頭の藩士たり君幼にして普通學を修め稍や長ずるに及んで熟々思惟らく吾身士籍に列すると雖も今や世界の大勢は舊時と異り萬國隣を成し東西の交通日一日と接近し生存競爭は益々激甚となり我帝國の興亡盛衰は一に貿易事業の發達如何に由りて運命を卜せらるゝなり左れば吾れ之より身を實業界に投じ一は以て國恩の萬一に酬ひ一は以て家門の隆昌を圖らんと端なくも大勇猛心を興し蹶然起ちて神戸に出で政治及經濟學を修め尙ほ進んで實地研究の爲め白人に就き貿易業の見習をなし一方孜々として英學を練習し較ぼ熟達するに及び明治二十七年十一月大阪柳瀨商會の聘に應じ布哇の支店に來り簿記方として敏

腕を揮ふ事とはなりぬ之ぞ君が商業界に出陣するの初なりとす然れども君之を以て足れりとせず進んで米大陸の商業を視察せんと欲し同店を辭し飄然米土に渡り親しく同胞の發展白人貿易の狀況等を探り大に得たる所あり後オークランド市富士合資會社に入り實地研鑚する事一年餘なりし偶々ホノルヽ小島商店の特招に基きマチジャとして歸布する事となれり時に明治二十九年なりし居ると數年ならざるに小島商店主所用を帶びて一旦歸朝するや君一切の事務を擔任し內外の衝に當り大々的手腕を揮へり明治二十三年ペスト事件に際し各耕地への交通遮斷となり物品を輸送する事能はざりしにも拘らず君獨り大運動を試み遂に之が供給を爲し同胞に便宜を與ふると同時に小島商店の聲價を擧揚したり以て君が非凡の靈腕を有する一端を見るべし同商店が今日の盛大を呈せしは全く君の力に倚りしや明瞭たり君三十八年迄同店に出勤せしが同年二月同店の食料雜貨部を讓受け絕世の大技量を揮ひしかば各島の顧客日に月に增加し特に君英文英語に巧妙なるより白人商業家の君の店舖に出入する者至つて多く爲めに商品の輸入高は今や卸問屋中一二の地位を爭ふに至れりと云ふ宜なる哉明治三十八年秋新日本新聞社にて布哇二十大家を募集するに方り君は商界の最高點者なりし次で同年布哇新報社が投票募集を行ひし際も最高點に當選せり而して明治四十年十一月ホノルヽ四新聞社が聯合して布哇八島六十大家を募集するに丁りて君は全島の人氣を一身に擔ひ遂に商界に於ける最高點の榮を得たり之が爲め誰れ言ふとなく君に山本大王の尊稱を奉るに至れり是より先き君太

平洋航路の定期船が布哇に多量の貨物を輸送し來らず爲めに横濱及神戸の埠頭に貨物滋滯し布哇商人の迷惑一方ならざるを憂ひ臨時船廻航の策を建て遂に明治四十年十一月數次打電交渉の結果第三小樽丸を雇入れ同年十二月十九日該船が約二千噸の貨物を滿載して無事ホノルヽに入港するを得たり一個人の力を以て臨時船を泛べたるは布哇商業家中君を以て嚆矢となす
君が實業上多方面に手を伸し居るは事實なり現にホノルヽ商人同志會の評議員としては累年盡力し又日本人製米會社の大株主兼て其役員たり又布哇製麵會社の大株主となり後推れて其社長たりと云ふ君は眞個奮闘的の人なり朝は未明に起床し匆々事務に着手し夜は深更まで一切の業務に鞅掌し一ケ年中瞬時も懈怠する事なし又努めたりと謂ふべきなり君も亦た布哇商界の傑物なる哉

小林卯之助君

（在ホノルヽ）

佛敎篤信家として能く二諦の發旨を遵奉し毎に公私の事に奔走し而も自己の職務に忠實にて信佛徒たるの面目を失はず着々業務を擴張し効果を奏しつゝある者之を小林卯之助君と爲す

君は廣島縣佐伯郡地御前村の人なり吾人は君の幼時は知るに由なけれども君壯年の頃大志を懷き渡米せんと欲し幸ひ從弟小林萬古氏桑港の美術學校に在學中なるを以て其志望を紹介せしに直に萬古氏より來米すべしとの報を得て欣喜措く能はず匆々旅裝を整へ明治二十三年八月ペキン號にて横濱を出帆し直航してサンフラシシスコに上陸せしは同月の下旬なりし此當時は同胞の在米者も至つて尠く隨て白人の日本人を遇する事も懇篤なりしと云ふ君加州各地を周遊し見聞を博くし勞働の神聖なる事を實驗したる後長澤鼎氏の農園に入り葡萄事業に從ひし事四ヶ月間なりしが俄に想ふ所ありて布哇に航せんと欲し在米一ヶ年半にして翌明治二十四年八月モナワヱ號にて當布哇に來れり君上陸後間もなく同鄉人と共に各島視察の途に就き加哇馬哇布哇を一周し同年十月ホノルヽに歸府せり當時ホノルヽに南有社と稱する商會ありしかば同商會の物品及白人ストアの商品を引受け店員二人を使用して各島への行商を開始したり何分此際は同胞の商店も現今の如く多からざりしに依り計畫圖に當り莫大の利益ありたれど二名の店員博奕を爲し行商先にて費消せし爲め表面上の利益のみにて其利益皆無の狀態とはなれり是に於て人心の憑み難き事を感得し或人の勸誘に基き二十五年一月スミス街に於て旅館を開業せり之ぞ君がホテル業にて成功せる端緒なり而して二十七年に雜貨商店をも兼業として開始するに至り君の實弟を仕入の爲め本國日本に派遣せし事あり此當時は同胞の旅館を營むもの十軒未滿なりしが或人の運動に由りて旅館を聯合して日本旅館と稱するものを設置せ

しが聯合僅に三四ヶ月間にして遂に解散の不幸に陷れり是故に新に宿屋組合なるものを設けて各自に營業せしが三十三年例のペスト騷動の爲め君の家屋も祝融氏の災に罹り全部烏有に歸したり之に依りてパテマに土地を條約し新にホテルを建設せり業務稍や整頓し來客舊に倍して盛大となりしかば暫時展墓且つ商業上取調の爲め歸朝せんと欲し明治三十五年十一月ドーリック號にて前後十二年目に一度故山に還ることゝはなりぬ

君久々にて錦衣還鄕の事にしあれば親族故舊の來訪する者陸續として絕へず互に舊を語り新を話し多年の憂鬱一時に飛散し恰も雲を排して日光を觀るの感ありしと云ふ居ること十ヶ月にして明治三十六年七月廿四日サイベリア號にて再渡航し諸般の經營發達に連れパラマの家屋狹隘を感じ同年十二月現今の所に大建築を爲し商店と共に移轉する事とはなれり以て君が旅館の盛大なる一斑を證するに足るべし

君が寡慾淡泊にして公私の事に能く盡せるは吾人の喋々を俟たざれども今玆に二三の例を擧れば明治三十九年五月ホノルヽ本願寺布敎所が別院に昇格せし紀念祝としてパラマの舊家屋を本願寺學校寄宿舍にプレセントしたるが如きは其最も著大なるものなり而して該家屋の時價は三千弗なりと云ふ又君等が卒先して舊宿屋組合の手を經て歸國する者一人につき手數料中より金十仙宛を割て慈善部に寄附したるが爲め同部が益々今日の盛況を呈するに至りしなり其他日淸役に際して君は献金募

集委員に選ばれて多額の金員を送附したるが如き又軍人遺族救護議會の爲にも力を盡し今は現に同會常務幹事たり此外共同墓地の爲にも運動し且つ本願寺及び附屬學校には殊更に盡力をなせし等枚擧に遑あらざるなり語に云く徳孤ならず隣ありと君が事業の隆昌なる豈に怪むに足らんや

山城松太郎君

（在ホノルヽ）

ホノルヽ旅館中随一の地位を占め營業日に繁榮し今や多くの館員を使役し同業者の重鎭として其勢隆々乎たる者之を山城松太郎君と爲す君は確にホテル業に成効せし一人なり
君は廣島縣安藝郡仁保島の人なり吾人は君が本國に於ける經歷を知らざれども君徵兵檢査を濟まし而して直に渡布の途に就きしと云へば渡來の當時丁年なりしや明瞭なり時は正に明治二十三年六月上旬宇品港より單身相模丸に乗り同月中旬布哇に到着し上陸匆々馬哇島ハマクアポコ耕地に至り就働せり居ること三年餘にして尠からぬ資を蓄へたり之より先き君が郷關を發程するに際し今の妻君正に娠むあり是故に君一人渡航せしが一ヶ年を經て子息を郷里に遺し妻君丈を呼寄せ共に與に奬勵

せしかば比較的他より多くの蓄財を爲し得たりと云ふ左れど君は本來大希望を有するが故に些々たる勞働に甘んずるを欲せず是を以て同耕地を去りプキヽ耕地に至り諸般の請負に從事し三年間苦心慘憺の結果意外の純益を得たり當時同胞の此國に渡航する者年々增加し其總數殆んど萬を以て數ふるに至りしかば君大に鑒みる所ありて明治二十九年三月斷然プチヽを辭しホノルヽに出で遂にヌアヌ街に於て一のホテルを開業せり之ぞ君が後來旅館業に成効せる發端なりとす明治三十三年一月ペスト騷擾に方り君の家屋も亦火災に罹り全部燒失の不幸に遇へり然れども君之を以て意となさず一難を經る每に鋭氣益々加はり間もなく現今の地所をリースし自費を抛ちて一大宏壯なる家屋を新築し以て再び旅館業を開始したり爾來一の魔事なく業務順境に向ひ歲と共に名聲全島に響くに至り隨て資財も甚だ多しと云ふ君は啻に自己の營業に熱心のみならず諸般の公共事業にも亦た熱心なり宗敎としては本願寺別院の世話係りとなりて盡瘁し又敎育としては本願寺附屬學校の爲め全力を注ぎ又慈善會の評議員となりては專ら慈善事業に活動し社會公衆の爲め盡す所甚だ大なり夫れ斯の如く至誠を捧げて事に當るが故に因果の理法より云ふも今日の隆昌素より當然の事なり

明治四十年六月兼て本國に遺せし子息突然渡來し親子十八年目にて對面せり此子息は前に記したる娠娠中にて別れたるものなれば雙方顏を知るべき筈もなし實に珍らしき奇遇と謂はざるべからず爾來一層家庭圓滿に春風駘蕩たるが如く和氣常に堂に充ち營業愈よ盛大となれり

君資性温厚にして業務に忠實なり毎に人に接するに和顔愛語を以てするが故に多くの方面に敵を作らず交際圓滑に處世の妙訣を得たり而して君が宴席に在りて微妙の聲を弄し米山甚句を謠ふ時は鶯も爲に音を靜むるの慼あり君も亦た無邪氣の人と謂ふべし

岡崎音治君

（在ホノルヽ府）

洋服裁縫の傑物として夙に其名全島に轟き毎に二十名の職工を督勵し居を首府のホテル街に占め旭日昇天の勢を以て日に月に隆昌を極めつゝある者之を岡崎音治君と爲す

君は福島縣伊達郡伊達崎村字上郡の人なり明治四年十二月を以て生る君の家世々農を以て業としければ君普通學を修得せし後は專ら慈親を扶けて耕耘に從事したり殊に父は村役場の助役として衆望を擔ひ世人の尊敬一方ならざりしと云ふ是故に村内に總ての工事ある毎には父村民を率ひて工事を修め其利を村民に頒ち未だ曾て請負師の手に委ねざりしを以て村民の餘澤に浴する者多かりし君亦た父に從ふて鋤を手にし奮勵努力せり左れど農業は君が本來の志にあらざりし偶々明治二十九年父の病歿に遭ひしかば君二十六才の壯齡を以て獨力一家の經營を爲し母に安慰を與へざるべからず玆に於て俄に外遊の志を起し熊本移民會社の手に依りて遂に渡布する事とはなりぬ此時明治三十一年

八月なりし上陸匆々オアフ島カフク耕地に至り就働する事となりしが最初日本に於て會社と口約せしに相違したる點多きを以て再三ホノルヽに出府し該移民會社に數次交涉を重ね且つ同縣人勝沼ド

クトルの斡旋ありて竟に勞働の羈絆を脫するを得たり是故にカフク耕地に在りしは僅に一ヶ月に滿たざりし君既に自由の身となりしに由りホノルヽに出で六ヶ月間奥村牧師方に在留し寄宿生のコックに從事し後洋服裁縫に志し袋田洋服店に入り四年間一日の如く勞を惜まず勉勵せし結果斯業の薀奥を究むるに至れり爾後袋田氏が雜貨店を開始するに方り同洋服店の全部を引受け明治三十七年八月より現今のホテル街に開業する事とはなれり君每に言へらく吾が今日の地位を得しは偏に袋田店主の恩惠なりと世人の多くは獨立業を興せば以前の恩義を忘却する者多し君の如く長く恩人を腦裏に刻して忘れざる者は殆んど稀なり君が業務の繁盛なる決して故なきに非ずと謂ふべし特に明治三十八年實弟太七氏來布して君の業を扶けしかば一層成効の度を早めたり君は啻に洋服業のみならず今年二月よりホノウリウリに食料雜貨店を開始し實弟をして之が主任たらしめ益々利殖の道を講ぜり蓋しヱワ地方には同縣人約六百名あるを以て鄉黨人の利便を圖らんが爲なり假

令へば總領事舘に對する諸願屆書等は同店が無手數料を以て速に解決を與ふるが故に同縣人の喜悅斜ならずと云ふ

君は業務に熱心なるのみならず亦た公共の爲に全力を竭しつゝあり彼の東北饑饉の際には勝沼ドクトルと協同し救助金額數千弗を募集し以て本國に送附したる事あり又福島縣人會を組織しては縣人の步調運動を一にし自他の幸福を圖ること甚だ大なり是を以て今や聲望と營業は兩々相待つて盛大を極めり

曾根利吉君

（在ホノルヽ）

俠骨稜々として人の爲には水火をも辭せず克く强を挫き弱を扶け數次死門に出入し身を顧みず人の難に赴くと雖も而も敢て報酬を貪らず是を以て其名久しく全島に鳴る者之れ曾根利吉君に非ずや宜なる哉明治四十年十一月ホノルヽ四新聞聯合して布哇八島に於ける六十大家を募集するに方り君が義俠家として四十萬九千三百六十六點の最大多數を以て當選の榮を得たる決して偶然にあらざるなり

君は文久二年一月を以て廣島縣備後國福山米屋町に生る君幼にして膽氣衆に超ゆ稍や長ずるに及んで四方の志あり明治初年黑田淸隆氏北海道開拓長官となるや同九年開拓使御用汽船黑田丸に乘組み三等火夫として品川より函館に赴けり之ぞ君が諸方を周遊する端緖なりとす在館六ヶ月にて一旦品川に歸來し淸國上海行の郵船廣島丸に移乘し上海、橫濱間を往復すること前後六回なりと云ふ後長崎に至り高島炭坑のインチ火夫として明治十一年より同十五年まで勤續し爾來坑夫となりて十七年まで同炭坑に就働せしが考ふる所ありて一時高島を出で天草に渡り鬼貫村鳶の巢炭山に入り納屋頭たること一ヶ年半なりしと元來納屋頭なる職務は坑夫社會の重要地位にして鬼をも欺く一騎當千の坑夫を取締るべきものなるが故に到底普通人の爲し得べき業にあらず若し一歩を誤れば炭坑全體のストライキとなり血雨を降らすの大活劇を演ずるに至る納屋頭の職も亦難い哉君天草在職中所用を帶びて薩州川內に至り二ヶ月を經て歸草し後間もなく三池炭坑宮の浦に至り坑夫監督の職を奉じ二十三年七月迄勤續し又去りて筑前國穗波郡鯰田炭坑に往き二十三年より二十六年まで納屋頭となり以て敏腕を揮ひしかば其名九州炭坑界に於て嘖々たるに至れり而して明治二十七年一月より同國鞍手間郡赤地炭山より聘せられ全山人夫の納屋頭となり卅一年迄終始一日の如く勤勉せり此間新手炭坑の納屋頭を兼務せりと云ふ同年其職を辭し或人の紹介にて遠く福島縣磐城國湯本の入山炭鑛株式會社に入り納屋頭となれり後再び筑前に歸り俠名を遠近に轟かせり君も亦一個の快男子なりと謂ふべし明治三十二年三月二十七日君海外に遊ばんと欲し自由渡航として東洋丸に乗り神戸を解纜し布哇國に渡來せしは同年四月中旬なりと爾來ホノルヽに常在し義俠を以て自ら任じ一朝事ある毎には自ら一身を抛ちて奔走し調停の勞を執るが故に今や布哇全島俠客社會の大立物として錚々の名を博し世人君を呼んで布哇幡随長兵衛と言ふに至れり君は確に俠名を以て成効せる人物なり今後益々進んで社會公衆の爲め全力を竭すべし好漢幸に健在なれ

大島喜三郎君

（在ホノルヽ）

布哇に於ける賣藥業者として夙に名聲を博したる者は大島喜三郎君なり君は山口縣都濃郡富田村字宮の前の人明治七年八月を以て生る君は青年の頃普通學を卒へ而して後賣藥業に從事し多くの經驗を積めりと云ふ君既に藥業に對し多大の趣味を感じたるが故に斯業を以て海外に遊び目的を立てんと欲し時は明治三十二年十二月下旬鄉關を辭し英船に便乘し悔上平穩に翌年一月十一日ホノルヽに到着せり上陸後數日ならずしてペスト事件發生したれども君は幸に其災を免れたり而して二ヶ月間

は専ら布哇の事情を探り視察に從事し間もなくホノルヽに於て白人の家内的勞働に仕込み刻苦精勵する事一ヶ年半なりし爾來藥業三昧に從事し遂に西曆一千九百〇三年即ち我が明治三十六年十月米國藥劑師のライセンスを得て同三十八年三月現今のベレタニア街アーラ公園前に一大藥店を開始し以て今日に至れり

君資性着實にして業務に熱心なり是故に店舖日に月に隆昌となり今や古參の藥舖を凌ぎ旭日昇天の慨あり左れば各島耕地より君の店舖に向つて藥品の注文を爲すもの陸續絶へずと云ふ兎に角君は藥業に成効せし人なり聞く尙ほ今後大に事業の發展を圖ると云へば近き將來に於て大々的功果を收むる事論を俟たざるなり

今村惠猛師君

（在ホノルヽ）

學德共に群を抜き布哇全島數十ヶ所の布教場を監督し以て不言の裏に能く布敎の實を擧げ眞宗の敎義をして益々開明ならしめ二諦相資の法門を以て在布の同胞に敎誨を垂れ諄々として倦まざる者之

を今村惠猛師と爲す

師は福井縣足羽郡東郷村專德寺の住職なり幼にして篤實克く父母に孝に、其五才の時既に父母の膝にありて領解文、正信偈、和讃等を暗誦し七才に至りて阿彌陀經、觀經を習ひ九才の時は最早三經全部を習了せりと云ふ、以て師が如何に幼年時代より英邁なりしかを知るに足るべし、師の父は宗學に秀たる人なりと云へば、師が今日ある偶然に非るなり、師は慶應三年五月の出生にて、初め福井羽水敎校に入り、業を卒へて明年十八年京都に留學し、本願寺普通敎校を經て進んで文學寮に入り全科を卒へ、二十二年より笈を負ふて東京に留學し、時事に感ずる所ありて慶應義塾に學び大學部文科を卒業せり、明治廿七年本山の命に依り福井羽水敎校の敎授となり、其他各地の中學校に敎鞭を執り以て後進の育英に盡力したりと云ふ、師常に以爲く、今や我同胞海外に移住する者日に月に多きに拘らず、彼等法水に渴せる者に向つて甘露の法雨を灑ぐもの尠きは千歲の恨事なり、吾學日溪に及ばず德は大惠に如かずと雖も、苟も佛海に游泳し大谷の流れを汲む者、豈に悠々として日本內地に蟄伏するの秋ならんや、往時開祖が北越に流罪となり石を枕に雪を褥の艱難を思へば海外の布敎何ぞ言ふに足らんや如來大悲の恩德は身を粉にしても報ずべし師主知識の恩德は骨を碎きても謝すべしとの金言は現時吾身の上なりけり豈に往かざるべけんやと玆に大勇猛心を起し其旨を本山に出願せしに本山に於ても幸ひ期る人物の選擇なりし故直ちに快許を得て常布哇に渡航せしは過る明治三十二年二月なりしその當時の監督布教師は里見氏なりしが師は同氏を扶助して大に教線の擴張に奔走せし事は世人の能く知る所なり其後里見氏故ありて歸朝するや師は山命に依り監督となり部下の布教師を操縱し信徒の賛同を得て未設の耕地に布教場を新設し附屬學校を設くる等畢竟師が應援の力多大なるに因らずんばあらず而してホノルヽに於ては佛教青年會及婦人會等を設けて直接間接に自己の宗義を宣揚しつゝあり特にホノルヽ本願寺布教場をして別院たらしむるに至りしは師が歸朝當時布哇の教勢を上申したる結果なりと傳ふ師渡航以來山命に依りて歸朝せしこと前後三回なるやに聞き及べり

師は再渡航の際令夫人を携へて歸來せり夫人は容貌端正にして而も教育あり文を屬し和歌を詠じ間接に師を助けて宗風の顯揚に奔走せり寔に好箇の一幅對と謂ふべきなり師は語默不二を悟了し多言の人ならず然れども人の問ふ事あれば能く語り能く談じて毫も倦厭の態を顯さず若し夫れ宗義に至りては二雙四重の妙を說き五願建立の秘を示し指方立相の義を顯はし念稱是一の訣を語る其他出世本懷なり七深信六決定なり如是の妙談奧義問に應じて流出すること人をして驚嘆せしむるものなり實に吾人は當布哇の宗教界に斯る人物を得たるを喜ぶ者なり

＊ ＊ ＊ ＊ ＊ ＊ ＊ ＊

＊ ＊ ＊ ＊ ＊ ＊ ＊ ＊

崎元隆吉君

（在ホノルヽ）

獨立事業を經營して成効の曙光を認むる者あり又終始普通勞働に從事して功果を奏するあり或は白人の家内的勞働を爲して數千の富を累ぬるあり其方法手段は千差萬別にして一定せずと雖も要は唯だ多くの貲財を作りて錦を故山に飾るに在り崎元隆吉君は渡布以來玆に十三ヶ年なり其間十ヶ年は一定の主人に仕へて渝るとなく克く忠實無二に精勤せしかば主人の信用特に厚く今は破格の俸給を得て邦人に珍らしき多額の財を蓄へ各所の商店にまで資を貸與し利殖の道に敏捷なるが故に同業者間に名聲嘖々として其勢力群を抜くものあり君は慥に立志篇中の人物なり豈に賞賛するに價せざらんや

君は山口縣玖珂郡麻里布村字裝束の人明治十一年五月十日の出生なり幼にして英敏學事を好み規定の小學卒業後は中等の敎育を享け竟には地方の學校に敎鞭を執るに至れり然れども君の本志は敎育家たるに非ず將來陶猗の富を作り以て家門の隆昌を圖るに在れば早くも海外に雄飛して本來の企望を貫徹せんと欲し時は明治二十九年十月下旬父母の膝下を辭し東洋丸に搭じ神戶港を出帆し翌十一月十六日無事ホノルヽに到着し直に加哇島條約地に赴き就働する事とはなれり左れど普通勞働は君

の體格として到底耐ゆべきにあらず且や君の目的とする所は耕耘以外に立ちて利殖の道を講ずるに在れば契約地に就働する僅に八ヶ月にして同地を去りホノルヽに出府し白人の家庭に勞役せり後オアフ大學にウエターとして六ヶ月勤續し稍や普通の英語を解し且つ白人の習慣氣質をも了得するに至れり偶々明治三十二年三月十三日よりホノルヽ白人社會の牛耳を執れるサムデーモン氏に招かれウエターとして其家庭に入り初め週間五弗を給せられしが長く勤續するに從ひ後には週間八弗となり此給料以外に臨時の收入もあり加之君の妻君亦た家庭に在りて君に劣らざる俸給を受けつヽあるを以て毎月得る所の收入は出格のものなり然り而して君は專ら勤儉を主とするが故に得る所の俸給は悉く貯蓄する事を得るなり君既にデーモン氏方に精勤する前後殆んど九年間の長きに及びしを以て今や貲財は積んで山を成し同胞間中慥に成効の一人として數へらるヽに至れり君尚ほ春秋に富むを以て益々財力の增殖刮目して見るべきものあり

君は由來孝心に厚きの人なり既に故山に遺しある兩親に安慰を與へんと欲し鄉里に地所を購入し家屋を新築せり其費用數千金に上れりと云ふ而して年々父母に送附する金額も太だ尠からず君は啻に蓄財に熱心なるのみならず公共の事にも亦熱心なり彼のホノルヽ本願寺佛教青年會を設くる際も其創立員の一人に加はり目下其評議員として盡瘁し會の隆昌を圖りつヽあり君は眞に模範的人物と謂ふべきなり

吉川芳太郎君

（在ホノルヽ）

君は熊本縣菊池郡津田村字津久禮の人なり明治二十八年三月八日に來布し直に布哇島ハマクワ耕地に就働し約三ヶ月の後不幸にも脚氣症に罹り種々治療せしも病勢益々募りて遂に步行し能はざる難症に陷り發病以來一ヶ年半の久しきに亘り其困難は實に名狀す可らざりしと云ふ夫れ斯の如く病軀勞働に耐へざるの故を以て耕主より定約を解除せられ一旦ホノルヽに出でヽ療養し稍や平癒せしかば元來商業を以て身を立んと志望せし君は先づ村田商店に入り一ヶ年半勤勞の上更に轉じて尾崎商店に聘せられ同店にも一ヶ年勤續し略ぼ當地商業の事情に通ぜしを以て獨立商店を開業せんと欲し家屋を借受け造作中明治三十三年一月ペスト事件起り爲に政廳より全市を擧て燒拂ひしかば君も此災に罹り商品等の總額六百餘弗を失ひ僅に現金八拾五弗を携帯せし外一物も止めざりしとぞ當時君が心情果して如何ぞや左れど堅忍不撓にして且つ敏捷なる君は所持金を投じてパラマに家屋の定約を爲し遮斷解除後に於ける同胞の貸室として準備し待ち居りし目論見は的中し忽ち一千五百弗の純

利を得たり茲に於て之を資金と爲しリチャード街に氷水店を開業したりしも豫算の如く好望ならざりしかば同時にホテル街に自轉車店を開き漸く好況を呈せし折柄同三十四年十一月中又々附近より出火し類燒の厄に罹り損害一千五百弗餘に上りしも幸ひ五百弗の保險附しありしを以て再び自轉車

店をキング街即ち現今の所に開業し次で三十五年二月妻君を鄕里より呼び寄せ年餘にして一子を擧げ一家歡喜せしは夢の如く束の間にて妻君は產後の肥立惡しく療養に手を盡せし効もなく最愛の嬰兒を遺して終に黃泉の客と化し去れり君斯く數次災厄に襲はれしも一難に遭ふ每に意志愈々堅く飽まで不屈の精神を以て奮鬪し傍ら幼兒を愛育し具さに幾多の辛苦を嘗めつゝありしが時機を得て幼兒を鄕里に送還したり後良緣ありて今の妻君を迎へ益々精勵せしかば遂に現今の成果を收むるに至れり思ふに君の如きは克く百難に打勝ちて凱歌を奏せし人なり豈に薄志弱行の徒の克く企及すべき所ならんや

君資性着實にして最も忍耐の力に富めり君が今日ある決して偶然にあらざるなりホノルヽに自轉車業を營む者多しと雖も君の如く斯業に成効したる者は殆んど稀なり而も君の店舗豊富にして米國より直輸入なるが故に車輛の堅固と價額の低廉は他店の及ばざる所是れ君が營業の目下繁盛なる所以

なり

椎木市之亟君 （在ホノルヽ）

君は明治五年二月を以て郷里山口縣都濃郡富田村に生る君の家世々生蠟の製造を以て業とせしかば君普通學修了後先祖の業を紹ぎ之が發展を圖り傍ら時世の流行たる養鷄業に從事し世人に卒先して西洋種を購入し以て大に擴張の道を講じたりしが時世の變遷に感ずる所ありて藥業に志し藥學講習會に於て斯道の研究に從ふ事數年後明治二十二年藥劑師試驗に及第し免狀を得たり玆に於て獨立の藥舖を開業し世の需用に應じたり會々郷人布哇より歸來し切りに藥業の布哇に有望なるを說く者あり爲に君心動き俄に兩親に乞ふて三十五年十月下旬故山を辭し香港丸に便乘し翌十一月上旬ホノルヽに上陸せり在府二ヶ月を經て好地位をトし開業せんと欲し視察の爲め布哇島に赴けり然るに君の意を滿足せしむべき好地なかりしかば匆々再びホノルヽに歸府して本國に向つて藥品の注文を爲し該品の到着を待ちつヽありし從來此國にて二ヶ年斯業に從事したる者は無試驗にてライセンスを得

たりしも三十六年四月より布哇政府の法律として藥業法の改正あり自今藥劑師たらんと欲する者は試驗の上ライセンスを附與すべしとの事につき同三十七年二月衛生局の試驗を受け優等の成績を以て及第し遂にライセンスを得たり蓋し邦人にして試驗濟の上ライセンスを得たるは君を以て嚆矢と爲す適々ホテル街橋際なる牧野藥舖より聘せられしが故に君入りて主任藥劑師となり多年蘊蓄の技量を揮ひしかば其名内外人間に嘖々たるに至れり勤續一ヶ年にして辭してホブロン藥舖に招かれ又一年間勤務せしを以て錦上更に錦を添へ内外の藥品に精通し白人の營業振をも了得せり是に至つて獨立の商旗を飜さんと欲し時は明治三十九年五月よりホノルヽの中心點たるホテル街に開業し内外藥品賣藥は勿論醫療機械化粧品を發賣せり殊に近來は本邦より凡百の珍書を直輸入し之が販路を擴張せしかば營業日に隆昌となり今や首府中有數の藥舖となり全盛を極めつゝあり

君資性溫順にして業務に忠實なり之に加ふるに斯學に堪能なるを以て今日の盛況を呈したるなり聞く君の父母は今尚ほ健康にて故山に起臥し遙に君の成功を聞て歡喜措く能はざるものありと而して君に五人の姉妹弟ありて君は實に其長男なりと云ふ

＊　＊　＊　＊　＊　＊　＊　＊

須内幸槌君

（在ホノルヽ）

ホノルヽ第一の料亭として夙に其名を博したるものは新柳亭なり而して之が經營者は本篇の主人公須内幸槌君にして常に三名の料理人を置き以て顧客に滿足を與へ又時々本邦より山海の珍味を取寄せ居ながら故國の美味に飽かしむるが故に市街は勿論島地より出府する者は必ず君の料亭に立寄り一盞を傾けて快哉を叫ぶを以て無上の愉快と爲すと云ふ

君は慶應元年六月五日を以て郷里山口縣玖珂郡鳴門村字大畠に生る君の父は船乘を以て業とせしかば君亦た父の業を繼ぎ毎に大阪兵庫明石方面を往復したり偶々明治十八年君の父播州沿海を航行の際暴風怒濤に遭ひ船體破壞し乘組員と與に海底の藻と化し去りければ君海上生活の危嶮なるを感得し爾來斯業に斷念し魚商に從ひ五六年間繼續せり當時布哇渡航の途啓け錦衣還鄉の者尠からざりしかば君俄かに外遊の志を起し明治二十三年六月四日官約の第十四回船として相摸丸に乘り七百人の同胞と共に橫濱を出帆し同月十八日ホノルヽに到着し直に馬哇島キッパフル耕地に就働し無事に三

年の契約を終り一旦ホノルヽに出で小松屋旅館のコックとして二十ヶ月勤續せり時に館主佐藤氏歸朝するにつき君相川某と協同し之を引受け一ヶ年餘營業し後相川氏と分離し獨立の旗を飜さんと想ふ折柄大上氏の所有に拘はる柳亭を讓與せんとの議あり元より君の目的とする所は將來料亭を開業して以て成効せむの志望なりければ渠成り水到るの喩の如く直に之を買收し新柳亭と改稱して竟に開業する事とはなりぬ時正に明治三十年五月なりき之より君平素の手腕を揮ふて大に發展の道を講じ以て顧客の意に添ひしかば營業日を追ふて盛大となり古參の料亭を壓倒し其勢旭日の東天に冲るが如く未だ年を閲せざるに忽にして其盛名を擅にするを得たり豈叉昌ならずとせんや

諺に云ふ月に叢雲花に嵐と斯く繁盛を極めし君が料亭も此理に漏れず彼の怖るべき明治三十三年一月のペスト騷擾に際し祝融氏の災に罹り全家烏有に歸したり之が爲め折角の苦心も一朝にして水泡に歸するに至れり左れど君の剛膽にして忍耐なる是等目前の災害を物ともせず直に再興の策を講じ消毒解禁後間もなくクヽヰ街に前名新柳亭の名稱を以て開業せしかば枯木再び花咲いて以前に優る繁榮となり常に顧客の足繁く絃歌の聲絶間なきに至れり當時ベニヤード街に手合亭と稱する料亭あり家屋宏壯にして幽邃閑雅なり而して此亭主は中島及福島兩氏の所有なりしが故ありて之を讓らんとの談ありしかば君業務を擴張せんと思ふ折柄なるを以て悦んで之を讓受け遂に大々的發展を見るに至りしは同三十五年五月十二日の事なりし爾來年を經るに從ひて順境となり今やホノルヽ第一の

料亭として其名全島に遍ねく随て多くの蓄財を爲すに至れり殊に君が料亭の特色は本邦より鯛、鰻、鮑、鰌、茗茄、ウド、ジンサイ、等の珍物を輸入し以て顧客に滿足を與ふるに在り此點に於ては他料亭の到底企及する所にあらず聞く頃時日本流の家屋を新築し既に本國に向つて疊襖等の注文を爲したりと左れば是より久しく歸朝せざる同胞は居ながら日本建の家屋に座して一杯を傾け面たり日本の風光に接することを得べし君も亦た機敏なる人と謂ふべきなり

宮田利助君

(在ホノルヽ)

君は山口縣玖珂郡柳井津町の人なり青年の頃より商業に志し大阪馬關及九州沿岸は殆んど足跡の印せざる所なき迄に奔走せりと云ふ時に明治二十五年五月十六日海外に航せんと欲し官約の第二十一回船として山城丸に乘り夫婦同道にて新湊を出帆し同月廿九日ホノルヽに到着しコーランチンに在る一週間の後加哇島ケカハ耕地に至り就働する事となり三年の條約を濟まし重ねて六ヶ月間勤續し後感ずる所ありて同島ワイメアに往き米作に從事すること一年半なりしも此事遂に失敗に歸せり依り

て同二十九年十二月廿九日ホノルヽに出府し友人の盡力にて養豚事業を開始し三年間奮闘せしも時機未だ到來せずして復失敗を重ねたり之より先故ありて三十年九月妻を故國に還し單身以て困苦と奮闘し或時は白人の家庭に働くと七ヶ月なりし後看る所ありて同三十二年古材木商を創始せしに稍や順境に向ひ盛況を呈せし折柄目下の協同者たる杉原善吉氏夫妻君の家に來り寄寓せしかば君同氏の善良なる性質を愛し遂に協同事に從ふ事となり現今は愈よ好況に赴き土木建築の請負を爲し一方古道具を賣買し其他ペンタ塗等の業に從ひ毎に部下三十人を使役監督し今や同業者中一頭地を拔き全盛比ぶものなきは君が爲め慶賀すべき事と謂ふべし

杉原善吉君

（宮田氏と協同）

君は文久三年十月を以て廣島縣安佐郡可部町に生る君の家世々農を以て業とせしかば君亦た祖先の業に從ひ耒耜を擔ふて耕耘を爲せしが時世の流行に連れ布哇に渡航し以て終生の目的を立てんと欲し明治二十三年十月中旬妻を伴ひ宇品より山城丸に搭じ官約の第十回船として出發し翌十二月三日

海上恙なくホノルヽに到着し直に條約地たる加哇島マキ、カッパアに至り就働する事とはなれり然るに君の勸勉なる三年の契約に續て猶ほ十ヶ月間精勵せし結果多くの貯蓄を成し得たれば一旦歸朝せんと欲し暫く耕主に暇を乞ひ同二十七年末夫歸同道にて歸省し以て故國の山河に起臥せしが同二十九年二月廿七日再び渡布し以前のマキ、カッパアに至り三年間刻苦精勵し貯蓄も亦尠からざるを以て一の事業を起さんと欲し同三十二年九月ホノルヽに出府し宮田氏方に寄寓せしに互に意氣相投じたるが故に協同する事となり今や殆んど十ヶ年繼續し交情更に渝るとなく益々親密となり隨て事業は愈々發展し同業者間の牛耳を執るに至れり

君に二人の男子あり長を喜一と呼び本年十五才弟を正一と稱し當年八才なり皆此國の出生なるを以て本年春一切の手續を了し既に當國の市民權を得たれば令兒成長の後は大に活動するべき事ならむ君も亦幸運の人と謂ふべし

* * * * * * *

住野榮太郎君

（在ホノルヽ）

ホノルヽの時計業者間に巍然一頭地を現はし其勢力隆々乎として傍ら靴業をも兼ね日に月に業務發展し今や同業者間の牛耳を執れる者之を住野榮太郎君と爲す

君は廣島縣安藝郡船越村の人明治五年四月の出生なり七才にして父を失ひしかば君の成育は全く母の手に倚りしなり君の家世々佛教の篤信家なりしが故に君四男たるを以て慈母以爲く一子出家せば九族天に生ずるてふ事あれば君をして菩提の道に入れ次で父の冥福を祈らしめんと欲し君が十才の時同鄕の眞宗光明寺の徒弟と爲したり僧侶たるは君が本志に非れども母の命なれば已むとを得ず同寺に入りて讀經を習ひ後溫品村正光寺に轉じ佛陀の恩光に浴するヿ二ヶ年餘なりと云ふ然れども元是れ君が本心に非るを以て俄に僧門を脫し俗界の人となり工業に志し之が研究の爲め大阪馬關及九州博多方面まで跋涉し造詣する所尠からざりし後吳港に至り造船部に入り大に其技を磨けり時に明治二十七年四月廿の風潮に連れ外遊の志を起し三池丸に搭じ宇品を出帆しホノルヽに來り直に布哇

島オノメア耕地の附屬パオカに就働し無事三年の契約を終了し稍や資を得たるに依り同島ハカラウ耕地に至り始て時計業を開けり之ぞ君が後來時計業に成効せる端緒なりとす左れど同地は狹隘の故に君の驥足を伸すに足らず茲に於て居ると一ヶ年にして去りてホノルヽに出府し最初ベレタニア街に開業せり然れども開業當時は時計の修繕位に止りて未だ見るべきものあらざりし爾來君が業務に忠實なると技術の巧妙なるは早くも世人の注目する所となり隨て短日月の間に長足の進歩を爲しければ一大發展を試みんと欲しホノルヽの樞要地たるキング街橋際に移轉し金銀時計を發賣し傍ら修繕を兼ねたり斯く盛況を呈せし折柄同三十三年一月ペスト事件の爲め家屋全部燒失の不幸に陷り剰へ身はホテル街の消毒所に收容せられ同年四月漸く解禁自由の身となりしかば機敏なる君は直にキング街アーラ公園前に再び斯業を開始せしに君が熱誠の結果は以前に倍して大盛況となりしを以て一旦歸朝し母をも慰め且は物品の直輸入を爲さんと期し同卅七年四月歸省し同年八月再渡航せり而して商業上の都合に由り重ねて翌卅八年再び歸朝し踰へて卅九年八月歸布したり君毎に想らく靴業は支那人の專賣なるが如き有樣にて邦人の多くは革物を扱ふ者を擯斥するの弊風あり左れど本來渡布の目的は收利に在り是故に吾時計店に靴物をも兼業せんと覺悟し同卅八年十二月より斯業をも兼ね三昧に精勵せしかば營業大に發展し今や同業者間有數の者となれり而して君の母は今尙現存し三兄一妹も各々健在なりと且君の令兒三人は故山に在りて專ら日本的敎育を受けつヽありと云ふ

井出萬壽人君

（在ホノルヽ）

君は明治十一年十二月を以て郷里山口縣玖珂郡愛宕村に生る君六才は時兵庫縣印南郡的縣村字馬戸縣井出榮吉氏の養子となれり同氏は賣藥を以て業とせりと云ふ八才にして一旦故山に還り故ありて兩親の命に基き同郡柳井津町某寺の徒弟となり讀經に餘念なかりしが十二才の時井出の家より再三の懇望に依り止むなく歸俗して再び同家に歸る事となれり爾來養家に在りて賣藥業に熱心し多くの經驗を積めり後考ふる所ありて商業目的に渡布せんと志し君勝好壽一氏と兄弟の故を以て漸次紹介の末明治三十二年遂に渡來し直に勝好商店に入れり居ること數年にて同三十七年同店の閉鎖後ホノルヽ、キング街パラマに於て兼て練習せし藥店を開業し大に斯業の發展を計り漸次資を得るに隨ひ日米雜貨を兼業し今や着々成功し各耕地に向つて卸賣を爲すに至れり而して其貨物は多く直接日本より輸入するものにて隨て價額甚だ低廉なりと云ふ現に明治四十年十二月臨時船第三小樽丸が入港せし際の如きも君が商店の貨物は實に約四百噸なりしと又以て其繁盛の一班を知るべきなり君曾て出家となり因果應報の理を諦むるの故を以て漫りに暴利を貪らず低利を以て顧客に便利を與ふるは君が店舗の特色なり君が雜貨店を開業せし以來僅に兩三年を經たるに過ぎざれど其殷盛なる事は人目を驚すばかりにて將に古參の商店を凌駕せんとするの慨あり而して君本年漸く而立なれば前途甚だ有望なりと謂ふべし君其れ努めて怠らずんば布哇商界の牛耳を執るに至るや論を待たざるなり君資性溫順にして愛嬌あり夙に勤勉を以て人に稱せらる君が今日の如く成効せる洵に故ありと謂ふべし

勝好壽一君

（在ホノルヽ）

君は山口縣玖珂郡愛宕村の人明治九年八月を以て生る君九才の時より商業に志し十六才まで千辛萬苦を甞め人情の厚薄商業の機密を習得し十六才より諸種の請負業に從ひ多くの部下を使役し屢々大利を得たり人皆君が弱齡なるに拘らず機敏に活動せるを見て一驚を喫せり現に廣島市西遊廓の工事は君の手に成りしものなりと云ふ後ち叔父村岡某より莫大の資を借受け穀物商を開始し神戸大阪は勿論遠く北海道及九州地方まで數回往復し意外の純益を收めたり當時君の齡十八才に滿たざりし君既に斯の如く幼時より衆に超越せる艱難を歷盡し幾多の經驗を重ねたるが故に此技量を海外に試み

んと欲し時は明治二十六年即ち君が十八才の時試驗的に若干の商品を携へ當布哇國に渡航せり居ること七ヶ月にして布哇の有望なるを看破し直に一應歸朝し專ら布哇向きの商品を研究すると同時に徵兵撿査を濟まし妻子を伴ひ同廿九年十一月横濱を出帆し再航せり上陸匆々ォアフ島カフク耕地に至り僅に十九日間を經て耕主に交涉しキャンプの中心點に一の商店を開始するの許諾を得爾來三年間同耕地に在りて一意專心に營業の發達を圖り多くの資を得たり茲に於て商業上の大發展を爲さんと欲し明治三十三年同島ハレイワに一大家屋を建築し之を本店となしワイアルア地方に三ヶ所の支店を設け着々効を奏したり其後商業の都合にて同卅六年二月再び歸朝し商品の選擇に東奔西走し同年九月三航海する事となれり之より先き君が歸朝中は同縣人土井助太郎なる者に店務一切を委任し置き在鄉中見る所ありて本國より一本の書翰を飛ばし同年五月本支店をホノルヽ府ホテル街に移す事を命じたり而して君渡航後明治三十七年六月斯くて盛大なりし商店を一時俄に閉鎖したるを以て人其奇行に吃驚せりと云ふ之れ君が商略上の駈引にして凡庸商業家の窺知する事能はざる所なり後一ヶ年を經て再び種々なる事業を起し大に怪腕を揮ふ事となれり特に君從來小資本にて小林氏より製麵所を買收し之が擴張を計りしが近來長足の進步を爲し本年春より之を株式組織に革め山本赫郎氏を推して社長となし大製造所を新築し其勢隆々たり其資本額は一萬弗にして必要に應じては五萬弗まで增資すると云ふ而して君は此大事業を畫策したる張子房なり兎に角君は成効者の一人なり君

本年三十二才の壯齡なるが神出鬼沒の機智を有し風雲を叱咤して機敏に活動する點に至りては布哇商人中太だ稀なるべし
君天性克己心に富み勤勉事に從ひ未だ曾て寧日あらず日夜常に自轉車を驅りて東西を馳廻り專ら利殖の道に汲々たり君も亦商界の怪傑なる哉

上村二男君

（在ホノルヽ）

身を持する嚴格にして膽力衆に超へ人に媚びず諛はず左れど人に接するや愛敬を以て之を迎へ時に或は諧謔の辯を弄して人に頤を解かしめ一見九州男子の本領を表現し而も自己の天職に向つて懇篤忠實なる者之を上村二男君となす
君は熊本縣飽託郡書圖の人也君の嚴君は比良野大琳氏にして地方屈指の素封家也君の家は世々刀圭を以て名あり殊に嚴君は有名なる眼科醫にて老幼遠近を厭はず治を乞ふ者門前常に市をなせし事は地方人の能く知る所なり君は故ありて少年の頃今の上村姓を冐すに至れり君幼にして穎悟能く事理

を辨別す是故に幼時既に大人の風あり稍や長ずるに及んで地方の學校を卒業し遂に進んで長崎に至り第五高等學校醫學部に入り明治三十一年中成績優等を以て業を卒へ一時郷里熊本に於て開業せしが君の進取的なる之を以て足れりとせず俄に旅裝を整へ東京に出で各專門の大家を歷訪し斯道の研究に從ふと數年なりし是を以て學業頓に上進し醫の堂奧に入るを得たりと云ふ君夙に海外漫遊の企望あり此妙技を以て在布の同胞に施さんと欲し明治三十五年五月遂に志を決し當布哇に來れり上陸後直に馬哇島ワイルクに開業し外科室、精神病室、流行病室等を分設し患者の治療に從事せしが其用意の周到なるには地方人の今に敬服する所なり爲に入院外來の患者は常に絕ゆる事なかりし三十六年今の令閨を呼寄せ大に同胞の爲に盡す所ありしが明治三十八年一旦歸國せんと欲し行李を收めて出府せしが知己友人頻りに今暫く留まらん事を勸誘せしに依り前志を飜へしてワイパフに開業せり開業匆々全盛を極め內外人に信用を博したり君時に首府に於て開業の志あり是を以て小島ドクトルと交代し愈よホノルヽ府に活技量を試むる事とはなれり時は正に一昨年の暮なりし從來地方より出府開業せしドクトルは多く失敗の歷史を殘して退散せしに君は之に反して開業當日より比類なき盛況を呈したるは異例と云ふべし

君は資性淡白毫も邊幅を飾らず患者に接する最も懇切なり是故に一たび君の治療を受けなば瞑目するも遺憾なしとの感想は患者一般の腦裏に印する所なり君の嗜好は第一獵銃第二家禽第三玉突第四喫煙

にして酒の如きは點滴も慾望なしと云ふ君の令閨は貞淑溫雅にて能く夫の命を奉じ曾て違背したる事なき日本的婦人の典型なり君が今日の位地を得る令閨內助の力亦た尠しとせず君の如きは確に布哇成效者の一人なり君益々健全なれ

加利川寅吉君　（在ホノルヽ）

布哇俠客界の重鎭として其名久しく全島に響き毎に磊落奇異を以て人に稱せらる人を見れば之を罵倒して毫も憚らず而かも斯の如くなりと雖も人敢て意となさず唯々として其諧謔の罵言を聞く是故に到る所ホノルヽの大久保彥左工門と命名され自己も亦た彥左工門を氣取り失禮御免を標榜して滑稽洒落に世を渡りつゝある者之を加利川寅吉君と爲す

君は廣島縣安藝郡海田市字新町の人なり君壯年の頃全國各地を周遊し幾多の辛酸を甞め盡し以て世態の變遷人情の厚薄を了悟したりと云ふ而して明治二十一年の秋官約移民の募集に應じ宇品より山城丸に搭じ當布哇國に渡來せり此行實に官約の第六回船なりし一旦ホノルヽに上陸するや直に條約

地たる馬哇島ハナマカライ耕地に至り就働せり左れど勞働は君の心中欲せざる所なれば暫時にして同地を去りホノルヽに出府し身を俠客の群に投じたり當時ホノルヽに俠客多しと雖も君の膽力氣骨衆を壓し群を拔くが故に常に推されて首領の位地にありき初め君卒先して日の出倶樂部を創立し次で義俠クラブを起し後に一心クラブを設け前二者を之に合併せり是等のクラブ創設每には君必ず之が首領株たりしなり爾來久しからずして時世の變遷上同クラブを解散する事となりしかば君堅氣となり一の雜貨商店を以て秩序的に世に處する事となれり

君は每に珍味佳肴を氷箱に貯へ無二の知己友人來るあれば該珍物とウヰスキーを出し共に呑み與に喰ひ氣燄萬丈世人を罵倒するを以て無上の快樂とせり而して君の齡本年天命を越ゆる二才なるが故に近時頻りに歸朝せんと期せり左れば遠からず歸朝の實行を發表すべし果して歸國するとせば布哇の俠客界は一の名物男を失ひ寂寞の感あるべし吾人は君が歸國すると否とを問はず君が何れの方面に在るも俠客の特質を發揮し益々社會公衆の爲め献身的に力を竭さん事を希望して止まざる也特に君の得意とする所は將棊に在りて布哇全島恐くは其右に出る者なしと云ふ

*　　*　　*　　*　　*　　*　　*　　*

高橋清松君

（在ホノルヽ）

君は廣島縣安藝郡海田市の人明治廿二年十月渡布し直に馬哇島ハナ、マカラヤ耕地製糖場に就働せり然るに不幸にも就働中右手を器械に嚙まれて負傷せしかば時の監督官秋津氏の厚意と耕主の同情により厚く治療手當を受けたり君は此耕主の厚遇に感激し負傷後三週間未だ半も癒ざるに蔗園に出で左手にて雜草を抜き取りつゝ勤勉せり玆に於て耕主は大に君の美しき心掛を感賞し負傷中の身を以て勞働するは治療上且つ健康上障害の起らん事を慮り當時は三十五弗以上の定約解除金を出すにあらざれば爲さゞりし解約を一金も徵收せずして解約し剩さへ三十餘弗の金さへ贈與し歸國療養すべきを勸告せり君其厚意を謝し歸國せんと欲しホノルヽに出府し一應醫師の診察を受け歸國するに及ばざるを知り加療平癒せしを以て耕主の恩誼に酬ひんと期し匆々マカラヤ耕地に往き其由を耕主に告げ再び就働せん事を乞ひしに主人大に君の義氣を悅び直に快諾し且つ給料は定約者が十五弗なりしに君には二十五弗を給せりと云ふ以て君が如何に耕主に信用されしかを證するに足るべし君尙耕地に居る事五年にしてホノルヽに出で間もなく電燈會社にコックとして雇はれ勤續三ヶ年の後貯蓄を携さへて二十九年に一旦歸國し踰へて三十二年五月再び渡來しパラマに於てステーブルを開設し傍ら請負事業を開始し三十四年ワイバラ耕地向島開墾を請負ひ人夫四百人を督し同開墾に從事して好成績を擧げたり夫よりキング街に商店を開き營業擴張に熱心せり然れども君が任俠に富むの性質は商人として寧ろ不適當なるが如し數年の後該商店を他に讓り種々の事業に關係し且公共事業に盡瘁せしかば君が名聲頓に昂り到る處に喧傳せらるゝに至れり是より先き君同志に謀り布哇全島に於る同胞强壯者を募りて相撲大會を組織し惠比壽座に於て興行し若くはホノルヽ座に於ける演劇に助力を與ふる等同胞の娯樂機關に對して補導し此乾燥無味の布哇をして今日に至らしめしは君の力與りて大なりと云ふべし其他本願寺出張所の設立、淨土宗開敎院の創設又は忠魂碑の建立近くは出雲大社の建造等苟も公共の事業に竭せしは枚擧に遑あらず且又二三旅館の後見宮田商店及ホノルヽ座の關係等君の力に待つもの多し其間君が自己の利害を顧みず克く幾多の後進者及弱者を扶掖しつゝあるは眞に俠者として世の信賴に背かざるなり

君資性剛氣にして忍耐の力に富む是故に君の關係せし事業に一も功績を擧げざるものなし是れ君が今日世人より尊敬を拂はるゝ所以なり君も亦同胞中の快男子なる哉

＊　＊　＊　＊　＊　＊　＊

栗崎仁太郎君

（在ホノルヽ）

君は熊本縣上益城郡大島村字矢淵の人慶應三年一月十四日の出生なり十三才にして父を喪ひしかば君の成長は全く慈母の力によりしなり君は長男の故を以て長ずるに從ひ一家を興隆せんとの志を懷き齡二十四才の時即ち明治二十三年五月渡布に決し官約第十三回船として此國に來り直に布哇島バウイロ耕地に至り三ヶ月間は普通勞働に從事せしが君の精勤は早くも耕主の認むる所となり擢んぜられてステンプラワーの火夫となり月給十九弗を給せられ幾許もなく進んで同運轉手に擧られ月俸二十七弗を得るに至れり以て君の技量と精勵の一班を知るべきなり勤續四ヶ年の後當時の監督醫士野田實氏と協同し食料雜貨店を開始せんとの計畫にて君は其仕入の爲めホノルヽに出府し各卸商店と交涉を爲し物品を携へて歸島せし折柄征清の役に方り野田氏は其筋の召集となり歸朝する事に決したり茲に於て折角の計畫も水泡に歸したり何ぞ其れ慘なるや此際君は健康勝れず爲に普通の勞役は到底耐ゆる所に非ず之に依りて一時牛肉の販賣に從事せしも竟に効を奏せず折しも胃病に罹り耕

主より手厚き待遇を享けたれど耕地にては充分なる治療も不可能なるを以て斷然ホノルヽに出府し友人の助力を得て洗湯を開業したれど是亦不結果に終れり會々鳥島より鳥糞積載の船入港しければ同縣人六名と共に之が荷揚に從ひ九日間に亘りて勞働せり元來此勞役は身體强壯の者にても勞働過激の爲め昏到する事あり然るに君病後の故を以て足部に痙攣を起し其痛堪ゆべざるに拘らず克く努めたるを以て最後にボス君を招き曰く遠からすボンミルを創設するにつき汝就業せずやと君此福音に接し歡喜措く能はず直に約を爲し時の到るを待てり時に明治二十七年十月なりし同十二月二十七日君進んでボンミル事務所に至り就業の日を尋ねしに恰も好し明日より來れよとの事なれば翌二十八日より就働し硫酸製造の釜焚となり日給一弗にて熱心に勞働せしも三ヶ月を經て復病魔に犯され吐血するに至りしかば小林ドクトルの治療を受け三週間にて稍や快方に向へり依て現職に復し三年間勤續する事とはなりぬ後明治三十一年同所の技師獨逸人レードボン氏或事情の爲め突然其職を辭しければ會社方にて硫酸の調合を知らざるが爲め忽ち困難を感じたり蓋し當時此調合をレードボン氏より習得したる者は君一人なりしと云ふ是に於て平君拔擢せられて其主任となり爾來十一ヶ年の久しきに亘り破格の俸給を得て今日迄斯業を繼續しつゝあり

君天性濶達にして膽氣あり且つ信義を重んじ公共の爲には最も熱誠の人なるが故にカリヒ方面の重鎭として世人の尊敬一方ならずと云ふ君は眞に同胞中の成効者なり

若し共れ君が硫酸肥料の製造技術に至りては白人専門の技師と雖も大に歎賞する所にして洵に同胞中珍らしき技量を有したる人物と謂ふべきなり

伊東武夫君

（在ホノルヽ）

青年時代より海外に漫遊し幾多の辛酸を嘗めて遂に今日の地位と名望を得たる者之を伊東武夫君と爲す

君は岡山縣美作國津山町東新町の人明治三年二月の出生なり君幼年の頃より夙に外遊の志を懐き横濱に出で明治十七年横濱十五番館ピーオー船會社支配人パーメンタ氏に伴はれアラビック號に便乘し萬里の征途に上れり此時君の齡漸く十五歳なりしと云ふ一旦桑港に上陸し一週間を經てパーメンタ氏に從ひ同氏の住所たるデンバー市に至り四年間在留せり左れど君英語を解せざるが故に當初は非常に困難を感じたりと後偶ま同氏の友人たる長澤鼎氏來市せしにつき同氏に誘はれ桑港に出で同氏邸に在る殆んど一年間なりし當時は普通の英語も習得せしを以て日用更に不自由なきに至れり玆

に於て獨立活動を試みんと欲し米國海軍省の御用船に乘込み給仕として勤務する事とはなれり同船にて常にパシフヒックコーヌトを往復せしが後ニユヨークに轉航し好靑年として多くの人に愛せられたり而して南米智利の內亂に際しニユヨークを去りて桑港に歸りたり此間前後七年勤續せりと云ふ夫よりオーストリアに往復する帆船に乘り都合七回カンパイキしたり其後明治二十六年考ふる所ありて布哇に來り國王の侍從武官たる米人ウイリアム、コーノウヱル氏方にコックとして七年間勤續し多くの貯蓄を得たれば久々にて一應歸朝し親戚故舊に一別以來の狀況を語り多年の勞苦を醫し各地の名所舊蹟を探り悠々一ケ年を費し再び布哇に歸來しコーノウヱル氏の娘方に働く三年間なりしが後大學倶樂部のシチヨージとして勤勞し邦人に稀なる多額の俸給を得たり居ると三年にて現今の雜貨商店を讓受け大に發展の道を講じければ業務日を追ふて隆昌となれり

君マキヽ地方に郵便局の設置なきを慨し之を郵便局長に議りしに元より信用ある君の事にしあれば遂にワシントン政府の許可を得て本年三月より開局し君其局長として同胞の便宜を圖りしかば諸人の喜悅斜ならずと云ふ君曩にコックとして大學倶樂部に働くや白人其卓絕せる技量に感じ君を再び同職に就かしめむとて屈請數次なれば近日復其職に復すべく君がコックとしてその技量は內外人の齊しく賞賛する所にて同胞中恐くは二人となかるべし

君は自己の業務に忠實なるのみならず公共の事にも亦熱心なり現にマキヽ小學校創立の際には其首

腦となりて遂に効を奏せり君は慥に立志篇中の人物たるに耻ざるなり

成田孝作君

（在ホノルヽ）

君は越前國南條郡武生の人家は代々藩の砲術師範役たり幼時郷里に於て普通學を修得し尋て福井師範學校に入り在學四ヶ年にして前科を卒業し後ち郷里の學校に教鞭を執る事數年偶々時の文部大臣森有禮子教育視察の爲め巡廻し全地に於て演說せり君之を聞て大に感奮し以爲く男子志を得んと欲せば須く東京に出でざるべからずと乃ち意を決し職を辭して直ちに東京に上り先づ青山赤坂の各小學校に校長代理と爲りて勤務し其後芝の鞆小學校の首席訓導として就職し前後五ヶ年に亘れり其間皇典講習所にて國文を研究し且つ一つ橋なる體操學校にて體操術を練習し後築地福音會に入りて專ら英學を修めたり當時君は曩に鄕關を辭せしと同一の決心を以て海外に出で大に雄飛せんとせり是より先き令兄五郎君布哇帝國領事館の書記生として駐劄し其縱橫の才器を以て事務に當り大に同胞の爲めに盡す所ありしかば令聞頗る高かりき之に依りて君は當地に來り商業を營まんと欲し明治二

十五年七月渡來し將さに事業に着手せんとするに當り知人は君を諫めて曰く令兄の地位に對し君が商業を營まば他日世間の非難を招くに至らずやと茲に於て其言を容れ折角の計畫を放抛せり當時日本移民踵を接して渡來し歳月を逐ふて益々其數を增加しければ布哇政府は日本人郵便物を取扱ふ爲め學識名望倶に高き者をして其事務に任するの必要を認め郵便局長は其人選を移住民監督長官中山讓治氏に依托せり中山氏は直に君を推薦し中山氏と供に布哇政廳に到り內閣員立會の上局長より任命辭令を受け奉職する事となれり時に明治二十五年十月なりき爾來十有六年の久しき一の過失なく勤續し其精勵勤勉なる實に摸範的人物として能く衆庶の望に添へり殊に目に一丁字なき輩に對して自ら彼等に代つて宛名を認め或は書狀到着の有無を示し或は郵便船の東洋より來る每に吾が仝胞をして寸刻も早く鄉信に接せしめんとの厚意を以て夜間と雖も厭ふ事なく郵便物を處理するが如きは啻に仝局の爲めに盡せるのならず我が同胞の便益に貢せし事數ふるに遑あらず其他公共事業に盡瘁せし事も多く其の令聞は在住同胞の記臆に今尙ほ新なる所なり而して君の嗜好は讀書と園藝にして世俗の遊戲は毫も顧みずと云ふ以て如何に其志想の堅忍にして高潔なるかを窺ふに足べし

* * * * * * * *

高村鐵藏君

（在ホノルヽ）

君は明治元年四月を以て郷里山口縣都濃郡久保村字河内に生る君の家は郷黨の舊家として推され舊藩時代世々庄屋畔頭等の役を勤め農業の旁ら寺子屋教育を爲し郷閭の子弟を薫陶し來れり之が爲め君亦幼時より嚴君の教育を受けつゝありしが十六才の時家を出で河村竹溪先生の門に入り漢學を修め後轉じて山口なる鴻城義塾に遊び漢籍數學等を研究せしが師範學校卒業後は郷里東陽尋常高等小學校に首席訓導として教鞭を執ること十數年未だ曾て他校に轉任せざりしは君が毎に誇とする所なり偶々布哇よりの歸朝者某より布哇に於ける日本人兒童の年々增加せる狀態と日本的教育機關の不備なる點とを聞き君思へらく今や內地に在る兒童は年々歲々進步しつゝある制度に基き完全なる國民教育を享ることを得るも海外に於て全然外國制度の下にある兒童は日本的教育を受ること能はざるは當然の事なれども之を其儘に放任せば徒に其教育時機を失ひ延ひては國體の何物たるをも解すること能はざるに至らむ左れば吾今身を挺して布哇に渡り國民教育に從事するは所謂吾々の天職なりと覺悟

しければ渡航の念一日も禁ずることを得ず玆に於て遂に意を決し其旨を武田縣知事に具申し旅券を得て明治三十五年七月カブチック號に搭じ渡布したり上陸直に領事館に出頭し敎育上の調査を爲せしが其多くは宗敎家の手に依りて經營せられつゝあるを聞き本願寺出張所を訪ひ監督今村惠猛師に就き敎育上の形勢を審にすることを得たり當時ヌアヌ日本人小學校に眞下氏あり本願寺附屬小學校に宮崎開敎師ありて何れも熱心に敎鞭を執りつゝあればホ府又間然する所なし折柄馬哇島ワイルク町に於て本願寺附屬小學校創立の議ありしかば今村監督の薦めに依り同年九月十七日彼地に赴き駐在開敎師船倉師と協力し假に布敎場を校舍に充てワイルク本願寺附屬小學校を創立せり登校兒童六十五名當時同胞の學校としては又盛なるものゝ一なりし翌三十六年一月一日ワイルク佛敎青年會を組織し其發會式を擧げドクトル上村二男氏を會長に君副會長たりしが會長辭任以來は君其會長として靑年を皷舞薰陶せり同年九月地方有士の懇望に依り寄宿舍を設け常に十五六名の子女を敎育したり翌三十七年七月敎育の旁ら風敎上に盡さんと欲し馬哇週報なる週刊新聞を發行し爾來學校青年會寄宿舍新聞の四事業を持ち其首腦となりて奮鬪力行大に地方風敎の爲に盡瘁せしが會々明治三十八年四月ホノルヽ本願寺小學校前校長和田寬一氏突然辭任せしにつき今村監督の勸により其後を襲ふこととなれり時に地方の有志別を惜み君が爲め盛宴を張り以て送別の意を表したりと云ふ

君ホノルヽ本願寺小學校へ赴任以來既に滿三ヶ年なるも一の魔事なく校運日に隆昌に赴き就任當初

二百名内外の生徒なりしも今や四百名の多數となれり此間君本邦の校令に基き布哇小學校規則を編纂し之を各島本願寺附屬小學校に頒布したり後明治三十九年九月より有志の盡力にて寄宿舍を開設現に三十餘名の子女を收容し之が主任となり熱心に敎育しつゝあり思ふに現時本願寺學校が他校に傑出し成績良好にして模範學校の稱あるは偏に君の力多大なりと謂はざるべからず君は眞に敎育事業に成效したる人物なり

勝木市太郎君　（在ホノルヽ）

君は北陸の大市舊金澤藩に生る嚴君名は相定母は和田氏祖父は藩の司訟の吏たり嚴君も亦其職を襲ひ頗る令名ありき而して維新廢藩の後家族を擧げて大阪に移り内國通運會社に勤務せしが謹直にして克く事務に通曉し且つ精勵の故を以て内外の信用最も厚く遂に擢んでられて同社大阪支店長となり勤續三十餘年間今尙ほ現に其職に在り又努めたりと謂ふべし

嚴君夙に内外の形勢を洞察し常に言へらく將來活劇場裏に立ちて有爲の人物たらんと欲せば須らく萬國共通語たる英學を修むべしと玆に於て當時君は僅に十二才なりしが奮つて大阪英語學校（同校は君が在學中專門學校と呼び後更に中學校と改稱せり）に入學し同校卒業後即ち十六才の時笈を負

ふて東上し櫻井博士に就き化學及理學を研究すること二ヶ年なりし夫より大學豫備門の試驗に應じて落第し次で工科大學の試驗を受け學術に及第せしも體格試驗に於て心臟病と誤診せられしを以て君は三浦博士の診斷書を得て其誤診なることを證明主張して入學を請へり左れど試驗官は既に及第者の數を工部省に報告せし後なりしが故に言を左右に托し其要求を容れざりし於是乎君大に憤慨し且つ空しく次期の入學試驗を待つの愚策なるを曉り遠く米國に航し修學せんと決し父母に乞ふて旅費一百圓を得知人の紹介に依て牧師美山貫一氏に伴はれ竟に明治十八年渡米の目的を達し上陸匆々桑港ハイスクールに入學せり其在學中家郷より多く資を仰がざる方針にて或は白人の家庭に働き或は夏期の休暇を利用し出でゝ農園に勞役し其得たる收入を以て次學期の費用に供し又は四五の朋友と同習會を起し互に相扶助し時に或は一片のパンと水とに由り飢渴を醫したること一再に止らざりしと云ふ夫れ斯の如く具に幾多の辛酸を甞め車胤の苦學を積み漸く三年にして同校を卒業し將に進んで大學に入らんとするに當り不幸にも慈母危篤の雁信に接しければ天性至孝なる君は萬事を放擲して倉皇歸朝の途に就き慈母の膝下に藥餌を捧げ孝養暫くも怠らざりし天も君の至誠に感ぜしにや幸にして慈母の病痾平癒せしを以て再び渡米し素志を貫徹せんと欲せしも慈母の膝下を去るに忍びず爲に大阪豫備學校の聘に應じて校長となり後轉じて神戸なる關西學院に敎鞭を執り專ら後進の子弟を薰陶せしが明治二十六年決然起て再び渡米し加州々立醫科大學に入り醫學を研究し同二十八年同大

學を卒業せり君大學に在りし時は自炊して勤儉自ら持し而も研學精勵每に講堂に在りて敎師の講話は一も洩すなく筆記し以て參考に備へたり何ぞ其用意の周到なるや是を以て每學期の試驗には成績優等を以て每に級の首席を占むるに至れり當時一快談として傳ふべきは平素白人學生等の講堂に在りて君と昵懇ならざる輩も學期試驗に際しては君が豫て筆記せし備忘錄の借覽を乞ふ者多かりしとぞ斯く君は篤學の士なりしが故に最後の全期卒業試驗には最優等七名の一人に加はり榮譽ある月桂冠を戴けり而して該七名は病院の當直醫たる特權を附與せられしも君は都合上之に應ぜずして同大學外科受持ドクトル、シエルス氏の助手となり次て同校皮膚病科ドクトル、モントガメリー氏の補助として專ら顯微鏡細胞の研究に從事し且つ同細胞解說圖の製作を爲し屢々白人斯道大家の賞賛を博し又神經病科のドクトル、ニユーマーク氏の助手となりて同科を攻究し竟にには幾多の學生に敎授し令名を得るに至れり後出でゝ桑港に開業し大に內外人の信頼を受け次で同三十三年一月黑死病の布哇に流行するや桑港衞生局より其調査を囑托せられて渡布し爾來該病は消滅せしも深く在留同胞の懇請により遂にホノルヽ府に開業し以て今日に至れるなり

君資性溫厚にして至孝なり加ふるに多年研鑽せし學識と幾多の經驗によりて得たる技量を以て患者に接するが故に患者の君に對するは宛も嬰兒の慈母に向ふが如し君が今日の地位と信用を博したる者豈偶然ならんや

灰田勝五郎君

（在ホノルヽ）

多年幾多の辛酸と闘ふて遂に仁術家たるの目的を達し今や布哇の首府に於て其老熟の技量は發揮せられ世人の歸仰一方ならざる者之を灰田勝五郎君と爲す蓋し君の如く多趣多樣の經歷を有する人は布哇同胞中甚だ稀なるべし請ふ吾人をして君が來歷の一斑を語らしめよ

君は文久三年六月十五日を以て鄕里廣島縣邊阪の地に生る八才にして學に志し十一才の時明治制度の小學設立されしを以て始て該校に入り十四才に卒業し而して後村夫子に就き學ぶ所ありしが君の父は元君をして商人と爲すの希望なりければ商人に多くの學藝は不必要なりとして廢學を强ひたり茲に於て止むなく一旦私塾を退きたれど修學の念は須臾も君が腦裏を去ること能はず間あれば父の目を偸み書は父の午睡を窺ひ夜は小學校敎師に就き更の闌るを忘れて勉學し漸く國史略及十八史略等を讀むに至れり偶ま君傴痳質私に罹り困難せしかば父も深く君の勉學を咎めず放任主義を取れり當時曩に私塾に在りて君を愛せし人某小學の敎員と爲りしが君の病を聞き君を同校の助敎員に周旋

し月俸四圓を給せらる爲に再び修學の便を得たり時に同村に眞宗淨德寺あり其住職に子なかりしを以て君が學事に勵なると眞宗の熱信者なるとに由り君を僧侶と爲し同寺を讓らんとの志あり於是乎君敎員の旁ら讀經を習ひ以て進德敎校に入るの準備を爲せり幾許もなくして同敎校に入學すべき丈の資格を得たれば小學敎員を辭任し一旦父母の膝下に還れり在宅中君の家屋火災に罹り全部燒失しければ嚴君は再築の目的を以て材木購求の爲め廣島市に往きたりしが途中持病の疝氣に冐され籠にて歸鄕せり然るに病は漸次重症に陷り醫師も殆ど匙を投ずるに至れり當時數里を隔てし所に西洋流の醫師碓井一馨氏あり君之を迎へて診察を仰がんとせしに親戚の者等は舊株を墨守し醫師と藥鑵は古きを貴ぶ抔と稱し漢法醫を信じて洋醫を信ぜず玆に於て君二人の親友に諮り密に同氏を迎へ診療を受けしに遉がの重病も遂に回春の効を奏したり爲に君心機一轉し以爲く甚しい哉醫術の進步せざる玆に至らんとは世には吾父の如き病に罹り不幸の最後を遂る者多からん吾不肖なりと雖も自ら刀圭家となりて難治の者を救はんと爰に始て決心の臍を固め其旨を碓井氏に語りしに氏の篤實なる直に快諾を與へ當日より同氏の藥局生たる名義の下に同氏邸に寄泊し醫學を修むる事とはなれり時に明治十五年九月十四日なりし是ぞ君が後來仁術家となりし濫觴とす

恩人碓井氏君を愛する最も深く暇あれば深更と雖も醫書を講じ君に授けたりと云ふ時に明治十七年末に方り布哇渡航の第一回募集ありて之に應ずる者太だ多かりし是に至りて君倩々考へらく吾家富

裕に非れば父の力に憑りて修學すること至難なり左れば先づ布哇に出稼し資を得て後米國に渡り醫學を修むるに若かずと其由を碓井氏に語りし所氏も大に其壯擧を賛したれば直に縣廳に至り應募の旨を告げたりしも最早滿員との事にて失望落膽し止なく歸宅せり翌十八年一月に至り突然村役場より三名の缺員を生じたれば往くべしとの報告に接し歡喜雀躍して縣廳に出頭し檢査官山田貢氏より種々の質問を受け辛ふじて合格したれば厚く恩師に別を告げたりしに會々當日は祖師親鸞聖人の正忌なりければ豆腐の肴にて離杯を傾け且つ師は七言絶句を賦して此行を壯にしたりと云ふ同月十六日一同縣廳に集合し午後郵船會社の肥後丸に乘込み翌朝未明宇品港を拔錨し十九日横須賀港長浦消毒所に着し一週間滯在の上同月廿七日セテーオブ東京號に搭じ同日午前十一時長浦沖より出帆し萬里遠征の途に就けり同船には代理領事中村次郎書記中山嘉吉郎藤田敏郎の諸氏もありしと航海中は格別の事もなく翌二月十日無事ホノルヽに到着し一兩日を經て時の國王及王妃より面謁を賜はり且つ一弗宛を下賜されたりと云ふ而して同月二十日ホノルヽを出帆し翌朝馬哇島カフルイ港に到着し君等五十名は直に條約地たるパイア耕地に至り同月廿二日より就業する事とはなれり然るに君元來勞働に經驗なきを以て身體を勞するこ甚しく手腫れ足憊れ後には食事の箸さへ把ること能はざるに至れり尚ほ之を忍で翌三月九日迄就業せしが同十二日に至りては最早蔗切る庖丁を握ること能はざるを以て病と稱し舘府に歸りしに醫師來り診察し去り間もなく通辯と巡査出張し君を拉して牢獄に投ぜり

蓋し君を以て作病者と認定したればなり以て當時待遇上苛酷なる一斑を知るべし左れど牢獄とは云へ監守者は君に煙草を與へ自由に運動する事を許せり言語は通ぜざれど其狀好遇するものに似たり翌日裁判の結果五弗の罰金と裁判費一弗を課せられ以て放たる爾來種々なる名稱にて同胞の此牢獄に投ぜらるゝ者多く如何にも其取扱軌道を逸し居れば同胞全體協議の末君總代に選ばれ一同連署し困難の事情を領事に具申せり時に偶ま板村直次郎なる者土人の牛使に打たれたれど而も其土人を罪せずと云ふ理由にて一統憤慨しパイア五十名に隣耕地ハマクアポコの同胞も同情を表し共に一團となり同盟休業し耕主に嚴談を試み其結果各々五弗の罰金に裁判費一弗を課せられしが君は再犯の故を以て八弗の罰金となれり然るに耕主は何思ひけん同月三十日より君を製糖場に入れ最も勞役の少なき糖汁の泡取を命じたり之よりして君は渡航費を辨償し條約を破棄せんと欲し所謂オバタイムを働き殆ど晝夜勞働せり爲に翌四月には三十餘弗の給料を受たり以て其苦心の狀を察すべし斯る劇務の中に在るも君が學事に熱心なる何とかして英學を修めんと考へ每月事務所より給料を貰ひ來る各人の勘定書を借集め姓名と想ふ所を書拔き二三ヶ月も同一の文字あるものを其人の姓名と假定し漸くにして五十韻を綴り得る迄に至れり蓋し同地に他國人なかりしが故に斯く修學に不便を感じたるなり是より先き四月十六日中村領事來耕となり君曩に總代たるの故を以て事務所に呼出され領事と談論反覆せしに領事大に激し陽に君を叱責し後戸外に出で密に君に語りて曰く今大將兵を率ひて戰

場に向ひ若し兵士が大將の命を待たず拔駈して終に其戰破れたりと假定せよ之を兵士の過失として大將は事無難に濟むべき乎今事務所に於て汝等の屆出に基き耕主を責問すれば彼耕主はホノルヽ出府中にて不在中の事は更に知らずと答へ言を左右に托し不得要領なり畢竟彼等は我邦人を支那人又は黑人同樣に想へり實に遺憾千萬なりと叫びて既に眼邊には紅涙滂沱たりし而して復馬の手綱を把りながら君に諭して曰く公等靜にせよ余歸府の曉は相當の手段を取り汝等に轉耕なさしむるか且は支配人を交代さすか決して惡しくは取計らふまじ其旨宜しく衆に傳へよとの訓諭なりし君も領事の厚意に感泣し涙潛然たりしと云ふ後不幸にも君は風邪に罹り熱高く爲に臥牀せしが病は變じて脚氣となり非常に困難を感じパイア引揚まで遂に就働し能はざりし

同年六月井上辨理公使及鳥居忠文子等來耕し在留同胞の意嚮及耕主の待遇上に就き各人より委曲聞く所ありし當時耕主君を遇すると最も厚く每朝牛乳パン或はパイ抔を與へ別に勞働する事を强ひざりし其狀君の意を迎へんとするものヽ如し後八月廿七日耕主君等を事務所に招き曰く公等五十名此地を去らんとして既に領事館に出願せりと聞く願くは多額の俸給を與ふるが故に留まり吳れずやと君衆に代りて答て曰く我等は領事の命に依りて進退する者なり左れば今假令千弗の給料を支拂ふも領事の命なくんば留まる事を得ずと斷乎たる答に耕主今は奈何ともする事能はず遂に翌廿八日を以て一同ホノルヽに歸府したり君一旦歸府するや十月より米人テー、ジー、キングとて現今カラフニアフヒート會社主人の家内的勞働に仕込み夜はヲートト街支那人の福音堂に至り英學の研究に從事しベッド蚊帳はありと雖も勉學の爲め錐股縄頸の古事を聯想し特に椅子に倚りて眠りたりと云ふ同邸に居ると一ヶ年半の後即ち明治二十年四月時の王妃英國女皇の五十年祭に臨まんが爲め米國を經て渡英するに際し君は桑港まで臨時給仕として其列に加はり同月十三日オーストラリア號に乘込みホノルヽを解纜し着桑の上二三友人と議り七月二日サクラメント市に雜貨店を開始せり左れど元是れ書生の商法なれば長く之を維持すると能はず同年十月遂に閉店したり何ぞ開業の迅にして又閉店の速なるや是より白人の家に働き二百弗の貯蓄を得たれば獨立の業に從はんと欲しオークランドの日本人倶樂部を引受たれど失敗に歸せり玆に於て帳簿一切を燒棄し後或は奉公人となり又は香水齒磨を製造し行商を爲せしも意の如くならざりしかば所詮奉公より別に成効の道なしと決心しベルモントなる大學豫備校のコックとなり夜間漸く勉學するの機會を得たり當時共に働きしは今現に濱野商店の支配人新井氏及統監府の書記小松綠氏三井銀行大阪支店長米山梅吉氏等なりとす在職一年にしてツラシイに働き而して後明治廿七年六月桑港に出でクーパー大學醫學部に入校せり在校中獨逸人醫師アイデンミューラー氏に愛せらる同氏は日本人患者多き爲め其通辯兼助手となり多少の報酬を受け大に學資の助を得たり然るに或年は授業料百五十弗を納むべき期に迫りしも君の囊中僅に二十弗のみなれば思案の末儘よ此二十弗を失ふか又は大金を得るかの冒險的企を爲し桑港屈指の花引仲間

に入り輸贏を決せしに天の惠みやありけん初日に七十弗餘を得次日重て六十弗餘を得たれば直に授業料を納附し再び手を出さゞりし彼等は狐に魅せられし心地したれど其を授業料に納めしとは感ずべきなりとて皆々悦を頒てりと云ふ、

明治三十年は卒業すべき歳にて君の嚴父は毎に喜び居りしにも拘はらず同年七月の書信に六月七日嚴父病歿せりとの報に接し君の驚愕一方ならず殆んど狂せんばかりなりし之が爲め九月十三日より腦消耗症に罹り自他共に必死を期したれば友人等相集りて大に悲み流涕する者多かりしが君言へらく吾多年苦心せし甲斐ありて希望する學校に入りたれば假ひ卒業前に死するとも自ら耻る所なしとて神色自若たりしは畢竟君が眞宗信者として信仰厚きが故なるべし後同年十一月學校附屬病院に入院し内科敎授の懇篤なる治療にて病頓に怦り一週間にて退院せり其際醫師誡めて曰く汝明年六月まで田舍に往きて靜養せよ銃と釣竿の外決して手にす可らずと然るに無謀にも試驗に應ぜんとして心を勞しければ病勢以前に回り再び入院し敎師よりは叱嘖せられたれば其歳の試驗は斷念するの止なきを至れり後病全く癒へて一層勉學し翌三十一年十一月遂に芽出度及第し翌十二月八日卒業式を同校大廣間に於て擧行せり此卒業式にボケーを貰ひし者内外人を通じて四十五名なりしが就中君多くを得たれば參集の白人は大喝采をなし君が免狀とボケーを双手に抱て出で來るを妙齡の婦人道に擁して吾先きにと手を出し門外に出でし時は殆んど空手となれり翌九日は公證人來て開業免狀の手

績を調へ竟に一千八百九十八年一月四日を以て免狀を得たり夫より桑港に於いて開業し後間もなくフレスノに移りしが明治三十三年故山に還らんと欲し同年二月九日桑港發の日本丸に搭じホノルヽに寄港せしに時恰もペスト後にて乘船すること太だ難ければ幸ひ友人の勸誘に從ひ開業し翌三十四年十一月一旦故國の土を踏み踰へて三十五年十一月再び歸府し以て今日に至れるなり
君米國に開業中桑港に始て佛敎青年會を起し次でフレスノ、サクラメントの青年會創立にも全力を注ぎたり左れば米國に於ける佛敎發展の動機は全く君の力に依りしなり而してホノルヽ本願寺の佛敎青年會も君等の主動者に由りて今日の盛を看るに至りしなり回顧すれば第一回船より布哇に出稼したる者其數積りて幾んど十二萬を越へたり然れども身一箇の移民より起ちて遂に米本土の大學を卒業し學士の稱號を得たる者君を措て其れ誰かある嗚呼布哇に成効者多しと雖も君は實に成効者中の成効者と謂はざるべからず君曾てスマイルスの自助論を讀みたれど君が記臆せしは唯英人ジョンソンの言のみ曰く人は小屈に安んぜず失望の時に自暴自棄せざる者は最後の勝利者なりと君は常に此語を腦裏に刻し之を實行し以て今日の地位と盛名を博したる出格の人物なり世の意志薄弱なる青年子弟は君ヽ傳記を讀んで感奮興起すべきなり

*　*　*　*　*　*　*　*

三田村敏行君

（在ホノルヽ）

布哇刀圭家中最も古參者として名聲夙に全島に洽く而も其老熟の技術は克く起死回春の効を奏し患者をして毫も遺憾なからしむ特に或時は新聞を起して同胞の發展に貢し又慈善事業としては終生本邦に還る能はざるモロカイの孤島に在る同胞癩患者を救はんとして石井勇吉氏と共に卒先運動し數次合衆國政府に交渉を重ね遂に其目的を達し明治四十一年三月に彼等愍むべき七名をして日本の土を蹈ましめたる者之を三田村敏行君と爲す

君は安政元年を以て和歌山縣即ち舊紀州藩主徳川公侍醫三田村家に生る君は即ち次男にして介兄三田村忠國氏は退職軍醫總監なるが現下鄕里和歌山に在りて塵外に超然たりと云ふ君幼にして學に志し自ら大人の風あり明治三年笈を負ふて東京に出て慶應義塾に入り英書を學び次で舊大學東校に登り英國醫學博士ウヰルリアム、ウヰリス氏に就き醫學を修む同六年海軍病院に奉職し傍ら醫學博士ウヰラード氏に就き尙ほ斯道の研鑽に從事し其蘊奥を極むるに至れり同七年三月より舊鹿兒島醫學校に敎鞭を執る事となりしが西南の役に當り西鄕軍に投じて親しく戰地に臨めり次で同十一年春和歌山縣立病院に奉職し同醫學校敎授の任に當れり翌十二年同縣下虎列剌病流行の際撿疫醫の監督として病毒蔓延撲滅に盡瘁し夫より轉じて再び鹿兒島に至り回春病院及平山病院に院長の職を奉ぜり同十七年春大阪府下岸和田私立眼科病院長となり同二十一年一月東京赤坂にドクトル、ホイトニー氏の私立赤坂病院を創設し其院長となれりと云ふ是れ君が日本に於ける經歷の概要なり若し其れ詳細に記述せば猶ほ數十頁を費すべし何ぞ其出所の正々として經歷の堂々たるや然り而して翌二十二年春布哇移民局の聘に應じ醫師兼監督官となりて渡來し直に加哇島キラウヰア耕地に赴き十年一日の如く直接に間接に同胞及患者の爲に盡す所少からざりし玆を以て早くも其聲望と信用は遠近に轟けり宜なる哉同二十六年ホノルヽ府布哇新報社に於て在留同胞者間に十傑を募集するに當り君推されて其一人に加はれりと以て君の人格如何を知るべきなり踰へて三十二年一月鑑みる所ありて加哇島を去りホノルヽに出府しヌーアヌ街に開業し多年蘊蓄の技量を揮ひたり翌三十三年一月黑死病流行の際同府のドクトル諸氏と相提携し熱心に奔走せし事は皆人の知る所なり就中避病院の如きは君が卒先して尤も苦心せし所に拘はれり當時同胞の機關新聞として見るべきもの尠かりしかば同年奧村牧師等と相議り多額の資を投じ遂にホノルヽ新聞なるものを創刊し次て同胞の指導者となり貢獻する所尠少ならざりし現今布哇第一と稱せらるヽ我が布哇日々新聞の前身即ち是なり回顧すれば明治九年三月君鹿兒島に在りし時同藩主侍醫松山玄岱氏の三女元撿事正從五位勳五等松山彪氏の令妹スヱ子と結婚し爾來一女一男を擧げたり而して長女鏡子は米國ミシガン大學文學士石田銈吉氏に嫁して今現に夫と共にホノルヽに在り且つ長男有爲太郎氏は目下同ミシガン大學に醫學を研究しつヽありて卒業の期も遠からずと聞く君の令息にして一旦學成りて布哇に歸來せば君が老練の手腕に令息の新智識を以てするが故に鬼に金棒の俚諺に洩れず業務の發展は如何なる程度迄發達すべきや圖るべからざるなり君や眞に幸福の人と謂ふべし矣

尾山瑞雄君

（在ホノルヽ）

現時ホノルヽの日本人慈善病院々長として其名夙に同業者間に鳴り而も年齒而立を超ゆる僅に二才の壯齡を以て技術神に入り難治の患者をして克く雲を排し日光を見るの觀あらしむる者之を尾山瑞雄君と爲す君近年醫道の本源を探り妙處を得るは禪學に在るとを看破し趙州の無字に參ずるを以て物我一體如如一如の理を徹見し爲に醫道上に一層の光彩を放つに至れり

君は熊本縣玉名郡有明村字藏滿の人明治十年六月の出生なり幼年の頃地方小學を卒業し同二十六年時世に鑒みる所ありて熊本英學校に入り英學を專攻せしが嚴父の勸めに基き同二十七年九月より長崎なる第五高等學校醫學部に入りヒポカラテスの流を酌み螢雪の窓に孫康の苦學を積み研鑽暫くも懈らざりし業半にして君以爲く帝都は學者の藪園人物の麕集する所なれば如かず東上して斯道の泉源を究めんにはと玆に端なくも大勇猛心を起し竟に上京せり時は正に明治三十年の春なりき然るに故ありて帝都に留ることを得ず去て千葉なる第一高等學校醫學部に入り同三十一年十一月始て素志を達し同校を卒業せり此時君の齡僅に二十一才五ヶ月なりしと云ふ以て君が英敏にして如何に篤學熱心の人なりしやを知るべし一旦業成るや尙ほ實地に就て研究を重ねんと欲し各地の病院に職を奉じ其他保險醫檢黴等に從事し平素薀蓄の學理を實地に應用し頗る悟了する所ありたり後故山に還り開業せしが會々在布の知友某等遙に書を寄せて君に渡航を勸むること太だ切なるものあり君爲に心動き匆々旅裝を整へ當布哇に渡來せしは過る明治三十五年三月なりき君上陸後三日にして本縣衞生局の試驗を受け優等を以てライセンスを得たり蓋し斯る短時日にてライセンスを得たるは君の學才俊秀とは云へ寔に異數と謂ふべし而して初めクヰン街に開業し次でマーチャント街に移轉し二宮ドクトルと合同事に從ひしが後に分離して獨立の旗幟を樹立せり然も未だ一歲ならざるに君の靈腕は早くも社會公衆の認むる所となり日一日と盛況を呈するに從ひ從來の家屋は不便と云ひ且つ狹隘を

告げしを以て同三十六年より現今のパラマに移り益々技量を揮ひしかば今や刀圭家中一頭地を抜き名聲赫々宛も芙蓉峯頭を摩するの慨あり既に昨四十年十一月ホノルヽなる四邦字新聞社聯合して布哇八島の六十大家を募集するに方り君は推されて同業者間に最高點を得たり以て君の信用と技術の絶妙なる一斑を窺ふべし夫れ斯の如く君の聲望高まるに連れホノルヽ府慈善會役員會議に於て投票の結果君を同年十二月邦人唯一の病院たる日本人慈善病院長に推薦したり之が爲め君が歴史に一層の粧飾を添へ其勢力隆々乎たり

且其れ君は昨四十年の春に當り湊液の使用權を獲得し布哇全縣に向つて大に其技を揮はんとせり抑も湊液なるものは本邦のドクトル湊謙一氏の發明に拘はり方今に至りては二十世紀の大發明空前絶後の大奇藥として滿天下より歡迎せらるヽに至れり自今此奇藥に依りて布哇の醫學界は革新せらるべく現に牛島氏の如き栗崎夫人の如きは君が同液を二三回注射せし結果拭ふが如く全癒せしは皆人の知る所なり其他該液に憑りて九死に一生を拾ひ得たるもの枚擧に遑あらずと云ふ

君は寡慾淡泊溫厚着實にして特に患者に接し懇篤人に交るに洒脱毫釐も隔意あるとなく眞箇敬愛すべき君子人なり而も君尚ほ多くの春秋に富む前途太だ有望なりと謂ふべし冀くは君たる者益々健全にして社會公衆の爲め乾坤獨歩の仁術を揮ひ二利圓滿の目的を達せんとを

*　*　*　*　*　*　*

小島定吉君

（在ホノルヽ）

ホノルヽ商界の一偉人として多數同胞の尊敬を享け富力信用優に一頭地を拔き氣魄精勵克く庶務を整理し如何なる難局に蒞むも平然自若毫も動着せざる者之を小島定吉君と爲す

君は目下籍を東京に置くと雖も元と神奈川縣相摸國愛甲郡小鮎村字飯山の產なり家は世々商を以て業とし殊に君の嚴父は蠶業に從事し其製出の生糸は八王子を取引先として地方に有名なりし君亦父の業を紹ぎ大に發展の道を講じたりしが事は志と乖き遂に失敗に歸せり是に於て之が挽回の策を講ぜんと欲し時は明治十九年二月當布哇に渡來し幾多の辛酸を嘗め後同二十六年よりホノルヽに於て食料雜貨店を開き爾來營業順境に向ひ巨萬の富を作るに至れり君の如きは眞箇立志篇中の人物と稱すべく君の財力と聲望增大なるに連れ同三十九年度より推されて日本人精米株式會社の社長となり今現に其職に在り以て君の地位と人格の如何を知るべし矣

＊　＊　＊　＊　＊　＊　＊

緒方清四郎君

（在ホノルヽ）

君は熊本縣鹿本郡山鹿町の人明治十四年十二月の出生なり青年の頃より早くも外遊の志を懷き遂に明治三十年十月即ち君の齡滿十六才五ヶ月の時此國に來り諸有る經歷を積み同三十四年より布哇耕主組合勞働部に入り事務員となり以て今に之を繼續し太だ敏腕の稱あり君尚多くの年齒に富むが故に其前途や春の海の如く洋々乎たり君資性淡泊にして圭角なし是れ君が長上に信任を得る所以なり

阿部由太郎君

（在ホノルヽ）

君は東京市牛込區新小川町の人なり君の父は多年布哇に在りて事業を營み居りしを以て君本邦に於て中等敎育を受けし後父の跡を慕ひ明治三十五年七月三十日渡布し暫く父と同居せしが同三十八年十月より現今の樫原商店を讓受け爾來拮据經營の結果年と共に隆昌を極めつヽあり

＊　＊　＊　＊　＊　＊　＊　＊

藤井秋太君　（在ホノルヽ）

君は廣島縣廣島市田中町の人明治三十五年四月一日此國に來り直に廣川洋服店に入り一職人として勤務せしが君が本國にて練磨せし敏腕は早くも世人の注目する所となれり會々店主歸朝せしに就き同四十年五月より君其後を襲ひ一層技量を揮ひしかば今や同業者中の白眉として頗る世人の喝采を博せり

朝比奈梅吉君　（在ホノルヽ）

君は靜岡縣靜岡市の人明治十八年始て布哇に來りニーハウ島ゲイ氏の牧羊場に勤務し大に辛酸を嘗む契約解除後一旦故山に還り同二十一年家族を伴ふて再渡航しホノルヽ府バウアヒ街に齒科治療所を設け内外人の治療に從事せしが三十三年一月の大火後現今のベレタニア街とヌアヌ街の角に移り專ら蘊蓄の妙技を揮ひ業務太だ昌なり且つ君は劍道に堪能にて目下新に演武場を設け以て首府の中心に我帝國の武威を輝せり

二木良衛君　（在ホノルヽ）

君は長野縣松本市の人明治三十六年製麪事業の目的を以て渡布し同年五月直に同業を開始し今やホテル街に於て大發展を爲し全盛を極めつゝあり蓋し邦人の布哇にありて製麪業に着手せし者は君を以て嚆矢となす

高野勇君　（在ホノルヽ）

君は山形縣米澤市直峯町の人なり夙に外遊の志を起し時は明治三十三年四月始て渡布し幾年の艱難と奮闘し後布哇バラストコンパニーに勤務し今現に其職に在りて多額の蓄財を爲し得たりと云ふ

宮本長太郎君　（在ホノルヽ）

君は東京市芝區西久保町の人明治十八年第一回船にて渡來し白人の家庭に働き傍ら語學を研究し同

二十五年デビス商會に入り勤續十五年間而して其勤務中即ち三十五年二月キング街停車塲前に吳服店を開始し常に二三の雇人を使用し次で卅九年現在のキング街石造家屋に移り同時に商會を辭し專ら自己の商店を經營し日に月に隆昌なり

細井勇君　（在ホノルヽ）

君は高知縣土佐郡高坂村の士族にして明治十年橫濱に出で海員となり遂に此國に來り今や獨立事業を經營しつゝあり

元重富太郎君　（在ホノルヽ）

君は廣島縣甲奴郡下領家村の人目下ベレタニア街に時計商店を開始し營業甚だ盛大を極め邦人同業者中の白眉たり

＊　＊　＊　＊　＊　＊　＊　＊

藤元秀吉君

（在ホノルヽ）

君は山口縣大島郡屋代村の人夙に外遊を志し明治三十年米國に航し在留一年の後即ち三十二年十一月布哇に來り洋服裁縫店を開き爾來今日に至り最も隆昌を極めつヽあり

村上民之助君

（在ホノルヽ）

布哇の商界に一異彩を放てる者は村上民之助君なり君は山口縣大島郡久賀村の人明治元年を以て生る去る明治廿一年初て布哇に渡航し七年間刻苦精勵の末巨額の財を蓄へ征清役に際して一旦歸朝し食料雜貨品を仕入れ再び渡來し商店を開始し大に業務の擴張を計りしかば漸次其名全島に知らるヽに至れり次で同卅二年八月歸朝し多くの貨物を仕入れ大發展を試みしが不幸三十二年のペスト騷擾に當り全家燒失の難に遭ひしも君が不撓不屈の精神は此難を排して再び開業し益々奮つて業務に熱心せしを以て忽ち順境に向ひ今や首府卸問屋中一二を爭ふに至れり然るに天は此英漢に壽を與へず本年五月十五日午後十一時心臟破裂の爲め溘然他界の人と化し去れり吾人は我が同胞商界中に此偉

傑を喪ひたるを悲む者なり

高桑與市君　（在ホノルヽ）

君は東京日本橋區濱町の人夙に普通學を修め後商業學校及國民英學會等に入り以て社會に活動すべき階梯を作り遂に明治廿七年十一月渡布し多くの困苦と奮闘し卅四年二月始て雜貨食料品の卸賣に從事し爾來盛況を極め今やホノルヽ屈指の卸問屋となり名聲久しく全島に鳴るに至れり

望月瀧三郎君　（在ホノルヽ）

君は東京市麴町區の人明治二十三年三月始て渡布し多年コックとして白人の家庭に出入し多額の貯蓄を爲すと同時にベニタニアに料亭を開業し後現今のワイキヽに移轉し料亭の旁ら海水浴場を設け以て滿都の人士を吸集するが故に現時頗る殷盛を極めつヽあり其他最も高尚閑雅なるを以て足一たび君の庭園を踏まば恰も仙境に遊ぶの感あり

＊　＊　＊　＊　＊　＊　＊

園田三太郎君

（在ホノルヽ）

君は明治九年十一月を以て福岡縣八女郡下廣川村字廣川に生る家は世々農を以て業とせり君亦父祖の業を繼ぎ專ら耕耘に從事せしが時世の進運に鑒み遠く海外に航し以て終生の目的を立んと欲し自費を投じて明治三十年三月廿一日此國に來り上陸直に布哇島コナ郡ナポポに赴き同地のギヤニー商店に入り次で同店の經營に拘はる珈琲ミルに働くこと一年八ヶ月にして轉じてカイナリウ砂糖耕地に就働し傍ら未墾の地を借受け自ら之を拓き甘蔗を栽培し尙ほ副業として珈琲店を開始せり其れ斯の如く一時に多方面に手を伸したるが爲め資金に缺乏を感じ幾多の辛酸を嘗むること殆んど前後四ヶ年餘なりし茲に於て到底同地の有望ならざるを看取しホノルヽに出で一旗擧んと覺悟し遂に同三十六年匆々行李を收めて出府し間もなく薪炭の卸賣を開業せり當時日本人の該業に從事する者多かりしも君が勤勉にして着實なる忽ち顧客の知る所となり營業日を追ふて發展し隨て收益も亦尠からざるに至れり左れど君之を以て滿足すること能はず時機を得て他に事業を起さんと期待せる折柄漸次同胞

の數增加し貨物運搬の日に月に頻繁となれるに着眼し是が運搬業を開始せば將來必ず有望なるべきを看破し時は明治三十八年十一月遂に斯業を開始せり爾來日に增し隆昌に赴きしかば先きの薪炭業を副業とし一心三昧に精勵せし結果大に貨主の信用を博し今や同業者間の牛耳を執るに至れり
君資性忍耐の力に富み加ふるに着實なるが故に今日の好果を收めたるなり語に云く機を看る其れ神かと君の如きは眞に機を見るに敏なる奮鬪的人物と謂ふべし

村上政吉君

(在ホノルヽ)

マキヽ地方の顏役として夙に名聲赫々たる者之を村上政吉君と爲す而して君が今日の勢望を得たる所以のものは公私の爲に身を顧みず克く盡瘁したればなり君先年來より現住所に食料雜貨店を開始し熱心に業務の擴張を圖りしが故に一層勢望の度を高めたり
君は慶應二年五月を以て山口縣玖珂郡川下村字車に生る君日本に在りし際は伯樂を以て業とし廣く各地を周遊せしが布哇渡航の途啓け地方より渡布する者次第に增加し甚だ有望なりと聞き渡航の念

俄に勃興し遂に明治二十二年の春官約移民の募集に應じ第十回船として渡來しホノルヽに上陸後直に加哇島ケアリア耕地に至り就働する事とはなれり就業二年半の後條約を解除し一旦ホノルヽに出で轉じて馬哇島に渡り伯樂の業に從事すると四ケ年にして同島ハナ、マカラヤに往き二年間蔗切の大請負を爲し二千弗餘の潤益を得たり玆に於て此金を携へホノルヽに出府し居を現今のマキヽに占め今日迄にて前後殆んど十一年間淹留し諸種の事業に着手せしが今を距る三年前即ち明治三十八年末より食料雜貨店を開業せしに人望ある君の事なれば營業漸次に發達し其實收の點は人の豫想外なりと云ふ

君資性着實にして俠氣に富むが故に一たび人の依賴を受けば水火も辭せず熱心に活動するを以て衆望一身に歸せり君の如き人物は同地方に缺くべからずとは世人の共に語る所なり君に四人の子女ありて何れも健全なるが長女は既に十六の春の迎へ其性至孝なりと而して君の兩親は君が在布中病歿したれば今は故山に少しも繫累なしと云ふ

*　*　*　*　*　*　*　*

上田新吉君

（在ホノルヽ）

君は山口縣熊毛郡上の關村の人明治三年三月三日を以て生る君十五才にして米問屋に奉仕し一ヶ年餘にて同家を辭し十七才の時蠟燭製造業を經營せしも遂に失敗に歸せり次で地所の測量師となり後東京銀座なる工業會社速成酒造法に則り精酒を試釀し好成績を得たるを以て斯業に從事せんと欲し資金を父に乞ひしも父は之を危險の業なりとして許容せざりしと云ふ茲に於て明治廿四年即ち君の齡廿一才の時仲買商を開始し六十石の和船を造り自ら荷主兼船長として大阪及九州間を往復し大に利益を收得しければ一方山林の樹木伐採を請負ひ重ねて又多くの利益を得たれば一千餘圓を投じて海產物及吳服其他の商品を仕入れ剩へ友人に旅費萬端を貸與し共に布哇に渡らんと欲し時は明治二十七年十二月橫濱より乘船し翌年一月ホノルヽに到着せしが當時恰も布哇革命の際とて萬事の取調べ嚴密にして上陸及貨物の陸揚に頗る困難を感じたり是より先き同伴の友人航海中病に罹り船醫の診斷にては到底回復の見込なく餘命僅に一ヶ月を保し難しとの事にて着船後撿疫所にて移民局醫の

診察治療を受けたりしが君は同人を捨てゝ獨り上陸するに忍びず爲に一方病者を看護し一方齎せし貨物を稅關に依托し同月廿一日の便船にて同人を伴ひ横濱に歸着し直に同地十全病院に入院せしめしも僅か一週間の後死亡せりとぞ君は夫が爲め莫大の金を費し困難せしが毫も屈せず一週間鄕里に滯在の上再び横濱に出て同年三月重ねて渡布し豫て預けし貨物を受取しも長時日を經過せし爲め損傷を生じ非常なる損失を招きたり依て同月ホノルヽの森田商店に入り六ヶ月勤續の後加哇島に渡り各耕地を巡視せしも適當の業なかりしを以て同十二月一日歸府し翌廿九年二月よりボンミルに就働し精勵の稱あり勤續五ヶ年餘にして多くの蓄財を爲し得たれば歸朝の爲め辭職し同三十四年四月六日の便船に乘り歸省し慈母及叔母に隨ひ東京横濱を見去りて日光を觀光し善光寺に詣で再び東京に還り東海道の名勝を探り伊勢の大廟を拜し大和を廻り京都に出で轉じて四國中國を詠め充分母に慰藉を與へ同年十月妻君を連れて來布し再びボンミルに就職せり現今君の業務はセメント及ペンタ等にて給料も多く隨て蓄財も他に優りて爲し得たるを以てカリヒ方面に貸家を所有し益々富み且つ榮へつゝあり過る三十九年六月故山の警部重岡米藏氏及帝國水難救濟會本部の依囑により當地に會員七十餘名を募集したり加之カリヒ小學校創立の際も熱心に盡瘁したりと以て君が公共心に厚き一端を看るべし目下君に四人の子女ありて家庭太だ圓滿なりと云ふ

右方の椅子に倚る者は釀造所主

吾が釀造に拘はる龜甲福印醬油は原料の精選と技師の熟練に依り風味佳良にして其色濃厚なり日本輸入品に優りて高評嘖々たり加ふるに價格の低廉なるは內外品の遠く及ばざる所なり願くは御試用ありて眞價を知り玉はんことを

ホノルヽ府カヽアコ、コーラ町

龜甲福印醬油釀造所

所主　福島八十八

郵函（七六八）

天下無比手製、玉子素麵、玉子蕎麥

麵類各種機械製

赤白干饂飩、大小干饂飩
片栗素麵、干蕎麥、友白髮

日の出製麵所

右各種の麵類は吾家の傳法にして日本に於ける機械製の元祖なり各府縣の勸業品評會等に出品なせし際にも其度毎に審査の結果數個の褒賞拜受の名譽に預りしこと數十回なり而して此機械を用ゐて當布哇に開業せしは明治卅六年にして布哇製麵界の元祖なり

弊商會の特長とする所は多年の熟練と經驗に依て品質優等風味佳絶なること他品の及ぶ所に非ることは今更喋々喃々と述る迄もなく大方各位の知らるゝ所ならん既に内外に高評を博し其製産額も日々增進しつゝあるも偏に花客の御引立に因るものと奉深謝候

今回既往の御愛顧に酬ん爲め一層奮勵努力し改良に改良を加へ以て一定不動の純良優等品を製出致すべくにつき續々御注文の程偏に伏而奉願上候

ホノルヽ府ホテル街
日の出商會製麵所

所主 二木良衛

電話二八三
郵函八四六

オアフ島之部

村岡芦十郎君

（在ワイマナロ）

ホノルヽの背面にワイマナロと稱する一耕地あり邊陬の地とは云へ同胞の數殆んど二百名に近く隨て成効者も亦尠しとせず就中本篇の主人公村岡芦十部君は成効の上より云ふも蓄財の點より云ふも君を以て第一位に推さゞるべからず而して君が今日ある其素因は遠く日本にありし當時に胚胎せるものと謂ふべし請ふ聊か其來歷を說かむ

君は山口縣玖珂郡愛宕村字牛ノ谷の人なり幼にして往時の寺小屋に學び壯年の頃明治の普通學を修め造詣する所尠からざりし特に天資英邁にて頭腦衆に超へ事理を辨別する事至つて迅なり是故に身は壯年なりと雖も老成の風ありて人の尊敬一方ならざりし此拔群の腦漿天禀の英才こそ布哇に於て大成効を遂げし素因と云はざるべからず明治十八年三月には既に其鋭鋒を顯はし愛宕村戶長役場より土地の調査を囑托せられしかば奮つて地方の丈量に從事し遂に効を奏したり後明治二十三年市町村制實施の際擧られて收入役となり大に敏腕を揮ひ以て村民に滿足を與へたるは今尚ほ人口に膾炙

する所なり而して奉職滿三ヶ年にて現職を辭し岩國區裁判所の登記事務に鞅掌し益々蘊蓄の技量を發揮せり時に同地方より布哇に渡航する者甚だ多かりしかば君鑒る所ありて平素の奇才を海外に展さんと欲し明治二十七年九月二十七日小倉幸氏の手に依り第二十七回船としてナンシャン號に搭じ當布哇國に渡來せり上陸匆々馬哇島オロワル耕地に至り二十ヶ月間身命を惜まず勤續したり玆に於て君密に想へらく勞働は神聖なるが故に可は可なれども普通耒耜を擔ふての勞働は小成效に止りて到底巨萬の富を作る事能はざるなり如かず請黍業に從事して一擧萬金を獲んにはと斯く決心したるを以て同二十九年七月同地を去り一旦ホノルヽに出府し間もなく現今のワイマナロ耕地に至り請負業に着手せしが君の烱眼なる豫期に違はず着々効を奏し年と共に多額の資を蓄ふるを得たり之に由りて明治三十四年四月一日の吉辰をトして請負の傍ら食料雜貨店を開始したり當時同地方に邦人の雜貨店皆無なりしかば純益意外の好結果を呈し全盛比ぶ者なきに至れり左れど君隴蜀の望禁じ難く同十八年九月より新に其筋のライセンスを得て酒舖を開きしに計畫愈々圖に當り地方の利益は獨り壟斷の有樣にて今や巨萬の富を作り信用と威望は隆々乎として飛鳥も爲に落んばかり也由來岩國地方人にして大成効したる者は恰も曉天の星なるに君は巍然一頭角を現はし成効したり地方人には洵に珍らしき人物と謂ふべし

* * * * * * * *

猫本俊一君

（在アイエア）

君は廣島縣安佐郡三川村字古市の人明治十七年一月十日の出生なり幼にして普通學を修め十二才より商業に志し父母に乞ふて大阪に上り十六才まで某商店に入り實地に就て研究を爲したり世人も知る如く大阪の地は日本商業の樞軸にして貨物の聚散商人の出入全國に冠たるの故を以て商略縱横の才ある者は昨日無資産なるもの今は忽ち一躍して巨萬の富を作り大厦の商店主となる者少しとせず君斯る樞要の地に在りて前後五年間商業上の智力を磨きしかば得る所頗る大なりしと此青年時の研究こそ君が他日布哇に於て商業に成功せし所以ならめ斯くて君大阪より歸鄕後直に森岡移民會社の手により東洋丸に乘り同胞七八百人と共に神戸より出帆し布哇に到着し布哇島オーラア耕地九哩に至り就働することとなりぬ君同地に在りて或は製糖所に働き或は請黍に從事し衆に擢んじて精勵せしが後考ふる所ありて同地を辭し明治卅六年十二月オアフ島アイエア耕地に來り菜園事業に從ひ後又プランテーションに働けり居ること一年餘にしてプランテーションの酒舖に聘せられ三年間熱誠を

捧げて勤勉せり夫れ斯の如く多年獻身的に精勵せしが故に隨て多くの蓄財を爲し得たれば之より獨立業に從事し當初の宿望を達せんと欲し同四十年十二月よりポルキー人某の酒店を讓受け以て獨立の商旗を翩せり元來君は大阪の本場に於て商機の掛引を了得せしが故に日尚ほ淺きにも拘はらず商略着々効を奏し今や全盛の域に進みつゝあり左れど君が奇智に富める唯だ酒舖のみに滿足すると能はず本年二月より一方ホノルヽ府キング街リヽハに於てキャンデーの製造を開始し文明の利器たる新聞廣告を大々的に利用し破竹の勢を以て進行するを以て營業日々に發展し古參の店舖を壓すると恰も猛虎の群羊を狩るに似たり想ふに君が商陣を布き商略を施すは疾風迅雷の如く他をして端睨するに遑なからしむるものあり其行動の機敏にして壯麗なるとは飽迄も大阪的商業の兵法なり君の年齒未だ而立に達せざれば前途太だ有望なりと謂ふべし而して君の父母尚ほ現存なれば君が心裏の愉快は一層大なるものあらむ

* * * * * * * * *

上岡辰之助君

（在アイエア）

君は廣島縣沼隈郡柳津村の人なり明治六年八月を以て生る父は三十九年十二月に病歿し母は尙ほ健在なり而して君に一妹一弟ありと云ふ

君郷里に在りし時は農商二業に從事し勤勉を以て人に稱揚せらる左れど日本に於ける商況は不活潑にして君が驥足を伸ぶるに足らざるが故に遠く海外に遊び平素蘊蓄の技量を試みんと欲し時は明治三十年十一月三十日ドーリック號に乘り横濱を解纜し翌十二月十日ホノルヽに上陸し直にオアフ島ワイパフ耕地に至り同月十七日より就働する事とはなれり勤續一ヶ年の後同耕地を去りて同島ワイマナロに往き二ヶ月を經て現今のアイエア耕地に來り働く事となりしが其後間もなく同地に於て某氏の菜園を讓受け大に之が栽培に從事せしに恰も好し明治三十三年一月ホノルヽにペスト事件起り全市は燒拂はれ各地との交通は遮斷せられ爲に數萬のホノルヽ市民は内外人を問はず日用の野菜等に不足を感じ其困難一方ならざる悲境に陷れり此時に當りて君はホノルヽの隣耕地と云ひ兼て栽培

したる多くの菜物殊にポイを市内に輸入したるを以て平生二百弗の價格あるものは一超七百弗の市價を示したれば僅々二ヶ月間に前代未聞の大利を占め得たり之ぞ君が後來開運の端緒なりとす

君既に多額の資を得たれば之を資となし同地に珈琲店を開き以て人心の歸向を窺へり然るに意外にも好況なりしを以て一ヶ年の後斯業を廢し明治三十四年十一月十日より日米食料雜貨店を開始し爾來全力を揮ふて之が發展の道を講じたりし結果今は同地有數の店舗と爲り益々隆昌を極めたり

君資本の豐富なるを以て明治三十九年より酒類販賣のランセンスを受け隴蜀の希望を果さんとせしに諺に云ふ月に叢雲花に嵐とやら時の耕主ローなる人最初己に協議せざりしを口實とし遂に防害を加へられたれば開業僅か二ヶ年にて廢業の止むなきに至れり是れ君が終生の遺憾とする所なりし是故に爾來雜貨店のみに全力を注ぎつゝあり

君は資性溫順にして商機を看る甚だ敏なり之れ店舗の盛大なる所以なり君一人の娘ありて當年十三才なるが目下日本に在りと云ふ左れば遠からず之を呼寄せ膝下に置て自ら敎育するの企望なりと

＊　＊　＊　＊　＊

＊　＊　＊　＊　＊

佐伯政太郎君

（在アイエア）

君は明治十一年九月を以て郷里廣島縣佐伯郡大竹村に生る而して君八才にして父を失ひしかば其成育は全く慈母の手一つに倚りしなり左れば君が母に對するの感想は容易の者に非ず是を以て稍や長ずるに及び粉骨碎身して母の爲に竭さん事を期せり然雖日本に於ける活動は君の意思に伴はざるを以て大奮志を起し時は明治三十一年十月三十日即ち君が齡二十一才の時横濱よりコプチック號に搭じ十一月十日無事布哇に渡來しコーランテンに在ること九日間の後條約地たる加哇島ケカハ耕地に至り就働する事とはなれり勞役數年ならざるに米布合併の結果全島契約移民の解除となりしが故に君蘇生の想をなし明治三十三年斷然同地を去りてリフエ耕地に轉じ就働せしが君熟々思へらく耒耜を擔ふて勞役するは幾年を經過するも將來の目的を達する事難し如かず獨立の業を營まんにはと於是乎ハナペペに出で馬車業に從事せりリフエ及ハナペペに在る前後數年なりしも成効の見込なきを以て同三十六年又去りて一旦ホノルヽに出府し知人を尋ねてアイエア耕地に往き一意專心に勞役せ

しに其勤勉の拔群なりしは衆人の認むる所となり隨て耕主の信用を得て遂には多くの馬匹を使役するルナとなり破格の俸給を得るに至り一層奮勵の末ツライキ及レーンの請負に從ひしが名望と貯蓄兩々相待つて始て成効の曙光を認得せり後明治三十八年耕主の信用に依りキャンプ内に公然ライセンスを得酒類の販賣を爲す事となれり當時日本の在住者滿員の姿なりしを以て酒類の營業豫想の外に出で未曾有の繁盛を極め蓄財日に月に增大となり同耕地邦人中收益第一と稱せらるゝに至れり豈又昌ならずや踰へて翌三十九年七月より業務の發展上アイエアのダンプロに下り益々奮つて酒類の販賣に熱中し多額の資を作ると同時に即ち明治四十年一月より酒類の外に食料雜貨店を開始し一人兩店主となり汲々として利殖の道に餘念なしと云ふ

君天性快活にして膽氣あり是故に平素の行爲人の意表に出るもの多し而も信義を重ずるを以て每に人より尊重せられ君の如きは慥に成効者の一人なり君に一人の女子あり而して母尙ほ鄕里に健在せりと

山時治郎君　（在アイエア）

勤勉は幸福を產むの母にして終生の運命も此勤勉如何によりて決せらるゝものなり諺に云ふ花を見

て花を羨やむ勿れ本なき枝に花はなしと夫れ然り老後に至りて悠々閑日月を送るの幸福は壯年時に勤勉したる結果に基因せんずんばあらず山時治郎君は即ち勤勉の人なり

君は明治九年二月の出生にて山口縣都濃郡富田村の人なり君の父母は今尚ほ健全にて君に兄弟六人あり而して君は實に其長男なりと云ふ君在鄕の際は農業に從事せしが君熟々考へらく男子世に生れたる以上は一地方に跼蹐すべきに非ず須からく遠く海外に航し以て終生の運命をトすべしと於是乎父母の許諾を得て明治三十一年十月一日ドーリック號に乘り横濱を出帆し同月十一日無事ホノルヽに到着し直にオアフ島アイエア耕地に至り就働せしが元より勤勉なる君は一日も休止するなく自ら勞働は神聖なりと覺悟し費を省き勞を惜まず遂に四年間勤續せり此勤續の結果多くの資を蓄へたればー の商店を開き以て大に利殖の道を講ぜんと欲し明治三十五年より現今の所に雜貨店を開始せしが衆望ある君の事とて計畫着々効を奏し年々の收益莫大なりと云ふ君地盤旣に鞏固となり同地有數の店舗となりしかば一旦歸朝し父母を省みんと志し時は明治四十年九月三日アジア號に便乘し横濱に到着し十年目にて故國の山河に接する事を得たり當時君の歡喜果して如何ぞや鄕里出發の際無一物の君今は錦衣還鄕の幸福を以て慈親の尊容に接する人生の愉快之に過たるものなし君父母の膝下に在りて孝養須臾も怠らざりしが布哇に於ける商店も長く他に一任するは不安なるを以て慈親に別を告げ同年十一月二十一日コレア號に搭じ再渡航の途に就き歸布匆々一層業務を擴張し丹精を擢ん

じて店舗の發展を圖りしかば今や歸朝以前に倍して益々隆昌を極むるに至れり想ふに君が今日までの徑路は凹凸なく屈曲なく恰も平坦砥の如くなりし也畢竟是れ一所を轉ぜざると勤勉及び孝心厚き三者の賜と云ふも敢て不可なかるべし

吉岡辰之助君

（在ワイパフ）

君は廣島縣豊田郡東野村の人明治三年十月の出生なり父は古稀を超ゆる五才の高齢を以て現存し母は昨四十年四月に病歿せり君に兄妹十人ありしが今は兄一人を缺き他は皆健在にて君は實に其二男なりと云ふ君十六才より船乗を以て業となし石炭販賣の爲め大阪筑前及伊豫方面を往復し明治三十二年まで斯業を繼續せり君本來勤勉の性なるが故に十餘年一日の如く斯業の爲め身命を惜まず奮勵せしかば塵積りて山を成す喩の如く多くの貯蓄を爲すに至れり時に明治三十三年一月俄に外遊の志を起し日本丸に乗り纜を横濱に解き無事ホノルヽに到着し消毒所に在る九日間の後二月二日オアフ島ワイパフ耕地に至り普通勞働に從事することゝはなりぬ左れど君元と天才に富むの故を以て間も

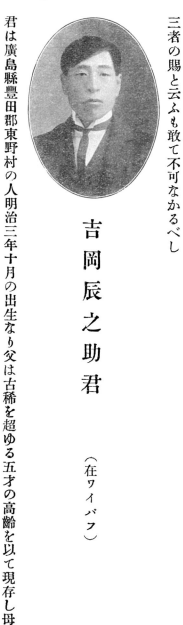

なく金物の扱ひに從ひ進んで機械の修繕を爲し大に高評を博せり在職一ヶ年半にして不運にも車上より墜落し負傷したるを以て以前の機械修繕に從事すること能はず然れども君はグルメンとして耕主の信用厚きが故に耕主特に君を優遇し爾來勞尠き製糖所の業に就き普通以上の高給を與へられたり以て君が平素より勤勉にして且つ好個の人物たるを推知すべきなり斯くて君始終一の如く克く勤續せし結果多くの資を得たれば獨立事業を起し將來の目的を達せんと欲し最初水店を開き商業上の經驗を積み稍や會得する所ありければ遂に明治二十八年より正々堂々として食料雜貨の商旗を飜すに至れり然るに信用ある君のことて開業早々喝釆を博し忽にして古參の商店を凌駕し今やワイパフ商界の覇王を以て目せらるゝの盛況とはなれり要するに君が店舖の特色は品質を精選し價額を廉にし以て顧客の需に應ずるに在り是を以てキャンプ在住の同胞は擧て君の店舖に就き物品を購求するを無上の安心とせり是れ即ち君が業務の日に月に發展す所以なりとす

君天性活潑にして機を看る太だ敏捷なり是故に同地邦人の商業家中機敏に活動する點に至りては君を第一位に推さゞる可らず左れば今後同地に於て商界の牛耳を執る者は君を措て他に覓むべからず君も亦商界の逸物なる哉

*　　*　　*　　*　　*　　*

重松吉太郎君

（在ワイパフ）

何事業によらず獨力以て一の事業を興すとは太だ容易の事にあらず頗ぶる難事に屬す況んや普通勞働より起りて一事を經營するに於てをや世に魔事は多く吉事は少なし左れば一の事業を起すに當りては百折不撓の精神を以て進まざれば到底其目的を達すると能はざるなり重松吉太郎君は赤裸々の身を以て此國に渡來し普通勞働に從事すると僅に三年なるにも拘らず今は一方の酒類販賣業者として巍然頭角を顯はし年々歳々好果を收めつゝあるなり斯る短年月を以て多くの貲を作りライセンスの高價なる布哇に在りて該業を營むは尋常人の成し得べき事にあらず此一事を以てするも君が意志如何に堅固に如何に耐忍力に富みしかを證して猶ほ餘ありと云ふべし

君は福岡縣三井郡立石村字吹上の人明治七年七月を以て生る父母は尚ほ健全にて君に兄弟七人あり君は實に其二男なりと云ふ君の家世々農を以て業とせしかば君が孝心に厚き克く父母を扶けて耕耘に精勵し以て家門の隆昌を圖れり時に同縣下より布哇に渡航し成効せる者續出しければ君亦た渡布

の念を起し雙親の許諾を得て明治三十五年一月廿八日住み馴れし故山を去り慕はしき父母の膝下を辭し纜を横濱に解き遂に此國に來りしなりホノルヽ上陸後親しく布哇の情況を探り同年三月一日現今のワイパフに至り就働する事とはなれり然れども君が本來の精神は普通勞働に依りて資を蓄へ以て後來一事業を興さんとするの企望なれば勞働以外に心を傾けず三昧に空手鋤頭を執りて働きしが其功空しからず三年にして稍や資を得たれば同三十八年よりライセンスを受け酒舗を開業するに至れり畢竟是れ君が熱誠の結果と云はざるべからず爾來營業順境に向ひ年と與に功果を歛め今や地方屈指の蓄財家を以て目せらるゝに至れり思ふに君が今日迄の徑路は一の魔事なく平坦砥の如くなりし君は確に酒類業に成効せし一人なり

小島春庵君

（在ワイパフ）

百錬の手腕を揮ふて克く仁術の天職を竭し患者をして毫も遺憾なからしむる者之を小島春庵君と爲す

君は福井縣大野郡勝山村の人なり幼より學に志し成年の頃郷里の福井中學校を卒業し次で東都に上り慶應義塾に學び後刀圭に志し研鑽怠らざりしかば竟に明治二十三年醫術開業試驗に及第し内務省の免狀を得一時帝都に開業し間もなく去りて其郷里に門戸を張り傍ら衛生委員及徴兵檢査員を兼ね公共の爲め盡す所尠少ならざりしを以て其功勞に對し木盃賞狀を得しこと五回なりしと云ふ
明治二十七年感ずる所ありて布哇に渡航しホノルヽの首府に於て開業し平素の竦腕を揮ひしが君之を以て足れりとせず尚ほ進んで斯道の薀奥を究めんと欲し同三十年三月ドクトル毛利伊賀氏と共に米國に遊び紐育に出て更に斯道を研究しドクトルの學位を得其より轉じて英京龍動に至り同地の大學其他病院等を視察し尚ほ進んで歐洲大陸の雲を蹴つて遍く斯道の大家を叩き且つ各國の醫界詳況を探り一旦歸朝して東京柳橋に僑居し某病院の聘に應じて其技を試み次で三十二年の夏再び布哇に渡來しホノルヽに開業し後布哇島オーラア九哩に轉じ新に病院を建設し大に内外人の信用を博したり居ること數年にして同病院を他に讓り同島ラツパホエホエに移り暫く患者の治療に從事せしが同三十六年秋再び歸朝し大阪病院に奉職し二ヶ年の後即ち三十九年に重ねて布哇に來り知己の懇望に基き一時布哇島コハラに至り開業し居ること僅に三ヶ月にして去りてホノルヽに出府し元内田ドクトル跡に於て開業し數月を經て在ワイパフの上村ドクトルと交代の議調ひ上村氏は出府し君は現今のワイパフに移轉し老熟の技量を發揮しければ諸人の渇仰一方ならず爲に外來入院の患者毎に君の

身邊を圍繞し治を乞ふ者宛も雲の如しと云ふ
君資性溫厚にして英語を善くす是を以て外人の斯術を乞ふ者甚だ多し君飲酒せざれども交際は至つて圓滿なり特に君の嗜む所は哲理上の研究に在りたれば珍客の君を訪ふあれば時間の遷延を忘却し去りて形而上の談話を爲し以て自ら娛めり君は實に刀圭家中異彩を放つの人物なり

原直太郞君

（在ワイバフ）

君は山口縣玖珂郡柳井村の人慶應元年四月を以て生る君の家は元商業なりしが明治十三年父母親戚の勸告に基き叔父なる醫師故原周平氏の名跡を繼承せんと欲し醫學に志し笈を負ふて鄕關を去り長崎醫學校に入り孜々勉學に怠らざりしに在校二年にして不幸二豎の已むを得ざるに至れり爾來生家に於て靜養の傍ら父の事業を補佐したり君本來嫡男なれども病弱の故を以て家督相續すると能はず茲に於て協議の上相續權を實弟に讓り分家せり然るに三四年間專心に靜養せし結果身體大に恢復せしかば始て妻を娶り獨立自營に努めたり左れど商業は君の本志に非ず依りて明治十九年山口縣土地調査の際地方委員に推薦せられ遂に効を奏せり同二十二年柳井村役塲の書記となり同二十三年町村制實施の時衆に推されて柳井村收入役及柳井町學校組合役塲收入役を兼務し殆んど一任期半執務し

同二十九年より更に柳井村助役に選ばれ翌年戸籍法改正の際戸籍事務をも兼勤せしが偶々三十一年第二の實弟山中藤一郎氏他家を相續し醫術を開業せしを以て藥局補助の爲め助役の任を辭したり時に同年十二月山中氏尙ほ進んで醫術研究の爲め上京することゝなりしが故に君方針を轉じ外遊を志し三十二年四月妻君と共に無事上陸し藥業に從事せんと欲したれど未だ此國の事情に通ぜざるに由り一時本重和助氏方に在留せしが彼のペスト事件の爲め荷物全部燒却し困厄に陷りし末間もなく本重氏の俠氣に依り三十三年七月より現今の所に藥舖を開き書籍化粧品等をも販賣し今や着々効を擧げ同地第一の藥舖となり隨て蓄財も尠からざるに至りしと云ふ

森本盛登君

(在ヱワ、ホノウヱリウリ)

君は明治十六年四月を以て廣島縣安藝郡仁保島村に生る幼年の頃普通學を修め長ずるに及んで實業に志し魚問屋として其名を知られたり時に明治三十七年七月六日俄に布哇に航せんと欲しチャイナ號の上等船客として神戸を出帆し同月十八日ホノルヽに到着せり是より先君の實兄布哇に渡來し商店を開き首府に本店を置きホノウリウリに支店を設け盛に營業しつゝありしかば君先づ實兄の許に至り直に支店詰となり兄弟互に提携して業務の發展に盡力せしが同年十一月故ありて本支店を閉ぢ

たりしを以て君は翌三十八年一月ホノウリウリに於て家屋鷄豚等を買收し之が蕃殖の道を講じ一方親戚の者歸國につき其菜園を引受け大に盡瘁せり偶々同年二月より熱病に罹り頗る重症に陷りしかばホノルヽに出府し灰田ドクトルの治療を受けしに藥石効を奏し同五月下旬全く癒ゆるを得たり依てホノウリウリに歸り七月より染物業を開始し翌三十九年四月家屋鷄豚菜園等の全部を賣却し同年七月實兄を日本に還し君自らは同年九月四日より現今の所に食料雜貨店を開設し平素の敏腕を揮ふこととなりしかば今や業務全速力を以て發展し同地唯一の店舗として世人の喝采を博するに至れり君の年齡未だ而立に達せざること四年なれば前途太だ有望なりと謂ふべし

胡子屋吉五郎君　（在ワイアナヱ）

君は慶應三年十一月廿四日を以て鄕里山口縣玖珂郡岩國町に生る幼にして才氣人に勝れ九才より商業に從事し地方を巡業す長ずるに及んで勃々たる覇氣禁ずる能はず遂に鵬翼を海外に伸さんと决心し奮然故山を去つて明治廿年十一月廿五日新湊より和歌浦丸（官約四回船）に搭じて布哇に向へり蛟

龍雲雨を得れば又池中のものに非ず君の成効は實に新湊を出帆するの日に於て早く既に其端を發したるなり仝年十二月十日海上無事ホノルヽ港に着し法規によりクオーランチンに留まる事九日後ち直に條約地たる馬哇島ハナ耕地に至り仝月廿七日より同耕地に就働せり

君の初め布哇渡航を企つるに至りしもの滿々たる大望心の勃發に基因せるを以て其一度びホーを携へて勞働に從事するや刻苦精勵幾百の勞働者中忽ち嶄然頭角を現はせり居ること半歳にして耕主の認る所となり各國人の勞働者中より拔擢せられて製糖場勤務となれり當時日本人は悉く野外の勞働に從事し居たりしが特に耕主の鑑識を蒙りて一躍ミル勤務となりたるもの實に君を以て嚆矢となす野外の勞働者として精勤せるはミルに於ても勤勉比類なき好勞働者なりき後ち五年目にして耕主は更らに君を選拔して砂糖製造業中最も責任あるシユーガーボイラーに登庸せり君のハナ耕主に信任厚かりしにあらずんば何ぞ斯くの如くなるを得んや而して其爰に到れるもの一に君の勤勉力行に之れ由らずんばあらざるなり

君は渡航以來廿九年十二月廿七日まで滿十年間一日の如くハナ耕地に勤續し仝耕地支配人故センターー氏のオアフ島ワイアナヱ耕地の支配人となるや君はセンターー氏の聘に應じて現住地たるワイアナヱに轉住し水力電氣のエンヂニアーとして一ヶ年勤務の後ちミルに就働せり今より八年前耕主センターー氏歿し當時の大ルナたるマイヤーー氏昇進して支配人となるに及び君は砂糖焚の主宰者となり部

下四十名を指揮し白人の砂糖焚と對等の地位を占め邦人として破格の俸給を受け以て今日に及べり
君が現支配人マイヤー氏に信任厚きは君がマ氏の庭園内に住宅を構へ君の妻君はマ氏の家庭に働き居るを見るも知るべきなり
君の如き其半世の經路に於て未だ充分に赫々たる光輝を放ちたりと言ふ能はざるも亦以て立志編中の人物たるに耻ぢざるなり

大野松藏君

（在ワイアナエ）

天性謙遜にして自己の功業に誇らず常に天命の理を諦め如何なる困難に遭遇するも克く之を排除し遂に商業及蜂蜜業に成効したる者之を大野松藏君と爲す
君は元治元年十月を以て廣島縣廣島市鷹匠町に生る幼年の頃より商業を以て身を立てんと欲し實地に就て研究する所ありしが日本に於ける商業は君の意に滿たざる事多かりしを以て切りに海外雄飛の念を起し竟に明治二十三年三月十五日郷里宇品港より千五百人の同胞と共に山城丸に乗り出帆せ

り此時君の齡二十六歳なりしと云ふ翌四月六日ホノルヽに上陸し直に現住のワイアナヱ耕地に至り三年の條約も無事終了し相當の資を作りければ自ら資を投じて牛乳店を開始し五年間繼續し多くの利潤を得たり蓋し同地に於ける搾乳の元祖なりとす君既に此事業に成効し意外の利益を占め得たれば之を他に讓り君は地方の新事業たる蜂蜜業を開始したるに布哇には珍らしき業と云ひ且つ販路廣大なるが爲め着々功果を奏し隨て收利の點も他の事業に超越するの盛況を呈しければ遂には斯業を擴張して養蜂所を三ヶ所に設け今に之を繼續せり以て斯業の如何に有利なるかを推知すべし左れど君之を以て滿足すると能はず益々奮つて新事業を興さんと欲し明治三十四年より現今の所に食料雜貨店を開業したり然るに君が一度斯業を經營するや衆望絕倫の故を以て營業日に發展し同耕地の同胞は擧て君が店舖の物品を購求するに至れり是を以て目下資本豐富にして價格太だ低廉なり是れ君が商店の繁盛を極むる所以なりとす

君初め夫婦にて渡航せしが今は令兒三名ありと何れも健全なりと聞く君の父母は君が渡航の年を以て同日に病歿せりと君が在鄉の際母每に君等に語りて曰く汝等の父母たる吾等は出生日を異にするも死するの時は必ず日を同ふすべしと果せる哉父は某日朝を以て病死し母は夕を以て歿せりと寔に奇と謂はざるべからず

君は本來溫順にして曾て人と爭はざるが故に耕主の信用特に敦く爲に同耕地の重鎭として諸人の尊

敬比類なし之ぞ君が成効の度を早めたる基因なりとす君は眞個君子的の人物なり

小只國吉君

（在ワイアナヱ）

人生一代の行路平々坦々たる者は殆んど稀なり然り而して一方に事業を起し之が成効を告げたる者多少の辛酸を甞めざるはなし若し其れ平坦砥の如き行程を經て生涯を安樂に送る者ありとせば其は人中稀有の人にして最大幸福なりと云はざるべからず小只國吉君は多くの苦境を歴盡し以て今日安樂の地位を得し人なり

君は廣島縣安藝郡坂村字横濱の人にして本年四十六才なりと云ふ而して父母は尙ほ現存し兄弟二人ありて何れも健康なりと君壯年の頃より船乘を業とし每に大阪九州四國の沿岸を往復し猶ほ進んで朝鮮方面にも至りし事あり是故に或時は玄海の怒濤と鬪ひ或時は播州の波浪に漂ひ凡そ海上に於ける幾多の艱難は歴盡せずと云ふことなし君旣に海上の生活に飽きたるを以て之より陸上生活に移らんと想ふ折柄君の地方より布哇に渡航し數年を出でずして錦衣還鄕するもの多きを見て君渡布の念

禁じ難く爲に明治二十六年十月中旬官約の第二十五回船として三池丸に乘り八百人の邦人と共に字品を解纜し同月下旬ホノルヽに到着しオアフ島ヘーヤ耕地に就働する事となり三年の契約を履行し尙ほ重ねて二ヶ年間勤續せり此間多くの蓄財を爲し得たれども未だ足れりとせずして去つて現今のワイアナヱ耕地に移動し初は普通勞働に從ひ後請黍業を爲し多額の利益を得たり之に依りて明治三十五年七月より雜貨店を開業し今や同地商店の白眉として營業甚だ隆昌なり殊に君の二女梅野子二八の妙齡を以て怜悧に店舖の監理を爲し且つ帳簿を擔任するが故に多くのヱキスペンスを要せず是を以て收利の點は他の商店に比し至つて大なりと云ふ

君は天禀朴直にして潔白なり而して君が店舖の綱領は利を薄ふし精品を擇んで販賣するにあり之が爲め物品を購はんとする者內外人を問はず皆悉く君の商店に雲集すると云ふ又昌なりと謂ふべきなり聞く君に四人の子女ありて長女は本年二十才なるが故國に在りて既に嫁し他は皆君の膝下に成育しつゝありと

＊　＊　＊　＊　＊　＊　＊　＊　＊　＊　＊　＊　＊　＊　＊

長谷川玄昌君

（在ワイアルア）

資性洒脱にして小事に屈着せず而も恁麼なりと雖も克く司命の任を全ふし患者に對して懇篤叮嚀を極む是を以て外來入院の患者毎に門に充ち全盛比なき者之を玄昌長谷川君と爲す

君は千葉縣上總國夷隅郡上野村荒川の人明治九年九月十五日の出生なり父を玄悦氏と云ひ醫を以て業とし今現に回春堂病院を創立し其院長たり君幼時より父の業を繼承せんと欲し規定の小學卒業後即ち明治二十三年四月笈を負ふて東都に出で東京私立認可獨逸協會中學第一年級に入り同二十七年三月同校四年級を修業し同年四月より東京認可郁文中學第五年級に編入となり翌二十八年三月中學全科を卒業せり元來君は篤學の人なるが故に初め東都に出で正則に中學の課程を修むるの傍ら放課後他の私立學校に通學し智力の發達を圖れり即ち明治二十三年四月より東京私立國民英學會普通科に入學し（午後の科）同二十五年三月業を卒へ同年四月より進んで同會の文學科（午後の科）に入り翌二十六年七月全科を終了せり而して同年九月より有名なる米人博言博士イーストレーキ氏に

就き同二十八年八月まで英、獨、羅、三ヶ國語を專攻せり又努めたりと謂ふべし同二十八年九月第一高等學校醫學部に入り螢雪の窓に苦學を積み同三十三年十一月醫學全科を卒業し始て多年の宿望を達したり君醫學部在學中も同校獨逸語專門教授松井武太郎氏に就き正科外に獨逸文學及英文學を專攻したりと云ふ以て君が如何に學事に熱心なりしかを知るべし同三十四年二月十二日内務省より醫術開業免狀を下附されしが故に同月直に故山に還り夷隅郡大多喜町に私立大多喜病院を開設し其院長となり新に齎したる技量を揮ひ大に喝采を博したり當時君の靈腕他に傑出し名聲嘖々たるが故に大多喜縣立中學校醫及警察醫を囑托せられたり君の得意想ふべきなり踰へて三十六年君鑒みる所ありて移民視察の爲め南米に赴かんと欲し途次布哇に寄港せしに知己友人暫く停らん事を勸誘して已まざりしかば一時在留する事に決し衛生局よりライセンスを得てホノルヽに開業し二ヶ年の後現今の所に移轉し新に日本人病院を設け今や内外人間の信用を得て蒼龍登天の慨あり君の如きは眞箇刀圭家中成効の人なり

君の病院は風景佳絶にして前に太平洋を眺め後にツヘヤッア方面の山岳を控へ居れば此地を過る紳士は概ね君を訪はざる者なし君亦た客を好むが故に主客相對して談笑すれば恰も仙境に遊ぶの感あり君は寔に幸運の人と云ふべし

* * * * * * * *

山本一郎君　（在ハレイツ）

獨力以て荒地を開墾し新事業を經營して同胞に摸範を垂れ着々効を奏し今や同地方第一の成効者として多額の資を蓄へ益々業務を擴張し地方の重鎮を以て目せられ旭紅天に冲るの勢ある者之を山本一郎君と爲す然れども君が今日ある決して一朝一夕の事にあらず請ふ吾人をして君が經歴の一端を語らしめよ

君は山口縣厚狹郡高千帆村の人明治二年一月の出生なり幼にして普通學を卒へ而して十七才の時即ち明治十八年に故山を辭し大阪に上り有名なる藤田組に入れり是ぞ君が社會に出でゝ活動を試むるの端緒なりとす人間十七才と云へば中學時代の青年にして口に乳臭を脱せざるの時なり然るに君此青年時を以て風濤激しき活舞臺に立ちて大飛躍を爲さんと欲す其意氣や洵に壯大なりと謂ふべし同年呉港創設せらるゝにつき君藤田組の命を受け同所に出張し翌十九年迄同地に在留し事を監せり踰へて二十年二月島根縣道路開鑿につき藤田大倉合併し日本土木會社を組織し之を請負に至りしかば

君復出張して二十三年二月まで滯在し好果を收めたり恰も其歲君丁年に達しければ徵兵檢査の爲め現職を辭し一旦歸省したれども不合格となりしを以て已むなく小野田の舍密製造會社に入り二ヶ月の後辭職して同地の地拓きを請負へり玆に於て君熟々思へらく吾れ數年藤田組に在ると雖も畢竟人の部下に屬し勞役するに過ぎざれば終生の目的を達するや難し如かず志を海外に伸べ以て宿望を遂げんにはと是に於て明治二十四年六月官約の第十九回船として新湊より山城丸に搭じ萬里の征途に就けり而して七月ホノルヽに到着したれども當時糖價非常に下落し耕地到る所不景氣の故を以て勞働口なし爲に空しくコーランテンに在る五十日間の後各耕地に割附となり君は布哇島ワイケア耕地に至り就働する事となりしかど君が本來の希望は普通勞働に非ざるを以て一ヶ年餘にして七十餘弗を支拂ひ以て解約自由の身とはなれり夫より直にホノルヽに出府し渡米せんと欲せしに考ふる所ありて俄に方針を轉じオアフ島ワイアナヱ耕地に往き二年間精勤し時機の到れるを待てり時に明治二十九年オアフ鐵道開始せらるゝや君進んで之が工事の請負を爲し竟にカフク耕地までの完成を告げ大利を得たり後復たオアフ鐵道よりアイヱア迄の支線を請負ひ意外の利益を占め後ワイアルアに在住し貯水池、山拓き、ポンプ建設、黍植等を請負ひ年々の收入莫大のものなりし而して三十八年より鳳梨の利益あることを看破し荒地を開墾し之が植附を了したれば今や永久の事業として是より産出する年々の收益は非常のものなりと云ふ君天性英敏にして事理を辨ずること至て迅なり是故に同地方の事業上君が先鞭を着けざるはなし左れば成効の點に於ても邦人中に傑出し群鷄中の一鶴として諸人の稱賛する所なり

深田直太郎君

（在ワイアルア）

君は廣島縣安佐郡長束村の人明治六年五月の出生なり青年の頃より商業に志し見習の爲め二十歳まで廣島市に在りて親しく實地を研究せり時に明治二十七年五月十六日俄に渡布せんと欲し官約の第二十六回船として宇品より三池丸に乘り翌六月一日ホノルヽに到着し直に加哇島マナ耕地に至り就働することとはなれり居ると六ヶ月にして同地を去り一旦ホノルヽに出で馬哇島ワイルクに往き二三ヶ月を經て復びホノルヽに歸府し語學練習の爲め白人の家內的勞働に住込みたり是より先き君がマナ耕地を去るに方り未だ契約を解除せざりしを以て運動上支障を生じ且つ心に疚しき所あるが故に之が解除を履行せんが爲め再び同耕地に至り耕主に乞ふ所ありしも許されず依之復た去りて同島ワイニハに往き米作を試むる事とはなりぬ當時濱野久吉氏の實兄加哇島に在りて豫て君の知人たり同

氏君に勸告して曰く今回我が濱野商店員檜山錦光氏渡米につき一名の缺員を生じたれば君其後を襲ひ日本にて練磨せし敏腕を揮はずやと君此知遇の言に感じ匆々米田を他に讓與しホノルヽに出府したり然るに運惡くも其際檜山氏は濱野氏と婚姻を結び婿となりしを以て一時渡米を中止したり是故に折角の出府も畫餅に歸したれば其儘再び歸島しワイニハ方面に於て七十二ヱーカーを條約し牧畜業に從事し二ヶ年間繼續せしも此事全く失敗に終れり偶々ホノルヽ府マヌケア街の惠下田商店より招かれしかば其聘に應じて出府し多年蘊蓄の活技量を發揮する事となれり然るに不幸にも在職久しからずして明治卅三年一月のペスト事件に逢着し惠下田商店は勿論君の荷物迄祝融氏の災に罹り全部烏有に歸したり何ぞ其悲慘なるや之が爲め同店は止むなく閉鎖となりしかばペスト解禁後君はキング街三枝支店の支配人となり前後五年間勤續せしが同三十七年六月一日鑑みる所ありて現今のワイアルア耕地に來り十ヶ月間同地の情況を探り雄飛せんとを期したり時に同地停車場の藤本商店を讓與せんとの議あり君好機逸すべからずとして直に之を買收し爾來規摸を大にし改良に改良を加へ熱心に業務の擴張を圖りしを以て今や同地第一の商店を以て目せらるゝに至れり

君資性着實にして活動輕妙なり父は明治十六年に病歿し母は今尙ほ健康なりと而して君に實兄二人ありて何れも健全なりと云ふ

* * * * * * * *

井伊民松君

（在カワイルア）

人として世に立んと欲する者は須らく希望は大なるを要す天下を握らんと欲して漸く一國の主となり一國を領せんと期して始て一城を管するに過ぎず是故に望む所は成るべく大ならざるべからず井伊民松君は遠大の希望を有し渡航せる人なり

君は新潟縣北蒲原郡河東村字枝山の人明治六年を以て生る青年の頃より英敏豁達克く時機を察するの明あり壯年に及んで商業界に身を立てんと期し多方面に渉りて活動を試みしが一朝大に感ずる所ありて海外に雄飛をなし終生の目的を立んとの遠大なる希望を懐き時は明治三十二年七月知己朋友に別れ故山を背にし當布哇に渡來せり初は普通勞働者として就働せしが布哇の事情に通ずるに從ひ請黍小作に從事し刻苦精勵を重ね幾多の逆境と奮闘し常に不撓不屈の精神を以て百難を排し益々奮勵せし結果今日に至りては布哇成効者の一人として社會一般より稱揚せらるゝに至れり特に又近年鳳梨事業に着手し非常なる發展をなさんと試みつゝあり而して本年ワイアルア耕地に於ける受黍事業の如きは其收益實に數千弗を以て數ふるに至るべしと云ふ君は啻に事業上に成効しつゝあるのみならず公共の事にも卒先して盡力せり君尚ほ春秋に富めるを以て前途如何なる程度まで大飛躍を爲

すや圖るべからざるものあり

日野治郎太君

（在カワイロア）

渡航以來茲に十二年間常に一定の所に在りて秩序ある行動を執り今や着々効を奏し一方の商店主として名望信用内外人間に遍ねく隨て營業隆昌を極め昨年新に店舗を建築し全盛比類なき者之を日野治郎太君と爲す

君は明治四年三月を以て愛媛縣周桑郡吉井村字玉之江に生る後故ありて山口縣大島郡久賀村に轉籍せしを以て今は山口縣の仕人たり君の父は元商業家たりしが故に君も亦父の例に傚ひ十八才より商業に志し伊豫の松山に在りて五年間商業を營みしと云ふ後一家の都合を以て店舗を父に一任し君は當時の縣知事たりし勝間田稔氏の知遇を得て同邸に入り終始一の如く克く精勤せり是故に知事君を寵し自筆の掛軸額面を授與したりと以て君が溫厚精勤の人なりし一端を見るべし而して間もなく同邸を辭し前記の山口縣に轉籍せしが會々同地方より布哇に出稼し功を奏する者多く爲に君も時勢の

風潮に連れ渡布せんと欲し明治三十一年二月下旬妻君を伴ひ神戸より金州丸に搭じ翌月十五日海上恙なくホノルヽに上陸し直にオアフ島カワイロア條約として就働する事とはなりぬ勞役一ヶ年餘にて布哇全島一般に契約解除となりしかば同胞の耕地を移動する者夥しく隨て耕主も一時之が防遏策に困難を感じたりし然るに思慮深き君は同耕地を動かず一層丹精を擢んじて精勵せしが故に耕主の信用は益々厚きを加へ蓄財も自ら巨額となるに至れり左れど君が本志商業に在るを以て同卅六年よりホノルヽの卸問屋村上商店に交渉し耕地向の食料雜貨を仕入れ自己のルームに之を陳列し開業せり然れども君は秩序的の頭腦を有するを以て最初より大袈裟に店舗を開かず漸を追ふて之が發展の道を講ぜんと期せり果せる哉同地に未だ一個の商店あらざりしが故に年月と共に業務急速力を以て進行し到底住宅にては多量の貨物を推積すると能はざる盛況に至りたれば昨四十年店舗を新築し今は堂々たる商店となれり畢竟是れ秩序ある行動の結果と謂はざるべからず君は慥に商界に成効せし一人なり

君天性質朴溫厚にして謙遜辭讓なり是故に毎に人の愛敬を受く洵に好箇の人物なり君が今日の成効故ありと云ふべし君啻に商業に成効せるのみならず公共の爲には熱誠を捧げて奔走せり例せば同地寺院の設立と云ひ學校の新築と云ひ一として君が卒先盡力せざるものなし特に頃時は赤十字社々員の勸募に全力を注ぎつゝありと云ふ君も亦邦家に竭す篤實の人なる哉

川西惣吉君

（在オアフ島アイエア）

古今東西男子にして成効したる者多くは婦人内助の力に倚るもの丶如し如何に男子が粉骨碎身して働くも其婦たる者が家事の整理を爲さず放逸無慚なれば到底好果を奏すること能はざるなり本篇の主人公川西惣吉君は勤勉の人にして而も其妻君は克く夫の命を奉じ店務一切を所理し夫をして毫も遺憾なからしむ是れ君が今日成効したる所以なり君も亦幸福の人と謂ふべし

君は明治十一年十一月十一日を以て郷里山口縣大島郡家室西方村字地家室に生る君青年の頃雜職を以て九州地方を巡周し勉强家の稱ありしが是より先き君の父布哇に渡航し數次書を寄せて君に渡來を促すこと甚だ切なりしが故に君も親子の情として面會もしたく且は布哇に於て將來の目的を立てんと欲し明治三十二年十二月故山を發程し同月廿五日ホノルヽに着船し直に加哇島ツヒヤワア耕地に送られ移民會社の條約人として六ケ月間就働せし折柄米布合併となり全島一般契約移民の解除とはなれり當時君の實父はオアフ島アイエア耕地に在りて勞役せしが契約解禁と同時に羽毛を飛ばし

君の來耕を待つこと旱に雨を望むが如くなりし是に於て君匆々父の膝下に至り互に喜悅の涙を以て挨拶なしたりと云ふ夫より同地に止りてペンタ塗を事とし三昧に精勵せし結果空しからず多額の資金も得たれば現住のアイエア島耕地附屬ハラワに於て目今の商店を讓受け開業する事となれり此好況を見て父は同三十六年に歸朝し今は朝鮮に在りて活動しつゝありと云ふ

斯く君は雜貨商店を開始したれ共店務一切は妻君に一任し君は依然ペンタ業に從事し一身を毀譽褒貶の外に措き職務に忠實の故を以て實收は世人の豫想以外に出で隨て資金豐富なれば卸問屋の信用も厚く爲に六年已來一の魔事なく家運益々隆昌なり君本年三十才の壯齡にして尙ほ多くの春秋に富めば前途の幸運殆んど測知すべからず聞く君は長男にて弟五人あり何れも健在なりと云ふ而して目下君に二女子ありと君が今日迄の往路は宛も平坦砥の如きなりし君も亦同胞中幸運の人と謂ふべきなり

清田永八君

（在オアフ島アイエア）

は君熊本縣阿蘇郡錦野村字岩坂の人慶應三年五月十六日を以て生る君小學卒業後染物業に志し十五才より專門の技師に就き十ヶ年間斯道の研究に從事したり其の間二十才の時父の病沒に遭ひ悲歎の

涙に二光を消せしが本邦に於ては斯業を以て終生の目的を達するに充分ならざるに依り断然志を海外に傾け時は明治二十四年五月中旬官約第十八回船として三池丸に搭じ馬關より出帆し同月末日を

以て無事ホノルヽに到着し直に馬哇島スペクルス耕地に至り就働する事とはなりぬ三年の條約も夢の間に過ぎ去りて解約後同島ワイルクに出で菜園に従ふと一ヶ年半の後偶ま友人の書に接しオアフ島エワ耕地に至りプランテーションに對する總ての請負事業を爲したり此時明治三十一年なりし當時オアフ鐵道がワイアルアよりカフクに通ずる線路工事を起せしかば君招かれて該工事のルナとなり半ヶ年間勤續し漸く工事落成を告げたり其後現住のアイエア耕地新に開墾せらるゝと聞き機失ふべからずとして多くの部下を率ひ同地に至り耕地使用の鐵道敷設を請負ひ二年間に竣成し多くの利益を得たり君熟々想へらく此國に在りて成功せんと欲せば何角一の専門技術を習得せざるべからず負請の如き一時的のものにして永久的にあらず好し永久のものとするも浮雲に似て確實のものに非ずと玆に於て同地の水揚ポンプ機械師に就き専心研究を怠らざりし結果一ヶ年半にしてインジネル

の職を得たり爾來アイエア耕地附屬ハラワの水揚ポンプに奉職し其主任となり多額の俸給を得て今尙ほ其職を繼續せり

君天性篤實にして職務に忠實なり且つ堅忍の力に富むるを以て今日の地位を得たり君や今同地の重鎭として公私の爲に能く力を竭し其蓄財と信用は兩々相待つて同地第一の人物たり君に二人の女子あり長女は本年十六才なるが目下加哇島ワヒヤワア耕地の人物たる大橋松太郎氏の所に在りて專ら日本的教育を受けつゝありと因に言ふ君の慈母は昨四十年を以て病歿せりと云ふ君は慥に布哇立志篇中の人物なり

各國
時計並附屬品
卸小賣商

店主之肖像

ホノルヽ府
ベレタニア街
アヽラ公園前
元重時計店
店主　元重富太郎
郵函（七二一）

日米
食料
雑貨

登録商標

和洋酒類卸小賣

其他金物一切

S

布哇ホノルヽ府キング街
（従百〇九番至百十五番）

尾崎商店

〔電話二八九
郵函九一七〕

●營業種目

食料店〔日米食料品一切、小間物類雑貨類、呉服類

酒店〔日本酒（樽詰、瓶詰）味淋酒、各種ビヤ、ワイン類、ウヰスキー、ジン等

金物店〔日米歐金物類、ペンタ類、陶器類、ブラック硝子板、硝子器類、麻釣糸網糸類、

▲支店所在地
加哇島ワイアワ、同ラワイ、同ワキメア、
オアフ島ワヰアルア、布哇島ナアレフ

本店　横濱市北仲通一町目

當店は當國における老舗に御座候當店の取引は確實と永久的たらんことを望み居り候為め商品は品質を吟味し價格は低廉に賣却可仕候間多少に不係御注文願上候

割烹
會席
即席
お好ニ應じ
浴場の
設備あり
ホノルヽ府
スクル街あづま橋際
(電話一〇三一)
あづま
割烹
あづま

馬哇島之部

桑原重太郎君

（在ハマクアポコ）

布哇渡航の途啓けしより茲に二十有四年なり矣其間同胞の往來せし者殆んど十餘萬人の多きに及べり而して今現に在住する者約七萬と稱す此七萬中蓄財に成功したる者未だ必ずしも聲望あらず又聲望ある者必ず蓄財ありと云ふべからず然り而して此蓄財と聲望を兩ながら全ふしたる者は獨り本篇の主人公桑原重太郎君あるのみ矣

君は廣島縣安藝郡仁保島村の人安政年間を以て生る幼にして豪毅英邁曾て人後に落るを屑しとせず是故に事ある毎には自ら卒先して群童を指揮し常に首領株を以て居れり稍や長ずるに及んで豪邁の氣慨は頭腦の明晰と相待つて頗る理解力に富み難件を解決すること恰も快刀を以て亂麻を斷つが如し左れど君素と文字を習はざるが故に此非凡の活力は天禀とも稱すべく決して學術より修養したるものには非るなり君の如きは眞に先天的英傑の資を具へたるものと謂ふべし時に明治十七年政府より布哇渡航移民の募集あるや君其募に應じ第一回船として一千三百人の同胞と與に宇品より乘船し

當布哇に渡來せり初め廣島縣下の應募者は悉く縣廳の庭園に召集せられ知事より訓令する所ありしが特に君は知事の拔擢にて船中の取締を命ぜられたり以て君の人物如何を知るべし愈よ船のホノルルに到着せしは十八年の二月なりしが君は直に條約地たる馬哇島ハマクアポコに至り五十人の同胞と就働する事とはなりぬ勞役間もなく隣耕地パイアに於て邦人板村某白人ルナの虐待を受けたるを以て一同憤慨し同盟休業を作らんと欲し急使を派してハマクアポコの同胞も之に加はらん事を以てせり君之に對へて曰く斯る事件を裁決するが爲に我政府より領事を置きたるなれ然るを私に紛擾を極むるは策の當を得たるものに非ず須らく事情を安藤領事に訴へ以て其裁斷を仰ぐべし余は私に此同盟に加らずと斷然之を拒絕せり後領事の出張となり裁判となり多くの同胞は面目を失したりしが君は之が爲め領事の賞賛を受け耕主の信用を博したり君が理を看るに敏なる概ね此類なり爾來言語の不通事情の齟齬より數次耕主側と衝突し事を法庭に爭ひしともありたれど君正義を固執して毫も屈せず爲に其衝突每に耕主の心を動かし耕主の腦裏に淸廉潔白の人なる事を印せしめたり之によりて擧られて日本人間の監督ルナとなり漸次に信用と地位を高むるに至れり後一朝病魔に侵され再び起つ事能はず人以て必死とせり耕主エッチピー、ボルドウイン氏大に愛惜し費を投じて君をワイルク病院に送り白人醫に命じて懇切に治療をなさしめしかば遉がの難病も日を追ふて輕快となり遂に瘉ゆる事を得たり依りて一旦歸耕し耕主に恩を謝したりしに耕主も其全快を祝し且病中數ヶ月の俸給と見舞金まで附與したり君其恩遇に感銘し心窃に粉骨碎身し以て恩人の爲に働かん事を盟へり之ぞ君が十餘年來同一耕地に留任して獻身的に勤續する好因緣なりとす君既に同地に滿六ヶ年勤勞せしを以て一旦歸朝し慈親の安否を訪はんと欲し耕主に數月の暇を乞ひ竟に歸國し親を慰藉し再び渡航せしは明治二十四年なりき歸布後尙ほ暫時の暇を得て加哇島に遊びたり蓋し同島に君の妹及婿ありしを以てなり夫より以前のハマクアポコに歸來し終始一の如く活動し以て今日に至れり

君は多額の俸給を得るのみならず職務の傍ら人を雇ひて請黍をも爲し每年純收益三千弗以上なりと云ふ是故に今や實際に巨萬の富を作り布哇八島恐くは其右に出るものなかるべし特に威望の點に至りては渡航開始以來第一位を占むると云ふも誰れか不可を唱ふる者あらむや四五年以來よりは啻にハマクアポコのみならずパイア、カイルア、ブロブランの總監督となり二千餘人の同胞は君の麾下に活動し一人も不平を訴ふる者なし眼に一丁字なき君にして斯の如き大勢力を有するは布哇獨歩と云ふべし從來耕地に勢力ありし者は布哇島に大槻氏あり加哇島に吉岡氏あり之に君を加へて三人なりと稱せしが吉岡氏はカパアの一部落に止まり而して今や亡し又大槻氏は一部の人に信用ありしも一方反對の者ありて今や歸朝せり然れば則ち富力勢力兩全して耕地に一人の敵なく今現に聲望ある者君を第一に推さゞるべからず吾人が常に感ずるは君が孝心の厚きに在り此孝心こそ君が今日ある所以ならむ乎左れば同耕地の在住者にして親に送金したしと言ふ者あれば其事情を糺して以て立替

ゆるは敢て珍らしき事にあらず
吾人が玆に特筆大書すべきはキャンプの整理宜しきに在り何れの耕地も無賴漢の跋扈と賣春婦の侵入は免るゝ事能はざるなり然るに君の耕地は規律嚴正にして其等の者は秋毫も許さゞるに由りキャンプの平和は克く維持せられ他に見るべからざる美風を存せり假令商業家遊藝人又はキャンプ在住者の知友と雖も君の認可を得ざれば決して入る事を得ず以て君の人格如何を知るに足らむ
君の公共心に厚きは今更玆に記するの要なけれど筆の序に今一二を掲げんハマクアポコ及バイア、カイルアの新築學校の如きも君は第一の寄附者となり且つ自ら指揮して竣成を告げ又遠くワイルク、及ホノルヽ、マキヽ學校の新築にも寄附したり又赤十字社愛國婦人會軍人遺族救護會等にも卒先して加入し人をも多く加入せしめたり又征清征露の際にも多額の獻金を爲し又姉川艦歡迎の時も自ら主唱者となりて尠からざる費を投じ又桑港震災にも義捐金を送れり是等公共の事一も缺くる所なし又努めたりと謂ふべし
君の父は本年八十餘歲の高齢にて今尚ほ健全なり君の長男は征露軍に從ふて滿洲の野に轉戰し遂に遼陽に於て名譽の戰死をなせり君戰歿の報に接するも報國の爲とて一滴の涙を落さゞりしは遉が英傑の人と云ふべし後其筋より死者に勳賞を授與せられたりと次男萬吉氏は錦田姓を冒し現に君の膝下に在りて耕主の商店に働き多額の俸給を得て信用益々昂進せりと此外君の經歷逸話等記すべき事

多くあれど紙數限あれば茲に擱筆すべし

田村政次郎君

（在ラハイナ）

ブランテーションの通辯事務に鞅掌し耕主と同胞の中間に立ち克く斡旋の勞を執り相互の意思を疏通し以て同胞に滿足を與へ災を未萠に禦ぎ兩者をして誤解なからしむるの辣腕を有する者之を誰とか爲す通稱武居田村政次郎君は即ち其人なり

君は明治三年一月二日の出生にして山口縣都濃郡末武北村大字生野屋爲廣の人なり君幼年の頃普通學を卒へ長じて農業に從事せしが夙に海外の有望なるを聞き官約移民として明治二十五年十二月郷里徳山港より山城丸に搭じ布哇に向つて發程せり海上恙なく廿六年一月二日ホノルヽ港に到着し直に布哇島バウハウ耕地に送られたり君の同行者は他縣人百八十人同郷者三十五人なりしと君は此二百餘人より推されて總代となり常に進退を與にせしが同耕地に通辯田川某なる者あり傲慢不遜にして君等ニウメンを窘しむる事其度に過ぎたり是に於て君之を懲しめんと欲し鐘を鳴らし衆を聚め協

議の末田川某の住宅を圍み談判を開始せしに妻は號泣し彼は跪座三拜して哀を乞へり爲に君將來を戒め一先圍を解いて分散せり之より彼は平素の惡心を飜へし同胞の爲に盡せりと云ふ同耕地にあること六ヶ月間にて飄然去りて一旦ホノルヽに出て加哇島に往きニウハウ島に渡り三ヶ月にしてマナに來り轉じてリフヱに至り六ヶ月勞役し復たホノルヽに出でたり當時君以爲く吾れ既に各地を周遊するも英語を知らざるが故に其不便甚し左れば之より英語を研究せんと遂に志を決しスクルボーイと爲り專心に語學を練磨せしに其効空しからず普通の會話を爲すに至れり君歡喜措く能はず進んでコックをも習得し遂には白人の家內的勞働に從事し大に有望の域に到達せり特に或人の周旋にてハツクフヱルド會社に雇はれコックとして帆船に乘込み米國に往復する事三回に及び其後鳥島にもコツクとして三回カムバイキせりと君海上の生活に飽きたるを以てアイヱア耕地に至りワイマルの鐵道事業を請負ひ衆を督して奮勵せり偶ま工事中爆發藥に罹り空間に飛揚せらるヽ事六七尺人以て必死とせしが幸運にも身體損傷なく纔に死を免るヽを得たり君既に一たび危險の地位に遭遇せしを以て勞働界に斷念し明治三十二年臘月を以て馬哇島ラハイナに來りルナの職に就き間もなく商店を開き利殖の道を講ぜしも不慣の事とて全く失敗に歸せり依りて一時戶籍及タキス掛となり一ヶ年勤續し後裁判所又は代言人の通辯を爲し三年間同胞の便を圖りしが三十八年より耕主の聘に應じ通辯となり今日に至れり

君本來淡泊の故を以て大に耕主の信用を受け隨て其勢力偉大なり君たるもの益々進んで同胞の爲め竭す所あれ君の父は三十九年一月に他界の人と化し母は現存して鄕里にありと云ふ

登倉一君 （在ラハイナ）

二十七歲の壯齡を以て而も欝勃たる氣慨を具し商業の懸引に拔目なく東西に奔走して益々好果を收めつゝあるもの之を登倉一君と爲す

君は廣島縣安佐郡落合村字岩上の人なり明治十五年一月を以て生る君の父は明治三十一年に死し母は今尙ほ健全なり君に令兄二人あり長は明治三十七年征露の役に當り身軍人なるの故を以て召集せられ各所に轉戰し偉功を奏し而して後無事凱旋せりと次兄は目下米本土に在りて實業に從事せり君幼年の頃普通學を卒へ十六才の時より商業に從へり君の地方は本來全躰に亘りて木履製造を業とせり是を以て君亦た獨立斯業に從事し常に鄕里と廣島市間を往復し大に業務の發展に盡瘁せり故に營業日を追ふて隆昌を極めしが中途商業上の手違より失敗を招きたれば君大に憤慨の心を起し日本に於ける商業を斷念し海外に向つて發展せん事を期せり當時君の決心に曰く吾は三男の故を以て家を相續すべき任に非ず左れば之より思の儘に活動し陶猗の富を作らずんば再び故山の土を踏まずカー

ネギー何者ぞモルガン何のその貴賤貧富は畢竟これ成効不成効に依りて斷定せらるべき代名詞に過ぎず然れば吾れ之れより空拳以て異域に活動を試むべしとは君が出郷せし際の決心なりき

君明治三十五年十月下旬ゲーリック號に乘り横濱より遠征の途に上れり同船の移民は六百二十人にして海上恙なくホノルヽ港に到着せしは十一月二日なりし翌三日は天長の佳節なるが故に同胞全躰は遠く異域に於て此佳節に遭ひしは無上の幸福なり將來の好運期して俟つべし豈に賀せざるべけんやと衆議直に一決し綱引き、相撲、劒舞等種々なる技藝を演じ以て陛下の萬々歳を奉祝せり當時君は六百の移民中劒舞の名手として大喝采を博したり而してコーランテンに在ると四日間にして上陸し一週間在府の後加哇島リフエ耕地に至り勞役三ヶ月にてホノルヽに出でコックとして白人の家內的勞働に從事せしが考ふる所ありて明治三十六年馬哇島ラハイナに來り、就働せし事四ヶ月の後某氏の紹介にて白人の商店に雇はれ二年六ヶ月間表裏の別なく大に勤勉せり然るに該白人或事情の爲め米國に歸ることゝなりたれば君其跡を買受け繼續する事となりしは今より三ヶ年前の事なり爾來一層業務を擴張し日一日と盛況を呈し今將に古參の商店を凌駕せんとするの勢あり君尚ほ春秋に富む今後の活動見るべきものあらん君たるもの初志を貫徹せずんば止まざるの決心を以て勇往邁進せざるべからず

青木菊松君

（在ラハイナ）

君は山口縣大島郡西方村沖家室の人なり君幼にして父を失ひ母は本年九十餘才の長壽を保ち今尚ほ健在なりとは珍と謂ふべきなり君亦た本年五十一才にて在布の同胞としては高齢の方なり君壯年の頃より船乘を以て業と爲し北は北海道より西は四國九州を始として日本全國の沿岸は殆んど足跡の到らざるなく船底一枚の板を以て生死の境と爲し或時は北海の颶風に遭ひ或時は玄海の怒濤と戰ひ幾度か死門を出入したれども由來海上の生活は陸上と異り一種特別の趣味を感ずるが故に君が習慣性として之を斷念すること能はず長く斯業を繼續せしが世は開明となるに隨ひ從來の帆船は多く廢れ文明の利器たる汽船の往復頻繁となりければ君此汽船に乘込み全世界を一周せばやと志し遂に郵船會社の海員となり清韓沿岸は勿論遠く歐洲に航し異域の風光に接し人情を詠め以て快哉を叫べり後三池丸に轉乘し各所を航行せしが明治二十四年十月同船が多くの移民を積み横濱を出帆し布哇に向へり茲に於て君想へらく吾れ多年海上の生活を爲すも未だ貯蓄と云ふことを爲さず熟々考ふれば吾れ本年三十五才人間イッ迄も壯年の時あらず今にして老後の策を講ぜずんば後來悔ゆる秋あらん聞く布哇は同胞の移民地として蓄財に好便宜の處なりと左れば吾も此地に留まり一辛抱せんと覺悟

したれど又鑑みれば旅劵なきが故に猥りに上陸する事能はざるべし如かず運を天に任せ隙を窺ふて逃亡せんにはと依りて船の到着を一日千秋の思をなして俟ちつゝありしが船は既に着せり撿疫も濟み移民は續々上陸又は他島へ送附せらるゝと云ふ混雜に紛れ君遂に逃亡の目的を達したり然れども其當時の官廳は現今の如く嚴重ならざるを以て有耶無耶の間に埋沒し去れり其後川崎喜代藏氏の斡旋にて我領事館に屆出で終に事なきを得たり

君茲に於て大に安心し條約移民としてオアフ島エワ耕地に至り三年間無事に就働し後ホノルヽに出で川崎旅館にて以前の厚誼を報ゆるが爲め二三年間洒掃の勞を執りしが考ふる所ありて馬哇島ラハイナに至り郵便の事務を取扱ひ同胞の書翰を配達すること前後三年なりしが同地の事情にも通ずるに至りしかば現今の地所を條約し之に家屋を新築し旅館業を開始せり後故ありて橋本某に貸與したるに橋本之を維持する事能はざるを以て橋本より田邊某に讓りしも是亦た困難にて家賃さへ納めざるが故に再び君の手に返れり之に依りて三十八年より君の手にて經營し今はラハイナ第一のホテルとして四方八方より旅客常に絕間なく殊に近來は客室を粧飾しベッドルームをも設けたれば旅客の便利此上なし同地を過ぎる者は試に一泊するも可ならん

増田五作君

（在ラハイナ）

健全なる頭腦を有し加ふるに天禀の奇才を以て馬哇の商界に獨露し克く機に臨み變に應じ曾て商略を誤まらず堂々たる新築の店輔に處狹く物品を陳列し自ら主公となりブキッパと爲り孜々汲々として業務に忠實なる者之を増田五作君と爲す

而も恁麽なりと雖も君が今の地位と巨萬の富を造りたるもの豈に一朝一夕の事ならんや請ふ吾人をして君が經歷の一端を語らしめよ君は廣島縣安佐郡河田村字温井の人明治六年十一月の出生なり君が家素と村内屈指の資產を有せしが君が幼年の時に當り種々なる境遇の變遷上財產の全部は殆んど傾倒せり是故に君僅に小學を卒へたるのみにて勉學の念燃ゆるが如しと雖も奈何ともする事能はず之が爲に一時村役場の使丁となり若干の資を得て必要の書籍を購求し以て村夫子に就き業を受けし事もあり又或時は五十錢の金を携へて反古買を爲し僅少の利を得て以て家政の資に供せし事もあり當時君の齡十五才に充たずと云ふ斯る賤業も

生來貧窶の者なりせば敢て怪むに足らざれども本來君は家門正しく資産家の嫡子なれば使丁や反古買を爲すべき身分にあらず如何に時世の轉變上零落したればとて君の如き妙齡の青年をして如上の逆境に陷らしむるとは天も酷だ無情なりと謂ふべし君が此際に於ける感想如何ばかりなりしぞ聞くさへ吾人は同情の涙を禁ずる能はざるなり君は兎に角にせよ朝夕此狀態を目擊せる兩親の心は如何なりしぞ定めし出入涙を以て迎送したるなるべし

君の叔父に素封家あり左れど人情の常として君が一家落魄し借家住居の境遇にしあれば訪ひ來る事も甚だ稀なりし君十六才の時一日叔父を其家に訪ひ熱誠を以て養蠶業を練習せん事を陳べ且つ養蠶傳習所に入るの資を仰がん事を乞ひしに叔父も君の精神に感動し殊に他人ならぬ君の事とて快諾を與へければ君欣喜雀躍し奮つて傳習所に入り堅忍不拔の心を以て衆に擢んで研究怠らざりしかば遂に優等の成績を以て修了せり翌春某學士來廣して學理上より養蠶の傳習ありと聞き君復た叔父に乞ふて再び研究に從事せり於是乎君十八才の弱冠を以て郡役所より拔擢せられ十八圓の俸給にて巡回敎師とは爲れり嗚呼人の一心ほど畏しきものはなし昨日の使丁は今日は敎師として人の尊敬を受るに至れり而して君が敎師として取扱ひし養蠶は成績頗る良好にして一も失敗なければ其名忽ち全郡に鳴り隨て縣下に於ける養蠶の大集會ある每に君は推されて地方の代表者と爲り集會の席上に於て陳述說明する所適切明確なりければ大に出席員の喝采を博し養蠶界の彗星として重視せらるゝに至

れり夫れ斯くの如く名聲頓に揚りしかば叔父の君を信ずること一層厚く遂には五千圓の價格ある商品を君に托し馬關まで出張さするの場合となれり君既に多方面に向いて奮鬪し諸有辛酸を嘗め盡したれど君未だ以て滿足せず依りて密に海外に航し旗幟を樹立せんと志し體格の檢査を受け無事合格したれば其趣を叔父に告げしに叔父も其意外に驚き引留策を講じたれど能はず之を兩親に語りしに快諾しければ君大に悅び胸に將來の成効を期し時は明治三十年九月二十日神戸より汽船コプチック號に乘り海上恙なく十月上旬を以て布哇に上陸せり時に君の齡二十二才なりと云ふ同月十八日ラハイナに來り就働する事とはなれり當時ラハイナ町に於る商店はハックフヒルド商會支店、及小島支店、柳原商店の三軒ありしと君來耕三日目の夜柳原商店に往き筆紙の類を購求せしに其價本國に比して非常に高價なりければ君の烱眼なる早くも商業の有望なるを看破し後來商業を以て身を立ん事を覺悟せり君就働後自らコック洗濯を爲し三ケ月を經て僅に四五弗の金を殘せり此金を以てホノルヽにイリコ千切大根、シャツ等の注文を爲しキャンプ內に販賣せしに豫期に違はず好果を得たり斯くの如くすること四五ケ月にして七十餘弗の純益を收めり此時の七十弗は現今の數百弗にも相當すべし左れど斯は君が勞役後夜間の副業なれば日中の勞働は衆と異るなし君の副業漸次盛況を呈するや耕主より用に耐へざる古車を貰ひ受け之に修繕を加へ雜品を積みバウハナより作り出しに行き販路の擴張を計りしに着々効を奏し前途太だ有望となれり殊に君の爲め好機會なりしは君が就働後二年七ヶ月にして米布合併となり條約解除となりし一事是なり解除の結果君はインジの補助として月給三十弗となり隨てオールメンの給料も二十二三弗となりしかば購買力一時に增加し爲に忽にして九百弗の利潤を得たり此金を懷にしホノルヽに出て木村、菅の兩店主に就き協議を遂げし所木村氏の俠氣なる菅氏の同情に富める大に氏の商略に感じ該金の中より商店創設費として三百弗を割いて貸與し殘額六百弗に對し商品二千弗の物を交附せり君昇天の心地して直に歸耕したり當時ラハイナに材木商なかりしかば君單身山路の嶮を犯しカフルイに往き材木を購入し店舖の建築を爲し業務の發展に盡瘁せり之が爲め聲望頓昂し急速力を以て隆昌に赴けり時に二年間の後オールメンの月給十八弗に下落し負債ある勞働者續々逃亡しければ商店の打擊を蒙る者續出し日本人三、支那人三軒は遂に閉店するに至れり其他雜業者の破產せし者夥しかりし君亦た千五百弗の損害を受け危險の地位に立てり亦た之を危ぶみしが君が天禀の奇才は玆に顯はれ背水の商略を布き突然密にホノルヽに出て木村、菅の兩氏に衷情を訴へ熱涙を濺いで說明したれば菅氏大に同情を表し早速多くの物品を輸送せり實に此際は布哇全體に亘れる商店の大恐慌大變革にして卸問屋よりは一品も地方の商店に貨物を輸送せざりしと云ふ然るに君の商店には貨物堆積したるを以て衆心始て安堵し辛くも狀勢を挽回するを得たり君が苦心の情察すべき也爾來日一日と商況繁榮しければ君本國に邦貨三千圓を郵送し兩親の借家せる家屋及附帶の田地九反步を買收し以て一は兩親に安慰を與へ一は從來の屈辱を雪ぎたり君が心中の歡喜想ふべし君尙ほ父を此國に呼寄せ業務の隆盛を見せしめんと欲し其手續を了し明治三十八年三月九年目にて慈親の尊容に接したりホノル、住田方にて父上樣ォー悴よと一言の挨拶無量の心を含み他は互に涙の外なかりしと父在布四ヶ月にて還鄕の念ありしかば君令閨に同道を命じ敎育上の都合にて此幸便に托し子息も共に送還せりと云ふ

君資性着實にして交際圓滿克く談じ克く話す殊に公共の爲には金錢を投じて惜む所なし本願寺布敎塲及附屬學校の如き又キリスト敎會堂の如き總ての方面に亘りて出金する每に第一位を占むることは世人の能く知る所なり君又膽力に富む先年ストライキありし際も君は一方の首領なりしが事の齟齬より衆人君を殺さんと圖りしも君自ら群衆の前に起立し其理由を陳述し以て無事なるを得たり君は慥に偉丈夫の資を具へ布哇有數の成効者なる事は吾人が世人と共に信じて疑はざる所なり

梅田重藏君　（在ラハイナ）

君は明治四年四月十二日を以て熊本縣下益城郡豐田村字藤山に生る君の父は君が十三才の時即ち明

治十六年に病沒したり是を以て君は全く慈母の手一つに倚りて生育せしなり左れば君が母に對するの感想は尋常一般のものに非ず成長するに隨ひて一層其念を深くし何とかして海より深き山より高き厚恩の萬分一に報せんと終始心を碎き遂に農業に從事し朝に星を戴いて出で夕に月を踏んで歸り刻苦精勵すること十年一日の如くなりし是故に鄕黨君の孝心に感じ賞賛せざる者なかりしと云ふ君斯の如く農事に三昧なるも世の進歩に連れ出資は多く收益は少く到底斯業を以て終生の目的を達し母に安慰を與ふる事難ければとて玆に端なくも大勇猛心を鼓舞し海外に渡航する事に決し時は明治三十二年八月下旬東京移民會社の手に依り橫濱を出帆し九月三日布哇國に到着せりコーランテンに在る三日間にして條約地たるラナイ島に送られ就働八ケ月の後間もなく同製糖場は收支償はざるの故を以て閉場せり是に於て君一旦馬哇島ハイナに來り一週間滯在してワイルクに出でスペクル一番に行き暫く勞役せしが同地は君が將來事を爲すべき好地に非るを以て又去りてラハイナに歸來し明治三十四年十月よりプランチーションに働く事となれり後セキションボーイとして二十二ケ月間勤續し大に耕主の信用を得たり後又ボスの命に依りパイプ繼ぎに從事し多くの資を貯へたり

夫れ斯の如く君多年の辛酸により相當の蓄財をも爲し得たれば一の獨立事業を起さんと欲し百方研究したれど未だ適當の事あらず左りとて無謀の擧を企て一朝資財を蕩盡しなば多年の艱苦も水泡に歸し再び挽回するの難ければ容易に手を下すこと能はざるなり殊に君は商業に經驗乏しければ君の

位地としては再三再四研究を重ねざるべからず君於是乎試驗的に水店を開始する事となり日を積むに隨ひて營業の懸引人心の意向を悟了しければ斷然雜貨商店を營む事に決し其準備中偶ま鄕里より雁信あり曰く明治三十八年一月十二日母病死せりと此報に接するや君喫驚爲す所を知らず悲歎の淚を以て袖を沾せり左れば之より直に歸鄕せん乎恃みに思ひし母なきを奈何せん君爲に一時進退に迷ひしが君熟々考へらく最早母なければ故山に歸るも益なきなり是故に折角準備せし商業を開始するに如かずとして遂に明治三十八年より目今の所に商店を開く事となり今は堆き程の物品を具へ盛に業務の發達に熱心せり

君本年三十八才にして兄弟姉妹六人あり君は實に其四人目なりと云ふ君ラハイナに來りしより前後八年なり君溫厚の資を有するが故に前途甚だ有望なり

冠念一君

（在ラハイナ）

年歯未だ而立に達せざる事三年而も拔群の手腕を有し白人商店の支配人として縦横の奇才を揮ひ以

て商店の名譽と信用をして失墜せざらしめ益々進んで業務の發展を圖りつゝある者之を本篇の主人公冠念一君となす

君は明治十五年の出生にして廣島縣安藝郡戸坂村の人なり君九才にして母に別れ爾來父の手に倚りて生育せり而して父は素と陸軍砲銃製造の職工として大阪及廣島の師團に奉職し其名同職間に嘖々たりし君十五才の時即ち明治二十九年父の職を繼んと志し偶ま從兄の布哇に在るあり聞く布哇の地は總ての機械事業發達しありと云へば渡布の曉は銃砲製造も習得せらるべしと無邪氣なる青年の單一思想より父の許諾を得て遂に渡布したるなり然るに來布し見れば事實は思想と異り布哇全島は製糖に關する機械業こそ發達すれ製砲抔は夢にだも見る事能はざりしなり君是に於て大に失望したれども奈何ともすると能はざれば止むなく方針を變する事に決してホノルヽ府磯島商店に入り晝間は店舗の補助を爲し夜間は英學校に通學し孜々勉學の結果期年を出でずして普通の會話を爲すに至れり左れど君之を以て足れりとせず尚ほ進んで實地に就き語學を研究せんと欲し白人の皿洗となり三ケ月間勞役せり時にホノルヽ郵便局員增田某なる人あり元とラナイ耕主の知人なりと云ふ兼て同人は君を知るが故に君を同耕主に紹介しければ君其厚誼を謝し旅裝を整へ匆々ラナイ島に至りスクルボーイとして就働する事となれり何分同耕地は孤島の小製糖場なれば素より官立學校のあるべき筈なし是故に耕主は自己兒童の爲に私費を抛ちて特に家庭敎師を雇聘し敎育を囑托せり此好便宜あり

しを以て君は家族同様の取扱を受け日夜勉强することを得たり君最初二年の約にて此地に來りしが未だ其約を果さゞるに不幸にも一朝二竪の侵す所となり再び起つ能はざるに至りしかば懇篤なる主人の命に依りラハイナに渡りて治療する事とはなりぬ當時ラハイナ町に岡村氏あり同氏は以前ラナイ耕主の家に就働せし事あり其因緣を以て同氏方に在留し醫師の治療を受けたり諺に云ふ一に看病二に藥と君の病症頗る難治にて人以て必死とせしも同氏等夫妻が獻身的に晝夜の別なく看護し痒所に手の屆く産の親も及ばざる誠意の看病により枯木再び花咲く喩の如く終に起死回春の功を奏したり是故に君常に語りて曰く吾を產む者は兩親なり吾が再生の恩人は岡村氏なりと以て君か岡村氏に對するの眞情を知るべきなり記者亦た岡村氏を知る氏は俠骨の快男子にして義の爲には水火も辭せざるの人物なり内外人の氏を信用する故なきに非ずと謂ふべし

君一旦全快するや再びライナに歸り耕主に恩を謝し一人前のコックとして就働せしに何ぞ圖らん父の訃音に接したり時に明治三十二年なりき君大に驚き主人に其理由を陳べ暇を乞ひホノルヽに出で親戚の者に協議せし所多くは皆歸朝する事を勸めたり是に於て君思へらく吾れ既に兩親を失ふ今假令ひ歸朝すればとて甦ると云ふにあらず左れば暫く此地に停りて終生の目的を達せんと茲に決心の臍を固め在郷の叔父に萬事依托の鴻毛を發し在布する事に決定せり時に恩人岡村氏出府せしに會す氏君に語りて曰く吾がステーブル目下人なきに窮せり君之が支配を爲し吳れずやと此餘儀なき恩人

の依頼に由り遂に同道ラハイナに至り二ヶ年間勤續せしが業務漸次に盛大となりしかば君も賴まれ甲斐ありとして欣喜斜ならざりし君在勤中即ち明治三十四年櫛間ドクトル新來したれども英語試驗の故を以てライセンスを得る事能はず依りて同ドクトル、ラハイナ耕地に來り耕醫と協同事に從ふとなれり君ドクトルの聘に應じ通辯且つ調劑師として櫛間氏の爲に奔走の勞を執れり其後三ヶ月を經て耕醫の斡旋に依り同ドクトル試驗を要せずしてライセンスを得たり人皆破格の奇に驚きしと云ふ畢竟之れ君の盡力多きに因りしなり爾來三四ヶ月間は兩醫合同なりしがヒロ市より飛報あり曰く濱本ドクトル近日歸朝なり其跡を繼承せずやと櫛間氏心動き遂に行く事に決したり別れに望み君に告げて曰く吾れ該地に到り開業の機運に會せば君必ず來市せよ以て厚誼に報んと後間もなく同氏の懇切なる書に接したれど或事情の爲に其聘を辭しハイスクルに入れり在學八ヶ月にて意に滿たざる事ありて退學せり明治卅六年ラハイナ町パイオニアホテルが新に七千五百弗の株式組織を以て酒類販賣を開業せしが未だ適當のマチジャあらず是を以て耕醫の妻君及岡村氏君を推薦しければ竟に支配人として該酒店の卸部に入る事となれり君就業早々商略を定め機敏に販路の擴張を計りしかば僅々一ヶ年半にして純益金中より株金の全部七千五百弗を償却せり白人君の敏腕に敬服し其賞典として君に二株を贈呈したりと是故に現今の營業は株主一仙をも支出せずして盛に發展しつゝある譯柄なり目下君も多くの株劵を得卸部の總支配人となり全權を握り名譽と信用は隆々乎たり君の如き壯年を以て今日の地位を得る豈に尋常人の爲し得べき所ならんや君に三才の孩兒ありしが敎育上の都合により四十年五月妻と與に日本に送還したれば現時君は獨身生活なりと云ふ

石井虎吉君

（在ラハイナ）

君は廣島縣廣島市字國泰寺村の人明治元年十二月を以て生る君の父は陸軍の用達を爲せし人なり君幼時より朝夕父の業務を見聞せしが故に自ら斯業の呼吸を了得し丁年の頃には最早父の代理として師團に出入するに至れり然るに不幸なる哉君の父は君が二十二才の時一朝病褥に臥せしが藥石効なく遂に易簀しければ一家恰も闇夜に燈を失ひしが如く愁傷の涙を以て充されたり殊に君は長男の故を以て一家の盛衰は君の兩肩に在り君の責任も亦重いかな君是に於て父の業を紹ぎ五師團の用達を爲し薪炭の類を納めしが經驗乏しきが爲め二年間にして二千圓の損失を招きたり之に依りて君方針を變じ布哇に航せんと志し旅劵下附の都合上一時海田市に寄留し體格の檢査を受けしに身體虛弱の故を以て合格せず爲に目的を果すこと能はざりしは君の遺憾とする所なりし其後明治二十七年征淸役の起るに及び君大倉組に入り兼て練磨せし手腕を揮ひ用達に從事せしに豫期に違はず大金を獲得しければ之を資本として新川場に乾物店を開き營業日を追ふて盛大となりしが君本來投機的事業を

好むの癖あるを以て米相場に手を出し一擧に勝敗を決せんと試みしが事志に背き遂に失敗に歸せり君茲に於て再び渡布と決し明治三十二年二月一日移民會社の手に依り妻君と共にチャイナ號にて横濱を出帆し同月十日無事ホノルヽに到着し消毒所に在ること十一日間にして三月二十二日キナウ號に移乘し十一人の同胞と共に馬哇島ラハイナ耕地に來れり當時月給十五弗なりしが就働間もなく布哇一般に條約解除となり隨て月給二十二三弗となりしかば此間に處して相應の蓄財を爲すに至れり其後棧橋に働くこと一年六ヶ月間此際も多くの金を殘すを得たり君は元來在鄉の當時より商業に趣味を有するが故に長く人の部下に屬して勞働する事を好まず是を以てラハイナ町に出でゝ水店を開始せしに妻君の怜悧なる爲に約一ヶ年にして多額の資本を得たり依りて明治三十七年より食料雜貨店を開き以て今日の盛況を呈する事とはなりぬ

凡そ何事業を問はず業務の盛衰は內務大臣とも稱すべき妻君の技量如何に在り若し妻君にして愛嬌なく人に接すること拙なる時は商店の繁榮は得て望むべからず君の妻君は實に愛嬌あり且つ客に接すること巧妙なるが故に店舖の隆盛怪むに足らざるなり思ふに君の商店は妻君內を司どり君キャンプを奔走して物品の配送を爲すを以て他店に比し多くのエキスペンスを要せざれば收利の點は却て多からん之れ君が着々實効を奏しつゝある所以なり夫婦は一身同體と云へば益々奮て協同事に從ひ最後の大効果を期せん事を吾人は希望して已まざるなり君の母は現存して弟妹三人ありと而して君

一子だになきは君の遺憾とする所なるべし

森松七助君

（在ワイルク）

君は明治七年六月を以て福岡縣八女郡星野村に生る君不幸にして四才の時母を失へり之が爲めに君は慈父と繼母の手によりて養育せられ成長するに至れり而して父は君が布哇渡航後即ち明治三十四年八月に不歸の人と無れりと君の感慨察すべきなり

君小學校卒業の後何角實業に從はんと欲し豐前國後藤寺及小倉、若松地方を周遊すること年ありき左れど多くは失敗の歴史を遺し天運未だ來らず君此間に處して社會上に於ける幾多の經驗を積み人心の恃み難き事を看取し一難を經る毎に大勇猛心を皷舞し世路の困苦と戰ひ精神の修養を練磨せりと云ふ其後明治三十二年十月運命を海外に決せんと欲し神戸に出て布哇渡航の準備をなせり此時福岡縣廳にては旅券の下附を認許せざるに由り止むなく名義上神戸に寄留し兵庫縣廳に旅行券を請求せしなり時恰も神戸にペスト發生せしかば此地より直に乘船すること甚だ困難なり爲に彼此れ同地に數月を費し旅券の下附を得て横濱に往き時は正に明治三十三年一月三日臨時汽船依媛丸に便乘し自由移民として同月十五日早朝ホノルヽ港に到着せしに何ぞ圖らん全市は今やペスト燒拂の爲め火勢猛烈を極め焰炎天を焦し內外人與に避難の眞最中なりしかば船客一同上陸するを得ず是に於て移民一統同月二十九日まで舊コーランヲンに收容せられ翌三十日君等の一隊はクローデン號に移乘し馬哇島カフルイに來れり君は衆と別れ二三の同志とワイルク町に留りワイルクよりカフルイに通ひ棧橋に働く事となれり就働中熱病に罹り一時危篤に逼りし事もありしが之が原因となりて長く病褥に起臥し遂に六ヶ月間一事も爲すなく荏苒二光を送れり爲に本國出發より携帶せし金員邦貨七百五十餘圓を費したりと而して漸く身體舊に恢復するに及んでスペクルに至り拮据精勵の結果七十五弗の資財を蓄ふるを得て之を資本となし明治三十四年賣藥の行商を開始せしに意外にも賣捌よく爲に多くの利益を收めたり君既に賣藥の收利あるを看破しければ一の藥舖を開き之に依りて成効せんと欲し明治三十五年五月意を決し現今の所に開業せり目下藥品の外に化粧品、食料品、書籍其他種々なる雜貨を販賣し諸人の信用を博し華客西より東より業務日を追ふて發展し以て今日の盛を見るに至れり

君天性實着に且つ謙遜なり之れ君が衆人より愛敬せらるゝ基因にして業務の繁盛なる所以なり君の齡本年三十五才尙ほ春秋に富む勤めて怠らずんば多年の志望を達すると難きに非ざるなり君其れ三

昧に直向進前せよ

横山忠太郎君

（在ワイルク）

君は廣島縣神石郡永渡村の人なり明治二年六月を以て生る君六才にして他家に養はる十四才の時父母の膝下に歸り師に就て大工職を學ぶこと五ヶ年なりしが其技大に進み師に越超するの分あり是に於て獨立業に從はんと欲し鄕里を去りて備中國東條町に出で車大工とて敏腕を揮ひしかば一時に名聲を博し遠近傳へ聞きて製車の依賴を爲すもの陸續絕へず爲に多くの蓄財をなし居ること四ヶ年半にして君大望を起し方向を轉じて自家獨特の妙技を顯さんと欲し明治二十一年四名の弟子を伴ひ美作國山の內中福田に至り萬般の工事に對する大請負を爲し技量と精勵とを以て人に稱せらる是れ君が日本に於ける全盛時代たりしなり

君は布哇の有望なるを聞き明治三十一年十二月熊本移民會社の手に由り妻君と與に亞米利加丸にて渡航し着布直に十七日間コーランチンに收容せられ解除の後馬哇島オワル耕地に來り就働中三十二年六月布哇全島契約移民の解除となりしが君は同年九月まで依然同耕地に働けり時に君の妹スペクルスに在りしを以て同耕地に働かんと欲し九月下旬匆々行李を收めスペクルスに赴き大工職として

働く事となれり之より先き君の妻君姙娠にて渡航し三十二年二月即ち渡來後二ヶ月にして分娩せしに產後の經過面白からず遂に病床に臥し延いて三年六ヶ月の長病となり內外醫師の治療を受け藥價丈にても六百五十弗を費せり若し夫れ微細に之に要せし諸雜費を精算せば千弗以上に上りしならんと云ふ若し妻君にして疾病に罹らざりせば數年前に成功して芽出度歸朝せしものを左りとは君が爲め氣の毒の至りなり其後君考ふる所ありてワイルクに出で藤田某の菜園を四百七十弗にて讓り受け二ヶ年間熱心に勉强せしが天運未だ開けざるにや四百弗餘の損耗にて遂に斯業も廢止するの止むなき場合となれり君之が爲め復た元の大工職を開始し請負等を爲せしに本來技量拔群なるに依り天運巡環して業務盛大となり始て愁眉を開くに至れり

君性質朴直にして人に諂はず爲に衆人より愛敬せらる左れば人の爲に金錢上迷惑を蒙ることも尠らずと云ふ君に三人の子ありしが二人は死亡して今は唯だボーイ一人のみなり父母は尙ほ健在にて君の無事歸朝するを鶴首待ちつゝありと云ふ

中津郡平君 （在ワイルク）

君は熊本縣飽託郡書圖村の人なり明治三十三年三月當布哇に來り三十六年一月ワイルクナショナル

銀行に奉職し精勤事に從ひ内外人の信用を博し目下大に靈腕を揮ひつゝあり

小林彦三郎君 （在ワイルク）

天下の醫學大博士も刀圭家なり田舍の藪井竹庵先生も亦た刀圭家なり均しく是れ耆婆の流れを汲むと雖も一は起死回春の功を奏し一は却て人を死地に陷らしむる事あり刀圭家も亦難ひ哉

君は兵庫縣加東郡久下山村の人なり幼にして穎才自ら大人の風あり稍や長ずるに及んで種々なる境遇に出會し多くの辛酸を嘗め盡し遂に刀圭家たらんと志し自ら彼の有名なる故陸軍々醫總監松本順先生の門に遊び醫學を研究する事殆ど五年間學漸く成るに至りて早くも泰西の文化を吸收せんと欲し時は正に明治二十二年米大陸に航しクーパー醫科大學に入り同二十五年優等を以て卒業し直に桑港に出でゝ開業し大に其技を揮へり當時外科醫にて有名なるモース氏桑港ジャーマン病院にあり君獨立開業の傍ら氏を扶けて自己の靈腕を試み交情甚だ親密となれり之が爲め外科學上大に悟了する所ありしと云ふ其後二十六年桑港を去りて當布哇に來り開業せしに内外人の喝采を博し治療を乞ふ者常に門に充つ故に開業須臾にして其名全島に響き同胞をして心意を強からしめたり殊に君が外科術に至りては天賦とも謂ふべきか往々傍人をして舌を捲かしむる事あり然れども君之を以て足れり

とせず次で二十八年英國に渡り斯道を研究する事一ヶ年にして再ひ布哇に歸來せり君從來布哇の地に完全せる病院なきを慨し遂に意を決して明治三十二年壯麗なる病院を建設し人の耳目を驚かしめたり翌三十三年七月世界醫學の叢淵たる獨逸に遊び其粹を味ひて歸布し益々其分を盡せり

聞く君がホノルヽに在りて開業せし際には其妙技同胞間よりは寧ろ白人間に賞賛せられしと云ふ君は此邊陬の布哇に在るも日進月歩の醫學界に後れざらん事を期し每に內外の典籍を購求し以て新知識の蘊蓄に怠らず是を以て君が技量は益々出でゝ益々妙なり君は啻に醫術の蘊奥を究るのみならず佛敎の哲理をも味ひ多くの佛書を需め之が研究に從事し殊に禪書を賞翫するを以て唯一の娯樂となすと云ふ由來禪と醫術は離るべからざるものにて深く禪を修し氣をして氣海丹田に充たしめ以て患者に接すれば眼中病者なく我もなく如々一如なるが故に疾病の根元を知り眞箇に治療する事を得るなり君が名醫として社會に信用を博する豈に偶然ならんや人試に君が綠蔭深き寓を訪ひ其扁額に鐵樹花開の四文字あるを認得せむ之れ即ち不立文字底の活文字なり以て君が平生の素養を知るに足らむ

君は近年四大健康ならざるに依り本年春居を馬哇島ワイルクに移せり該地は後に峨々たる山を負ひ風光明媚にして水淸く前にはブヽ大耕地を瞰下し遙に巍々たるハレハカラ山に白雲の靉くを詠め閑に體軀を養ひつゝあり然れども地方の人衆は君をして靜養を貪らしめず君の門に群集して治を乞

ふ者陸續絶へず思ふに君其煩累に耐へずやあらん左れど抑も醫は仁術なり一切衆生の爲め自己を殺して他を救濟するは其天職なれば請ふ益々奮つて内外人の輿望に乖かざらん事を望む

山下與八郎君

（在ワイルク）

君は福岡縣筑紫郡大野村の人明治元年十二月を以て生る君の家元と農家なりしが君は志す所ありて醬油釀造を業とせり明治二十六年官約移民の募集に應じ三池丸に搭じ布哇に來れり之れ實に二十四回船なりし而してコーランテンに一週間留め置かれ消毒解除の上百八の同胞と共に加哇島コロア耕地に送られ就働する事となれり居ること一ヶ年にして不幸にも病に罹り勞働するに堪へず時に監督官宮島ドクトル其情を憫み耕主に交渉し契約を解除したり君是に於て飄然コロアを去り一旦ホノルルに出で治療全快の上馬哇島スペクルに來り前後二ヶ年間勞役し明治三十年ワイルク町に出で實業に從事せんと欲し遂に或る斬髮店に雇はれ三ケ月の末獨立開業し孜々勤勉の結果顧客日を追ふて增加し今は多額の財を蓄へ住宅の後に貸家を購求し毎月の收入莫大なりと

君はワイルク町に於ける古參者にして確に成効者の一人なり君天性實直にて人と爭はず隨て人望衆に超へ熱心に業務を營めり父は明治二十八年に死し母亦た四十年一月に亡せりと君の家族は妻君及

一男あり以て和氣藹々の中に日を消しつゝありと云ふ

小田新太郎君

（在ワイクル）

馬哇島ワイルク町の敏腕家として人に稱せられ常に業務に忠實にて公共事業の爲には更に勞を惜まず東西に奔走し隨て世人の愛顧を被り現時一方の商店主として獨立の旗を飜し人心を收攬しつゝある者之を小田新太郎君と爲す

君は山口縣大島郡八代村の人明治九年九月を以て生る君の父常藏氏は今尚ほ健在なり母は君が在國中即ち明治二十八年五月に彼の世の人となれりと君青年の頃普通學を修め壯年に及んで農業に從事し父を慰藉せしが何分日本の事業は勞のみ多くして收益之と伴はざれば君の孝心なる一人の父を慰むるに足らずとし斷然海外に出で多額の財を蓄はへんと欲し時は明治三十二年五月十五日慈愛深き父の膝下を辭し住み慣れし故山を去り森岡移民會社の手に倚りて神戸を出帆し六月一日を以てホノルヽに到着せり上陸早々オアフエワ耕地に行き餘念なく精勤せしが一ケ年にして同耕地を去り馬哇島ワイカツプに至り一ケ年間勞役したり其後三十五年洗濯業を開始し且つワイカツプに於てレストラントを開業し前後四年間一心に拮据經營せしかば塵積りて山を成すの喩への如く多くの蓄財を爲

すに至れり是を以て一先歸朝し老先き短き父を慰めんと期せしが偶ま木村商店主ワイルク町に支店を設置する事となり强て君に業務を執ることを懇望せしに依り君同鄕人の切なる希望と云ひ加之木村氏の君を信用せしを德とし初志を飜へして留まる事に決し爾來同店の爲に表裏の別なく竭す所ありしが明治四十年七月ワイカップの新館府に同店を引擧る事となりしかば君は其職を辭し同店跡に獨力以て食料雜貨店を開き現時盛に營業しつゝあり

元來君は數年斯業に經驗あり加ふるに敏腕の故を以て業務の隆昌なる事は吾人の喋々を要せざるなり既に當春馬哇新聞が馬哇に於ける二十家投票を募集せし際も君は敏腕家として當選の榮を擔へり以て君の技量如何を知るべし君又公共事業に熱心なりワイルク町本願寺附屬小學校設立の如きは君の奔走與つて力ありと謂ふべし同學校創設の場合は君木村支店に勤務中の事とて身は事務鞅掌の爲め忙殺せられつゝあるに拘らず苦心慘憺の結果遂に同島稀なる一大校舍を新築するに至らしめたり君の効績豈に偉大ならずとせんや

君の齡本年三十二歲にして姉妹二人あり皆鄕里にありて他に嫁せしと云ふ君に一女一男あり共に同棲して家庭圓滿に二光を消せり

佐藤八十太郎君

（在ワイルク）

君は福島縣信夫郡飯坂町の人明治三年四月を以て生る君の祖先は佐藤庄司元春の典醫として令名一世に鳴りし人なるが後民間に下りて飯坂町に蟄居し世々刀圭の傍ら藥業を營めり君の親父は政七氏と呼び壯年の頃より各國を漫遊する事を好み天下殆んど足跡の到らざる所なし過る明治二十九年隨員と共に臺灣に渡り寫眞術を開業せしに三十年新竹縣新竹に於て土匪の襲擊に遭ひ遂に戰歿せり母は今尙ほ健在にて兄弟八人ありと云ふ

君小學校を卒業の後父に隨ひて藥業を爲し明治十九年友人と共に英語夜學校を設け北海道にて通辯たりし前山安太郎氏を聘し二年間研鑽怠らざりし結果バーレーの萬國史をも讀むに至れり其後福島病院の藥局生となり執務の傍ら藥學研究會に於て藥學を修め明治二十二年七月試驗の上內務大臣松方伯より藥劑師開業免狀を得たり而して身は依然病院に奉職せしが後ち日本藥劑師會より議員に提出せる分業法案に就て大に運動する所ありたりと云ふ君は此間に自由黨に加入し政治運動を爲した

る爲め財產の半を蕩盡したりと征淸役の當時即ち明治二十八年二月君は福島縣日本赤十字社支部より選出せられ救護員として上京を命ぜられ直に廣島に出張し居ること三日にて木曾川丸に便乘し淸國旅順に赴けり旅順より更に桂川丸に移乘し船內の調劑師を命ぜらる同年八月一旦宇品まで歸り在留二日間にて夏服を下附せられ復た直に東京丸にて旅順に再航し第一太沽丸に乘込み同年十一月まで營口、威海衞、大連方面を定期航海し十一月二十八日淸國を出發し木浦、仁川、釜山を經て對州嚴原に病兵を遷し宇品に歸れり此間君が取扱ひし傷兵數は殆んど二千有餘人なりと云ふ而して十二月二十日迄廣島にて待命となり間もなく歸京其職を解かる依りて一先故山に歸り二十九年二月より復た福島病院に入れり同年五月赤十字社より慰勞金として四十五圓を下附せられ且つ賞勳局より一時金五十圓を下賜せられたり以て君が國家に貢獻せし一斑を知るに足るべし君が布哇渡航後賞勳局より從軍徽章及戰役紀念として小松宮殿下より紀念章とハンカチーフを下賜せられたりと

三十一年九月君思ふ所ありて住み馴れし故國を去りアシタック號にて橫濱を出帆し當布哇に來れり上陸後布哇島オカラに於て手に來耜を執り勞働せしが慣れざる事とてルナ常に君を叱咤しければ君之を默するに耐へず辯論を鬪はす事往々なり是に於て君斷然該耕地を去りホノルヽに出て移民會社員平山氏の周旋にてアイヱア耕地に至りプランテーションの病院に入り調劑を爲せしが後同耕地を去りホノルヽに於て暫く二光を空費せしが考ふる所ありて明治三十四年馬哇島ワイルクに來り耕地

の狀況を探りスペクルに至り横川氏と共にコック業を爲し後或人の盡力にてペンタ塗のルナとなり若干の貯蓄をなし得たり由りて三十八年九月ワイルクに出で現今の藥店を開業せり明治三十九年七月衞生局にて試驗を受け成績優等にて藥劑師のライセンスを得專ら斯業の發展に盡瘁し以て今日の盛を見るに至れり

君が今日迄の徑路は上來の如く轉變窮りなく種々なる境遇を經過せし也西哲曰く社會は大學校なり困苦は良師なりと君既に無量の辛酸を甞む今後の活動期して俟つべきなり

岡村早助君

（在ワイルク）

君は山口縣大島郡蒲野村大字椋野の人なり明治二年五月を以て生る君の家は世々農を以て業とせり君は小學校卒業の後父兄を扶けて農業に從事せしが明治二十二年十一月官約移民の募集に應じ父母兄弟に別を告げ慕はしき故山を去りて同月二十八日布哇に到着せり着布匆々馬哇島ワイカップ耕地に送られ就働する事とはなれり於是乎君以爲く吾れ此國に來るも畢竟黃白を得んが爲なり左れば金

を得るには勢ひ此國の言語を習得せざる可らずと玆に大奮志を起し勞働の傍ら孜々としてカナカ語を習修せしに數月にして普通の會話を爲すに至れり當時同胞のカナカ語を善くする者皆無なりしかば此事忽ち同胞間の評判となり自然耕主の耳に入り遂に普通勞働を止め耕主方に家內的就働する事とはなれり

君明治三十五年十一月三年の契約を無事に終り尙ほ耕主の懇望に依り一ヶ年間耕主方にありて働き同胞間に出來事あれば通辯の勞を執り斡旋太だ力めたりしが二十七年一月君獨力を以て何角事業を起さんと志し耕主に暇を乞ひマクラに至り狀況を視察せしに適當の事もあらざれば聊か失望し直にカフルイに來りソーダウォター會社に入り月給二十弗にて就働せり此時砂糖耕地の月給は十五弗なりしといふ在職三ヶ月にして或人の周旋に由り同年三月パイアに至りドクトル兒玉源藏氏方へ通辯旁働く事となれり居ること前後五ヶ年なりしが三十一年八月兒玉氏鄉里廣島に歸るに及びパイアを去りてハイクーに至りコックとして白人某方に働き六ヶ月間を經過せり是より先き明治二十八年母は不歸の人となり長兄亦た日淸役に戰死し唯だ故鄉に在る者は父と次兄のみなり左れば一たび歸朝して母兄の墳墓を吊ひ久々にて父兄にも拜顏を得んと志し時は明治三十二年二月多くの貯金を携へペキン號にて歸途に上れり橫濱到着後直に歸鄉せり在國七ヶ月間にして同年十一月再渡航の爲め神戶に出たりしが當時ペスト發生し乘船甚だ困難なりし然れども此行を中止する譯にもならず百方奔走

の結果八百餘人の移民と共に南洋丸に搭じ海上恙なくホノルヽに上陸して西村旅館に投じ裁縫事業に從事せしが若干もなく廢業し三十三年十月再びマウイ島カフルイに來り白人某のコツクメンとなり六ヶ月の後三十四年三月ワイルクにて馬車業を營み三十六年五月商店を開始し業稍や緒に就きしかば直に國元より妻君を呼寄せ一女を擧げ睦しく二光を送りしに不幸にも妻君は三十八年三月十四日病の爲に此世を去りて彼世の人となりたり君の心情察すべきなり之によりて同年七月子女を本國に送還し商店も止むなく廢業するに至れり翌三十九年ワイルクにて新にアイスクリーム店を開きしに內外人の信用を博し殊に白人は每日君の店に出入し日を追ふて盛大となり今は種々なる物品を商ふに至れり是故に目下多くの財を蓄へ同胞間の信用一方ならずと云ふ

夫れ斯の如く營業の昌なるに隨ひ一人にては意の如く働く事を得ざるにより三十九年七月新に國元より今の妻君を迎へ大に業務を擴張し益々盛況を呈しつヽあり君の父は過る三十七年六月に死亡せりと而して君に兄弟十人ありしが今は唯だ三人のみ遺れりと君幸に健全なれ

山下秀吉君

（在ワイルク）

君は廣島縣安佐郡久地村の人にして明治三年一月を以て生る君幼少の頃より工科に志し幸に山縣郡都谷村に老練獨歩の大棟梁國岡九十郎師ありと聞き君其門に入り苦修慘憺七年間の長きに及べり師も亦た君が將來棟梁の器量あることを知り一切秘する所なく胸奥を披き他の門生に擢んじて敎授せしかば其技大に進み遂に製圖技術等の薀底を探るを得たり是に於て壯年ながら一方の棟梁となり地方に敏腕を揮ひしが布哇に工業の有望なるを聞き明治二十五年十二月官約移民として横濱より山城丸に搭じ當布哇に渡來し直に加哇島マカヴエリ耕地に送られ三年の條約を濟まし解約後同地の大地主ゲイ氏が自己の居宅を新築するにつき君特招せられ建築に從事すること二ヶ年なりし始め此工事に招かれし者十二名ありしが工事進捗し內造作をなすに至つて技術の巧妙ならざる者は漸次解雇となりしに君は最後一人となるまで該工事に從ひ完成するに及んで彼地を辭し去れり此一事を以てするも君の技量拔群なるを知るに足るべし君一旦ホノルヽに出で建築工事請負の爲め布哇島ヒロ市に

至り官立學校の建築を爲し又ホノムに於て曾我部傳道師の管轄に拘はる學校を建てたり君布哇島にある前後三年なりし其間官私立の工事を請負ひ落成を告げしもの多々あり後ち明治二十四年二月馬哇島ワイルク町に來り官私立の建築をなせしに内外人間の喝采を博せり於是乎衆望一身に歸しバイア電話局を建てハイクのパインアップル製造所の工事を卒へワイルク曹達水會社及製氷會社の製造新工事を請負ひ其他カフルイの村岡商店花岡ホテル船岡ハウス等重要の工事は皆悉く君に托するに至れり豈又昌ならずや殊に君が紀念工事として特筆すべきはワイルク本願寺布敎場の大建築之なり該工事費は三千弗のものにして技術を要するものなれば尋常一樣の棟梁にては竣工すること能はざるなり君此重任を擔ふて工事に著手せしに不幸にも業半にして暴風の爲め全部倒却せられ君爲に八百弗の損害を蒙りたれども君の豪膽なる毫も介意するなく遂に竣成を告げたり之れ君が布哇に於ける好個の紀念なりとす次に君が布哇に印象を遺したるはワイルク製糖所の大建築にあり而して此總費額は數十萬弗なりと元來此大工事は宏大のものなるが故に普通の技術家にては到底成し遂ぐることを得ず此工事に就て棟梁を代ゆること既に三人なりしが皆中途にして自ら辭するに至れり君失敗の後を繼いで一世一代の靈腕を揮ひ芽出度効を奏せしは一昨三十九年の事なりし之より耕主の信用其度を增し今は常在の技術家としてワイルク製糖所に勤勉就働しつゝあり

君は資性快活の男子にして而も公私の事には全力を注いで奔走せり征露の役には軍資として米貨三

十弗を獻納せしに後木杯を下賜されたりと又三十八年には赤十字社の爲に盡力し君の手によりて入社したる者十數名ありと云ふ又軍人遺族救護會の爲にも斡旋の勞を執れり又個人としては人の危急を救ひし事も屈指に遑あらざるなり君たる者自重自愛して益す公私の爲に力を惜む勿れ

本田千藏君

（在ワイルク）

君は慶應三年四月を以て郷里熊本縣上益城郡陳村に生る君幼年時代に小學及私塾等に入り九年間修學せしが當時の學制は不完全にて實用に適せざれば學び得し多くは其儘師に返却せしとは君が毎に呵々大笑して語る所なり明治二十一年九月即ち君が二十二才の時布哇渡航を志し自由移民として横濱より出帆して海上恙なくホノルヽに到着し直に上陸して岸本旅館に投ぜり其際の領事は安藤太郎氏なりと云ふ君ホノルヽに在ること數ヶ月の後二十二年二月上旬馬哇島パイアに來り三月よりマカオに至り一年間餘就働し轉じてカフルイ港に來りランデンに働くこと七ヶ月にして脚氣を患ふ之が爲に汽車磨きとしてカフルイ方面にある事三ヶ月間なりしが病勢退減せざるに依り轉地療養を試み

んと欲し二十四年ォアフ島に出でエワ耕地に至り機關師の助手となり日給一弗三十五仙の外にォーバタイムありしかば毎月受る所の金額は六十弗を超へ就働十一ヶ月間にて多額の貯金を爲し得たり夫よりホノルヽに出でアリントホテルに數年働きし際電燈會社長ハフマン氏に知られ招かれて同會社に働く事となり三年七ヶ月間終始一の如く一日も休業せず勤勉せしに其効空しからず數千弗の貯を爲せしかば一先づ歸朝し父母の墳墓を吊はんと欲し明治三十一年八月妻子を伴ひ日本丸にて歸國の途に上れり之より先き君の父は君が在布中即ち明治二十四年に死し母亦た二十九年に亡せり君横濱に到着し直に歸宅せり在國十一ヶ月にして妻子と與に明治三十三年一月下旬神戸より出帆し横濱を經て二月中旬ホノルヽに到着し消毒の爲め長くコーランテンに留め置かれ同月下旬に漸く上陸することを得たり時恰もオアフ、アイス、コンパニー新設中につき同會社に月給六十五弗を以て働き居ると十一ヶ月にて主人に暇を乞ひ或人の周旋に基きワイパフとワイアルア則ちワヒヤワー方面の隧道工事を請負ひ十ヶ月餘にて竣成を告げ千七百弗の純益を得たり之ぞ君が請負事業に指を染むるの始なりとす此工事終りてアイエア耕地に來り四ヶ月間在留せしが格別利潤もあらざれば去りて加哇島ワヒヤワーに至り堤の下掘七ケ所とコロア地方に通ずる汽車の道路を造り工事落成を告げて同島ワイメアに至り水道工事に成効し明治三十六年馬哇島ケアナエに行きしも豫期の請負業なかりし故直にカフルイに出で轉じてスペクルに至りカチケンの請負を爲すこと三ケ月にて豫想の利益なかりしかば復た去りてワイルクに來りワイカップの墜道工事二ヶ所を請負ひ大に利潤を得たり此際君の都合上妻君及びボーイ三名を故國に送還したり君之より單身以て驥足を伸さんと志し布哇島ヒロ町に渡りピハヌア、プランテーションより請黍をなせしが面白からざる事ありて僅に一ヶ月にて之を中止し夫よりヒロ及ハマクァ間の鐵道工事を請負はんとせしに未だ株主會に於て協議纏まらざりしに由り遂に再びワイルク町に歸來せり爾來同地を本城として諸般の請負を爲し今尙ほ盛に業務を繼續し居れり

君は性質淡泊にて九州男子の本領を有し果斷流るが如く毫も凝滯する所なし加之克く飮み克く談じ人をして厭かしめず氣骨稜々たる人物なり君又公私の事に能く力を竭す今現に本願寺附屬小學校の世話方として增築事業に成効せり好漢幸に健全なれ

木谷清助君

（在ワイルク）

君八才にして父を失ひ專ら悲母の手に倚りて成育せしが母亦明治三十二年他界の人と化し去れり君

の心中果して奈何ぞや吾人は君の孝心深きを知るが故に君の心情を察して轉た同情の念禁ずる能はず嗚呼世に不幸多しと雖も父母を失ひし程無上の不幸は非ざるべし

君は安政二年九月の出世にして山口縣大島郡蒲野村の人なり君幼時より毛利藩士にて有名なる大呑平之進先生の門下に遊び學ぶ所ありしが明治革命の際に方り大呑氏、國事を憂慮し高杉晋作、日下玄瑞等の志士と結托し四方を周遊するに及んで君止むなく一時廢學の不幸に陷れり而して世は明治の聖代となり四民堵に安んずるに及んで君亦父祖の業を繼ぎ農事に怠らざりしが時は明治十八年一月布哇移民募集に應じ第一回船を以て米船メリケン號に搭じ當市布哇に渡來せりホノル丶に上陸して一週間の後三十八人の同胞と馬哇島ワイルク耕地に來り就働する事となり三ヶ年の條約も無事終了し一旦ホノル丶に出で二年間白人の家內的勞働に從ひ明治二十四年再び馬哇島に渡りパイアに往きデビス商會の支店に働く事二ヶ年なりしと云ふ其後ハナに至りマカラヤ製糖所にてインジの補助となり時間の增金を合して每月の收入六十弗以上なりし君此好機を利用し一方ハナ耕地にて友人と協同して二百人の大コックを爲せしかば君の總收入月々百五十弗を超過するに至れり君此際に於て多額の貯蓄をなし二ヶ年を經てカフルイに來り菓子の製造業を開始し斯業を三年間繼續し之を他に讓りスペクル五番の商店に働けり居ると僅にして君還鄉母を省せんと欲し遂に意を決し明治三十年多くの貲財を携へて故國の山河に接する事となれり君橫濱到着後匆々鄉里に向ひ前後十三年目にて慈母の尊顏を拜するに至れり君が滿身の歡喜如何ばかりなりしぞ定めし夢裏に彷徨するの感ありしならん君在鄕二年なりしが常に母の膝下に在りて安慰怠らざりしなり左れど無常の暴風は神仙を擇ばず君の慈母病に罹り起つこと能はず君大に憂ひ神佛に祈誓を爲し名醫を招き百方治術の道を講じたりしも藥石遂に効を奏せず黃泉の人となれり君悲歎の涙を呑み懇に葬儀を執行したり爾來快々として樂まざりしを以て決然再渡航と決し明治三十二年八月故山の墳墓に背き橫濱より出帆し航海十餘日を經て難なくホノルヽに上陸せり在府數日の後直に馬哇島スペルクに來り再び五番の店に働く事となれり在職半歲にしてワイルクに至りラブジョーイ會社に入り酒類卸部の業務を擔任し三ヶ年間熱心に働けり其後故ありて同商會を辭し二年間獨立の事業に從へり而して明治三十七年ワイカップ在住の木村氏ワイルクに於て酒類の卸小賣を開始するに當り君經驗あるが故に招かれて販賣の主任となり大に敏腕を揮ひ以て今日に至れり君沈着の資を具へ人と交るに篤實なるが故自然衆人より尊重せらる而も君富裕の身に些の係累なく愉快に二光を消しつヽあり君の境涯も亦面白い哉

石丸和助君

（在ワイルク）

君は山口縣都濃郡大豆島の人なり明治六年一月六日を以て生る君青年の頃までは人生の徑路平垣にして一の崎嶇なく父母の膝下に在りて成長せしなり君二十二才の時同地方に官約移民の募集ありしかば君亦た其募に應じ徳山町無量寺に於て體格檢査を受く此時合格したる者總數四十四人なりし君は推されて一行の組長と爲り衆を率ひて岩國方面に至り新湊沖に碇泊せる三池丸に乘船し同地の移民と共に横濱に至り消毒の上横濱を出帆したるは明治二十七年六月十二日なりし而して移民の全總數は一千六百七十人にして實に官約の第二十六回船なりしと云ふ而して同月二十七日ホノルヽに到着し沖合に設置しある舊コーランテンに翌七月九日まで留め置かれ消毒解除の上布哇島カウ郡ヒーデア耕地に送らるヽ事とはなれり此時一行の同胞移民數四十七人なりしに君三年の條約將に終結を告げんとする間際に至り足部を疾む左れど該地は邊隅の事と云ひ醫師に乏しければ療養意の如くならず爲に止むなく耕主に暫時の暇を乞ひ明治三十年一月ホノルヽに出で小松屋に投じドクトル小林

參三郎氏の治療を受け居ること同年六月中なりし而して全治の上七月四日再び條約地たるカウに歸る同月十二日條約解除の身とはなれり此當時は假令病氣の爲め契約中休業するも時を順延して就働なさしむるが如き事はなかりし依りて解除匆々コナに往き白人に雇はれて珈琲の採取をなせり同年十一月より白人と向ふ一ヶ年の契約にて六エーカーに對する雜草刈除の業に從ひ若干の貯蓄を爲し得たれば方向を變じて三十二年二月下旬ホノルヽに出で何か實業を起さんと百方搜索中或る事情の爲に資金も遂に消失するに至りたれば又方針を轉じてオアフ鐵道に就働し白人の信用を得て二十三人のルナと爲り大に精勤しければ日給一弗七十五仙を受る事となれり此時の受持仕事塲はワイアルアなりし翌三十三年一月ホノルヽにペスト發生し嚴重なる交通遮斷とはなりしが君止むなき要件起りて是非出府する事となりしに監督白人の曰く公出府せば必ず消毒所に收容せられん決して行く勿れと再三留むるをも聞かず心中期する所ありて密に入府を企たりしが事露はれ捕へられてカリヒに收容の身とはなれり君千悔すれども逮ばず然れども幸か不幸か收容中通辯山田萬吉氏の盡力にてコックに從事し一日三弗づヽの高給を得たり開放後は以前の鐵道會社に入り拔擢せられて荷物列車の掛りとなり在職二ヶ月にして自ら其職を辭しホノルヽに出で暫く在留せり同年六月俠客高橋淸松氏の周旋にて今の妻君と結婚する事とはなりぬ

明治三十四年資金を携へて再びコナに往き九エーカーの地所を條約して珈琲業を爲し三年間勤勉の

結果多くの貯蓄をなし得て明治三十七年七月十八日ワイルクに來り實業に從はんと欲し種々研究中偶ま松村旅館を讓らんとの相談ありしかば遂に三十八年一月同ホテルを買取し三十九年に之を改築し同業の擴張に全力を注ぎ今日の盛況を見るに至れりと云ふ
君資性朴直克く業務に忠實なり妻君亦た健氣にも夫を扶けて勞を惜まず爲に四方の來客は常に各室に滿つ又盛なりと謂ふべし君本年三十六才なり親父は明治三十九年十一月六十七才を一期として鬼籍に入れりと而して慈母は鄕里に在りて今尙ほ健在なりと云ふ

清水彌三右衛門君

（在ワイルク）

君は山口縣大島郡小松志佐村字志佐の人なり明治元年十月十四日を以て生る吾人は君が少壯時代の經歷を知らざれども君が官約移民として當布哇に上陸せし時は年齡二十二才即ち明治二十二年十一月二十八日なりし君着布後直に馬哇島ワイカップ耕地に送られ就働する事とはなれり當時の耕主はコーノウヱル氏にして月給十五弗を給せしと云ふ君は本來沈着の資を具へ職務に忠實なるが故に就働後未だ數月を經ざるに耕主より拔擢せられて翌二十三年三月大工職場頭取を拜命するに至れり以て君が勤勉なりしを證すべし烏兎匆々流るゝが如く月日に關守なく三年の條約も無事に經過し二十

五年十一月官約は解除となれり翌十二月よりは更に大工兼鐵工職として働く事となり月給二十弗に增加せらる之ぞ君が後來鐵工事業に成効せる端緒なりしなり奉職四ヶ年にして明治二十九年六月遂に同島ワイカップに於て獨立の旗を飜へし鐵工場を開始するに至れり左れどワイカップは邊陬の所と云ひ事業の發展上不得策なるが故に翌三十年十二月意を決して馬哇島の主腦とも稱すべきワイルク町に移轉する事とはなれり移轉後日を追ふて盛大となり隨て多くの蓄財を爲すに至りしかば君心中想へらく吾國を去りて玆に殆んど十ヶ年父母尙健在なりと雖も齡既に古稀に近からんとす吾他國に於て如何に大金を得るも父母存命の中に一度歸朝し尊顏を拜し之を慰めざれば孝道に於て缺ぐる所あり若かず暫時歸省して兩親の安否を伺はんにはと於是乎俄に行李を調へ明治三十一年十一月滿九ヶ年目を以て歸國する事とはなりぬ

君一旦故山に還り老親を慰め新妻を迎へ居ること前後八ヶ月にして妻を伴ひ再渡航の途に就きしは三十二年六月なりし着布直に因緣深きワイルクに來りジョウジカルアの地を借受け再び鐵工場を開始せり然るに從來より緣故深き土地柄と云ひ旁以て機運漸次に繁盛となり以前に倍して好況を呈するに至れり其後地主ジョジカルアより無情にも頻りに土地の返戾を迫るに由り止むなく之を返還せしは三十六年八月なりし依りて同年十一月ワイルク町ヨンヨン組合の所有地を十五ヶ年間の條約にて借受け若し不用の場合は何時にても解約すべきの條件を以て協議調ひ工場を該地に移し今現に其業

を繼續し規模を大にし昌に該業を營みつゝあり爲に顧客は日に月に增加すると云ふ君の妻君は渡航後長女クマ長男好雄の二子を擧げしが三十七年一月二十五才の若き身を以て病の爲に不歸の客と化し去れり君此不幸に遭遇し止を得ず長男を此地に留め女子を老親の下に送還せしが三十八年五月媒介する人ありて馬哇屈指の有志家田中千代松氏の妹を娶り玆に淋しき家庭も枯木再び花咲いて一家團欒の樂を得つゝありと云ふ君の父兵藏氏は當年七十八才母は七十六才の高齡にて兩者共今尙ほ健全なりと云ふ

澤田雪峯君

（在ワイルク）

馬哇に一奇人あり名を澤田雪峯君と云ひ號を一味齋と稱す或時は美術家として人の需に應じ巧に人物肖像を描き或時は日の出節の元祖として日露戰爭の軍事的敎育講談を爲し奇變縱横以て世人を驚倒せり豈に一奇人と云はざるべけんや

君は明治十年五月を以て鄉里熊本縣八代郡小川町吉本に生る君の家系は三代以前より世々美術家た

り君の嚴君は元狩野派より脫化して今は水彩畫の名人として人に稱せらる君亦た父祖の業を紹んと志し初め小學卒業後八代郡鏡町名和義里先生の塾に遊び漢學を修めたり此時君の齡僅に十六歲なりと云ふ後東谷師の門に入り復た漢籍を學べり學稍や成るに及んで本來の希望たる畫學を研究せんと欲せしに恰も好し其時洋行歸りにて洋畫の泰斗たる高野香山先生ありしかば君明治廿七年其門に入りて三年間其技術を學び大に得る所ありしと云ふ聞く香山氏は米、英、獨、佛等を遍歷し到る所に大家を訪問し其技を習ひ悉く蘊奧を究めて歸朝せし人なりと君熱心に其薰陶を受く君の技量察知すべきなり業成るに及んで君の一枝の管城子を携へ全國各地を周遊し技術を磨く事茲に數年なりしが君熟々想へらく吾れ今洋畫を修得すると雖も此畫の本家本元は歐米諸洲なり左れば諺にも虎穴に入りて虎子を獲るてふ事あれば如かず吾れ歐米に遊んで親しく其技を練らんにはと是に於て明治三十五年一月中旬渡米の覺悟にてチャイナ號に便乘し横濱を出帆せり航海中布哇に再渡航する者に遇ひ種々談話の末君布哇の有望なるを察し多くの資を得而して渡米せんと志し船中卒に方向を變へ遂に同年二月布哇に上陸する事とはなりぬ

君暫くホノルヽに在留し各島の狀況を探り然る後馬哇島プチヽに至り松田敬三郎氏と共同して寫眞術を開業せしが幾干もなく之を中止してワイルクに出で美術の門戶を開けり此時恰も明治三十六年なりし四方之を傳へ聞きて其技術を乞ふ者多く隨て收益も莫大なりしと云ふ開業間もなく翌三十七

年千古未曾有なる征露の役興りしかば君大に憤慨の心を起し國恩の萬一を報ぜんと欲し馬哇各地を盤遊し同胞の士氣を鼓舞するに全力を注ぎたり然るに悲哉遊說の途中病に罹りたれば止むなく千秋の怨を呑んで中止する事となれり君病褥にありて考へらく何分布哇の同胞は學力の程度高からざれば是等の同胞に軍事的教育を施し國民の義務を知らしむるには須らく通俗的卑近の事を以てすべし左ればとて浮れ節や歌祭文の如きは野卑にして聞くに耐へず故に吾れ一流を編み出し人の耳膜を驚かさんと爾來工夫三昧に住し研究怠らざりしが近時漸く軍事講談日の出節なるものを案出し之を稠人廣座に試みしに意外にも世上の喝采を博するに至れり君謂へらく馬哇島に於て充分の研究を遂げなば各島を巡遊し而して後渡米の途に上るべしと君も亦た一種の奇人と謂ふべし

神田重英君 （在ワイルク）

不羈獨立の氣慨に富み磊落以て世表に屹立し毫も小事に屈托するなく天眞爛熳の天性を發揮し人に交るに滑脫圓滿更に圭角なき者之を重英神田君と爲す

君は明治五年二月を以て京都府下船井郡園部町に生る君の家は世々小出信濃守の藩士たり幼にして園部小學校を卒業し明治十九年即ち君の齡十五才の時京都同志社に入り刻苦勉勵の末普通科を卒へ

進んで神學部に轉じ二ヶ年間基督敎の骨髓を窺へり學成るに及んで東京及仙臺に傳道を試むること四ヶ月の後熊本市に赴き東亞學館に於て英學の敎鞭を執る事となれり此時正に明治廿五年の末なりし其間福岡鹿兒島方面を布敎の爲め巡回せりと云ふ當時九州全躰に於ける基督敎の監督者は米人シドニー、ギユリック氏なりしが氏の君を信ずる甚だ厚く爲に君を拔擢して在布の同胞に基督の福音を傳へん事を以てせり於是乎君其知遇に感じ明治二十六年十一月橫濱よりチャイナ號に便乘し無事ホノルヽに到着し直に布哇島コハラに赴任せり在勤二年の後大に鑒みる所ありて子弟に善良なる敎育を施さんと欲し學校を設立せり蓋し同地方學校の嚆矢なり矣左れど君之を以て足れりとせず一方に幼稚園を興し兒童の智德啓發に最も努力せしかば衆望一身に歸し其名內外人間に喧傳せらるゝに至れり而して該幼稚園設立に要せし費額は一千三百弗なりしが皆悉く邦人の寄附金にして白人よりは一仙も寄附を仰がざりしと云ふ以て君が如何に同胞間に信用ありしかを證すべし其後傳道上につき一篇の意見書を艸し布哇傳道會社に提出せしも用ゐられず爲に斷然冠を掛けて現職を辭し明治三十四年遊學の爲め渡米し加州大學に入り勤學七ケ月にして學資に缺乏を感じ一時廢學の止むなきに至れり會々知人牀師オデル氏君に勸むるにニユヨーク生命保險會社の募集員たらん事を以てせり茲に於て同氏の斡旋に依り同會社員となり布哇に被保人を募集せんが爲め一旦歸布し大に敏腕を揮ひしに成績優等にして多くの被保人を得たり後明治三十八年故ありてパシフィック保險會社に轉じ今

尚ほ斯業を繼續し着々好果を收め本社の信用一方ならずと云ふ

君は終始正義に據りて活動するの人なり是故に理性的膽力に富み危に望んで毫も逡巡せず嘗てコハラに在任中無頼漢を驅りて地方を廓淸せんと欲し其運動に着手せしに早くも彼等の耳に入りしかばヒロ方面より多くの博徒聚合し人を以て君を招く知人等大に之を危ぶみ君の此行を止めたりしも君肯ぜず自ら進んで單身虎穴に入り其理由を說明し威風堂々彼等が心膽をして寒からしむ之が爲め身を全ふして還る事を得たり爾來君を憚りて無頼漢の同地方に入る者なきに至れり當時同地に江木新太郎なる者あり自ら奇才を以て居り傲慢衆を凌ぎ商業に從事し閑あれば博戲を爲す君彼を直諫し抗辯屈せず爲に彼れ心服し行を悛め竟に畏友として尊敬を拂ふ事とはなれり是等一二の例に徵するも君の氣慨出格なるを知るに足るべし

君從來ヒロ又はコハラ地方に在留せしが明治三十九年より現今の所に寓居し同胞の爲め竭す所尠からず旣に昨四十年五月には君等主唱者となりて馬哇報知新聞なるものを興し以て邦人の木鐸となり保護者となり同胞の發展に資する所甚大なりと云ふ君も亦た一個の偉丈夫なる哉

* * * * * *

荒井賢祐師

（在ワイルク）

師字は子愚文石と號す伊勢の人明治六年七月五日を以て生る業を淡窓門人大賀旭川翁に受け博く經文に通ず同二十三年十八才にして西都に遊學し本願寺文學寮を經て大學庠を卒業せり其大學庠に在るの時恰も日清の事あるに際し謂らく好機逸す可らずと乃ち去りて征清軍に從ひ大に爲す所あらんと直に意を決して退學せんとしたりしが遂に嚴父の知る所となりて之を中止せり然れども師が勇健なる渡清の志は勃々として抑ゆると能はず大學庠を出でゝより獨立布教に從事し海內各地を歷遊し時機の到るを待ちつゝありしが恰も好し本願寺は清國の開敎に着手するに當り先づ師を清國開敎師に採用せり師此に始めて其素志を達し三衣一鉢遠く清國に渡り居を浙江の首府抗州城に占め布敎の傍ら學堂を設立し一意專心子弟の薰陶に從事せり即ち本紙に掲ぐる肖像は師が在清中清人に扮して天台山探險の途上紹興府に於て撮影せしものに拘はる後明治三十三年北清拳匪の事あるに會し一時學堂を閉鎖するの止を得ざるに至り難を避けて上海に在りしが忽ち本願寺よりの急電に接し同年八

月歸朝し爾後深く感ずる所ありて西都を辭せんとせしが本山は師をして故山に歸臥せしめず同年九月任ずるに布哇開敎師を以てせり於是平山命辭し難く再び身を起して同年十月に渡來し錫を加哇島リフエに留め熱心布敎に從ひし結果信徒の賛同を得て三十四年三月僧房と厨房とを建築し同十一月布敎場新築の工事に着手し忽ちにして落成を告げたり而して同三十六年四月敎用にて一旦歸朝し要務を辨じ同年八月再來し布哇島ヒロ市に駐在し布敎場に當つる敷地の買入に盡力し爾來ホノルヽ本部に在りては庶務を整理し同三十七年馬哇島ラハイナに留錫しては布敎場及庫裏を新築し翌三十八年布哇島カウに在勤しては布敎場の負債を處理し同三十九年七月ワイルク駐在の船倉鐵山氏歸朝につき同地に轉錫して其後を襲ひ敎學二途の振興を圖り四十年十月附屬小學校の增築を爲し自己の天職に向つて太だ努めたり是故に到る處世人の信用を博し信徒の渴仰甚大なりと云ふ

師詩を善くし文を屬す左に師の名什二三を掲げ以て同好の士に示さむ

將赴清國有作

奮然決志堅於鐵、四海弟兄何惜別、澍得金仙法雨來、欲消濤嶺千重雪、

將赴布哇有作

太平洋舟中　二首

昨自呉江歸日邊、病軀欲伴白雲眠、目下津梁事方急、復張鵬翼向遙天、

突兀奇雪起、船頭已落暉、檀山在何處、孤鳥蹴波飛、
故郷蹤已隔、身立怒濤間、一片清空月、何時照我還、

病餘偶成

晩來出門去、扶杖過橋西、行到水窮處、雲深路欲迷、

元旦

賀賓晨未到、幽趣適吾情、春淺鶯無語、風和鶴有聲、不知三寳重、安覺一身輕、聊賦新詩去、
祝春傾酒觥、

横川金次郎君 (在ワイルク)

豪邁宕落にして氣力衆に超へ曾て人に媚びず諂はず而も自己の所信に向つては毫も他に耳を傾るなく奮擊突進宛も千里獨歩の慨ある者之を横川金次郎君と爲す是れ君が長所にして又短所なり何となれば此氣慨あるが爲に往々世人の誤解を招き或者は君を目して傲慢不遜と稱し或者は危嶮の人物と言へばなり然れども斯は君の眞價を知らざる齊東野人の言なれば取るに足らざるなり

君は福島縣の人明治元年を以て生る君の家は世々酒造を業とし地方屈指の名望家たり嚴父を大三氏

と云ひ君は實に其第三子なり幼にして豁達英敏早くも規定の小學を卒へ村夫子に就て漢籍を脩め造詣する所尠からず長ずるに及んで軍人となり國家の干城たらむと期し竟に明治二十年陸軍教導團に入り同二十二年優等を以て卒業し下士官となり第一師團歩兵第三聯隊に從屬せしが君素と豪放不羈の故を以て上官と每に衝突し服從する事能はず玆を以て二十六年懲罰令により免官せられ同年豫備役となれり君却て密に之を悅び今は獨立自由の身となり夫より滯京して大日本躰育會に敎鞭を執り府立城北中學、明治義會中學等に兵式躰操を敎授せり二十九年より三十一年まで商工中學生徒監督となり兵式躰操を敎授す當時學生の風紀紊亂したるを慨し鄕里の諸先輩と相議り東京に寄宿舍を設け君其主幹たる事二ヶ年間左れど費用充實せざるを憂ひ其資を得んが爲め商界に進擊を試みたるも無經驗の事とて遂に失敗に歸せり君が布哇に渡航するに至りたるも之が爲なりと傳ふ是より先き廿八年小松氏を娶り一男一女を擧ぐ君が從來秩序ある行動を爲したるは一に其配故八重子の內助に由る然るに不幸にも三十三年肺患に罹りて歿す君が素行舊に異るに至りしも又是が爲なりと云ふ君一旦渡布するやホノルヽ地方に在ること前後三年勞働者の爲に組合團體の必要を說き契約解除を施し以て大に勞働者の爲に氣焰を吐かんとしたれども時期尚ほ早く爲に其成果を得ずして止みぬ後馬哇島に渡りプヽヽに於て請負業に從ひ轉じてワイヘーに移り請負をなし明治三十八年現今のワイルク町に出て佐藤氏と協同藥舖を開始し越へて三十九年より馬哇新聞なるものを創刊し自ら筆を執り同胞の爲め萬丈の氣焔を吐出し以て今日に至れり君の一身上に就ては世評區々にして或は褒し或は貶し更に捕捉する所なしと雖も兎に角群議を排して一方に將旗を飜し五寸の筆劍を揮ひ縱橫無盡に自己の所信を決行するは遉が元と軍人たりし價値ありと謂ふべし

森本辰熊君

（在ワイカップ）

君は熊本縣上益城郡飯野村の人明治元年三月を以て生る君の家は世々農を業とせり君幼時は寺子屋に入り舊式の教育を受け稍や長ずるに至りて明治の學校に入れり左れど明治維新の事とて學校の制度今日の如く完備せず隨て教育の方針も各國各地に於て其趣を異にせり君は教師北川某氏に就て學ぶ所ありしが明治十年西南の役起るに及んで北川氏西郷の軍に投ぜしかば學校も一時中絶する事となれり是に於て君も止むなく廢學し父母を扶けて農業に從事し十七才にして妻を迎へ二十一才の時親父病の爲に空しく黃泉の客となりしかば君大奮志を起し海外に航せんと欲し明治廿四年五月官約移民の募に應じ三池丸に乘り一千五百人の同胞と共に布哇に渡來する事とはなれり此行實に官約の

第十八回船なりと云ふホノルヽに到着して五日間コーランテンに留置せられ解除の上布哇島ぺぺケオ耕地に送られ就働する事となり三年の條約中酒類密賣の嫌疑を受け他の嫌疑者と共に一時身を隱せしが疑解けて法律上不問となりしかば再び該耕地に歸り專心業務に就き解約後即ち明治二十七年布哇島を去りて馬哇島ワイルクに來れり居ること二年間中ポイの製造に從事したり此際母の訃音に接したれども萬里孤客の身奈何ともする事能はざりしは君が爲め轉た同情の念に耐へざるなり
君明治廿九年キヘイ新耕地開けると聞き機失ふべらずとしてワイルクを去り衆に先んじて該耕地に至りコック業を開始せしに豫期に違はず多くの利潤を得たり此開墾將に終らんとするに當り隣耕地スペルクスにデッチの大工事始まりしかば君機敏に運動して復たコック業を爲し盛に利殖の道を講ぜり時正に明治三十三年なりし該デッチ終を告げしかば君スペクルスの六番に來り兼て練磨せしコック業に從ひ勤勉怠らざりし結果數千弗の大利益を占め得たり居ること明治三十八年一月頃までなりし而して同年四月便宜上により同耕地の東五番に移りしが此地は君が豫想に反し多くは貸金となりて集金甚だ困難なりしかば遂に千弗近くの損耗を招きたり時に明治三十九年ワイカップに多くの貯水池及開墾事業始まり隨て新キャンプも開設せらるに就き斷然方向を轉じ五番を辭し去りワイカップに移りしに數多の同胞は續々入込み甚だ盛況となるに至れり爲に君のコック業も日を經るに從ひて益々隆昌となり現下は殆んど全盛の極に達せり君謂へらく此分なれば四十五年の博覽會

までには錦衣還鄕する事を得べしと以て君が今日の得意想ふべきなり
君は着實懇篤の資を具へ交際圓滿にして毫も邊幅を飾らず之が爲に到る所人望を博せり君の如き好人物は布哇稀に見る所なり左れば君が今日まで人の爲に損害を受けしは二千弗以上なりと云ふ夫れ斯の如くなるも君の宏量なる敢て意に介するなく常に快然として人に接し愉快に日を送れり君に一男一女ありて家庭圓滑に而も高潔の意志を蓄へ以て風波烈しき浮世に掉して進行を試みつゝあるは吾人の大に感ずる所なり
吹けば行く吹かねば行かぬ浮雲の風に任する身こそ安けれ

木村三右衛門君

（在ワイカップ）

馬哇商界の大立物として內外人間に名聲嘖々而も商家の秘訣を了得し能く商機を察し神出鬼沒の手腕を揮ひ或は雜貨店に或は酒舖又は請黍業に苟も利のある所必ず其機會を捕へて一も逃す所なく巧に運用の妙を得て効果を收めつゝある者之を誰とか爲す即ち本篇の主人公三右衛門木村君なりとす君は山口縣大島郡久賀村の人明治三年十月の出生なり父は過る明治三十六年に病歿し母は尙ほ健在なりと君幼にして小學を卒へ長じて農商二業に從事し父母の爲に竭す所ありたり當時久賀村方面よ

り布哇に渡航して送金する者頗る多かりし是に於て君布哇の有望なるを察し明治二十三年九月上旬官約の九回船として渡來し條約地たる布哇パパエコウに至り三年の契約を無事終了し同二十六年同耕地を辭して馬哇島ハナ耕地に渡りカンプル商店に二年間勤續し以て商業に多くの經驗を積みたるが故に獨立商業を起さんと志し同店を去りてワイルク町に來り他の同胞二名と協同して一の雜貨店を開けり偶々ラハイナとワイルク間の新道開鑿せらるゝに會し同胞人夫百五十名の爲に食料一切の供給を爲し二年間にして數千弗の利潤を得たり之ぞ後來君が大發展の基礎とはなりぬ爾後獨立してワイカプに店舗を設け耕主シーピーウイルス氏の非常なる信用を得て益々營業を擴張せり時に明治三十三年カフルイ港にペスト事件起りしにつき消毒所に收容せられし同胞に食料品を販賣し忽にして復數千金を得たり君は眞に商界の幸運兒と云ふべきなり越へて翌三十四年實兄金八郎氏米國より來りて業務を佐くるあり旁々渠成り水到る喩への如く商況は順境となり殊に耕主の信用は敦く爲にワイカプは勿論新キャンプに支店を新築し一方には其筋のライセンスを得て酒舖を開き一方には又請黍業に從ひ三十九年に植附しもの百六十五エーカーは今年之を切り而して四十年度に植附しは五百五十エーカーの多きに及べり之に要する毎月の支出は八百弗以上に上ると云ふ以て其大仕掛けなるを知るべし夫れ斯の如く八方に手を伸し大發展を試むる者恐くは他に比類なかるべし此植附の甘蔗を悉く切り去らば數萬の純益は立所に君の懷に入るなり豈又昌ならずや

君は啻に利殖の道に巧妙なるのみならず公共的事業にも亦熱心なり過る明治三十五年ワイルク町本願寺布敎場新築せらるゝに方りては進んで數百弗の寄附を爲し而も第一の世話人たり又附屬小學校建築にも第一の寄附者のみならず現に學務委員長兼會計なり又征露の役には軍資として米貨五十弗を獻納し以て奉公の實を擧げたり其他赤十字社に加入し愛國婦人會にも入會せり世の多くは富んで驕り公共慈善心に乏しきものなるに君は富貴と名望の高まるに連れ益々社會公共の爲に全力を傾注するは吾人が世人と共に感ずる所なり君が家門の隆昌決して怪むに足らざるなり君に目下一男二女ありて家庭甚だ圓滿なり

沖田岩松君

（在ワイカツプ）

君は廣島縣佐伯郡觀音村大字千同の人萬延元年を以て生る君幼にして舊時の寺小屋に學び日用不自由なき迄の學力を得たり稍や長ずるに及び故ありて他家を嗣ぎ農業に從事せしが君常に四方の志ありて勇心勃々一地方に蟄居するを好まず是を以て明治十年七月西郷南洲翁が兵を九州に擧る時に當

りて九州に下り何角一事業を起さんと企てしが世上騒然として起業の時機にあらざりしかば止むなく一時鑛山の工夫と爲り就働する事となりしも之れ君が本來の希望に非ざれば去りて大阪に上りドクトル高田氏方に奇寓し遂に材木商某方に奉公の身とはなれり君阪地に在りて親しく商業の懸引人情の厚薄程度を視察し以て大に悟る所あり君が後來布哇に於て人後に落ちず活動するに至りしは全く阪地に於て辛酸を嘗めたる結果に依らずんばあらず君在阪數年の後一旦郷里に歸り海外に遊ばんとするの志を起し明治十九年十二月官約移民の募集に應じ故山を發程し翌二十年一月中旬當布哇に渡航せり之れ實に官約の三回船なりしと云ふ

君到着後條約地たる布哇島ワイアケア耕地に至り同年十月廿一日より働く事となり初め一ヶ年間はオールメンと同一の勞役を爲せしが君の機敏なる萬事に拔目なきに由り耕主の信用を得條約中後に二年間は馬使ひとなり普通以上の高給を得るに至れり三ヶ年の條約も恙なく經過したれば君耕主に紹介し許諾を得て請黍業に從事し二作にて意外の純益を收めたり是に於て君一先歸朝せんと欲しホノルヽに出府せし所何ぞ圖らん一足違にて乘船する事を得ず此時は今と異り船舶の出入頻繁ならざりしを以て止むなく歸朝を延期する事となれり君既に在留と決すれば他に適當の業を求めざるべからず恰も好しピーコック商會に於て酒類販賣の島地係入用との事につき君江木喜樂氏の紹介によりて同商會のエーゼントとして各島を巡回する身とはなれり在職一ヶ年半にて其職を辭しホノルヽに在

住して四五年間種々なる業を營みたりしが明治三十二年馬哇島に渡り製糖所のルナとして二三年間勤續し後專ら請負業に從ひ一方には大コックを爲し昌に利殖の道を講じ以て今日に至りしなり
君語りて曰く總て事業を爲すには人の知らざる苦心ありて成効する迄の徑路は中々容易の事にあらず効果を收め得たる曉は人以て容易の觀をなせども斯は裏面の艱難を知悉せざる者の見のみ又ルナと爲りて多數の同胞を使役するに當り嚴なればオールメンが耕主の肩を持つ者とし寬なればモロアメン多くして事業は進捗せず實にルナ程苦境に立つ者はあらじ又多くの馬を使ふにも同情の念を以てせざるべからず彼も感情の動物なれば言はずとて殘酷に取扱ふは情に於て忍びざるなりとは君が吾人に告げし所なり君既に此大心を持す君の今日ある理數の當然なりと謂ふべし目下君の蓄へる馬匹は殆んど三十頭ありと云ふ
君は言語明晰に勇往邁進の快男子なり君の母は明治十九年に死し父は本年八十一才の高齡にて今鄉里に在りて健在なり君妻君あれども未だ一子を擧げざるは玉に瑕と云ふべきなり

* * * * * *

園田種藏君

（在ワイカップ）

君は慶應元年十一月の出生にして廣島縣安佐郡安村字大町の人なり君壯年の頃農商二業に從事し親しく世上の窮通を知り獨立以て世に處せざるべからざる事を悟了せり君廿五才の時即ち明治廿二年十一月一日布哇に航し終生の目的を遂げんと欲し官約移民の募に應じ山城丸に乘り廣島縣字品港より解纜し同月十六日ホノルヽに到着し直に條約地たる布哇島ハカラウ耕地に送られたり君就働間もなく同地に於て同胞の大ストライキ起れり其基因は同耕地の勞働時間が他耕地に比して餘り長さに過るを以て時間を他耕地同樣に短縮せよと云ふに在り之が爲め耕主と同胞間に大衝突を生じ連日結んで解けず隨て就業する者一人もあらざりしかば此事早くも領事館に聞へ鳥居領事の出張と爲り續て桂氏來り木村齋次氏來耕と云ふ有樣にて其騷擾一方ならざりしが終に同胞の意見を容れ其局を結べり當時君亦た耕主反對の一人にて殊に首領株と目されしが故に君心に期する所ありて就働一ヶ年の後同地を去り馬哇島ハマクアポコに來り條約に對する殘りの二年を働く事となりしが三ヶ月を經

て君自ら四十八弗の違約金を支出し解除の上二十四年三月十三日ライルク町に出で同年十月十日まで同地に在留し適當の業を求めんと欲し種々研究したれども遂に發見すると能はず依りて斷然方針を變じマクラに上り自ら鋤鍬を執りて農業を爲せしが君の計畫圖に當り大に利益を得たり是に於て一先歸朝し親しく兩親の安否を伺はんと决心し明治三十三年五月二十六日今の妻君と同道にてアメリカ丸に便乘し歸國の途に上れり之れ實に君が故國を去りしより十三年目たりしなり

君の横濱に到着せしは同年六月六日なりしが君歸鄉前に廣く名所舊蹟を探らんと志し妻君と與に横濱を出發し先づ東京に出て案內者を得て諸方を觀光し轉じて宇都宮日光を見、線路を變へて信濃に往き善光寺に詣でゝ一體三尊の如來を拜し藤屋ホテルに一泊して再び京地に歸り東海道線に打乘り途中分岐して伊勢の大廟に參じ「何事のおはしますかは知らねども忝けなさに淚こぼるゝ」てふ西行法師の名歌を感得し神威の廣大なるに感動せりと云ふ夫より京都に出で東西本願寺に參詣し同月廿日無事兩親の膝下に安着せり暫く在宅の後九州を見物せんと欲し山陽鐵道にて馬關に下り門司に渡り汽車にて小倉町に出で大藏の製鐵所を詠め一直線に博多の舊蹟を探り天滿宮に參拜し神鳩の群れる箱崎神社に詣し其他熊本の淸正公、長崎、佐世保等殘る隈なく觀光を終りて歸鄉せり大金を懷にして漫遊定めし愉快なりしなるべし君マクラに實地あるが爲め其事業を繼續せんと欲し二十四年一月一日横濱より再渡航の途に就き一月十日ホノルヽに到着し在留數日船中の勞を慰し直にマクラに至れり居ること數年の後明治三十九年よりワイカツプに來り大コツク業の傍ら請負事業を營み多額の貯蓄を爲し益々幸運に向ひつゝあるは君が今日の狀況なり君も亦た同胞中の好運兒なる哉

平位利之君

（在ワイヘー）

輕躁浮薄の徒は一時の風雲に乘じて奇利を博すると雖も元是れ根據なき空中の樓閣に齊しければ決して永續のものに非ず之に反して溫厚篤實の士なりせば牛歩に似て遲々進まざるが如くなれども根據既に鞏固なるが故に最後の勝利者たる事は毫も疑を容れず吾人は平位君に於て之を看る

君は福岡縣朝倉郡三根村の人明治元年二月を以て生る幼にして普通學を修め克く父母の命を奉じ曾て違背したる事なく朋友と交るに信義を以てす是を以て知友常に欣慕して君と談笑するを無上の樂とせり稍や長ずるに及んで出でゝ福岡縣の收稅吏を拜命し勤續數年の後第一議會開會に際し大に感ずる所ありて現職を辭し自由黨に入り一身を顧みず民權擴張の爲め運動せり爾來政治上に全力を盡したりしが一朝悟了する所ありて明治二十六年七月官約移民の募に應じ當布哇に渡來せり君一たび來布するや直に加哇島コロア耕地に至れり蓋し同耕地は從來待遇上同島第一の惡耕地と稱せらる爲に君就働後半歲餘にして同胞のストライキ起れり玆に於て君推されて二百餘名の總代となり耕主と

大に蘇張の辯を戰はす遂に耕主をして我の請求を容れしめたるが爲め耕地全躰に於ける弊風を一洗したり同胞之を德とし其勞に酬ひんとして一人一弗宛を醵出し合計二百餘弗を君に贈呈したりと云ふ又以て君の人物如何を知るべし是よりして耕主君を喜ばず君も亦同耕地を去らんとするの志あり然れども官約移民の事なれば漫りに去るを得ず是に至りて移民局傭の乙骨兼三及同耕地監督官たる君島桂三の兩氏其情を察し斡旋の勞を執り竟に條約を解除したり茲に始て鳥の籠を脫せしが如く自由の身とはなれり君匆々行李を收め先づホノルヽに出で居る事前後一年にして去りて馬哇島ハナに往き製糖塲又は某商店に働きつヽありしが二十九年の四月ワイルクに出で開墾の請負を爲し耕主の信用を博し隨て多額の利益ありしかば之を資本となし卅一年六月ワイヘーに轉じ雜貨商店を開き傍ら人を雇ひ八十餘名のコック及洗濯えなし日に月に多くの財を蓄ふるに至り今尙ほ斯業を繼續し益々奮つて利殖の道を講じつヽあり

先年中央日本人會設立されし際は君選ばれてワイヘー、ワイルク、ワイカプ三耕地の代議たり後明治三十八年ワイルク耕地大ストライキの際も君進んで兩者を調停し以て功を奏したり而して同四十年四月には馬哇商人同志會を組織せしが君は實に其骨子たり同年五月には馬哇報知新聞を起し以て公共の爲に盡瘁せり君は眞個得易からざる人物と謂ふべし君の父母は健全にて兄弟五人あり君は其次男なりと君に男兒二人あり何れも健康無病に發達しつヽありと云ふ

榎並正吉君

（在カフルイ）

君は鹿兒島縣薩摩郡高江村の人なり明治六年十一月を以て生る君の家は世々島津公の藩士にして御船手方を勤め帶刀の家柄なり君七才にて小學校に入り橋口吉次郎氏の薫陶を受け卒業の後熊本縣人にて前判事たりし大塚又次郎氏の私塾に遊び專ら漢籍を修め殆ど中學程度の學力を得たり君長ずるに及んで志を海事に傾け且誓て曰く吾れ既に生を此神國に受く須らく身を以て君國の爲に殉すべし左れど國に盡すには吾身を縛するものありては意の如くならず是故に吾は終生無妻主義を實行すべしと遉が薩摩隼人の意氣として決心鐵の如く大に雄飛せんとするの志望を起せり是に於て先づ商船學校機關講習部に入り研鑽怠らざりし學稍や成るに至り實地研究の爲め始て郵船會社に入り機關部見習生として陸奥丸及加賀丸等に乘込む事とはなれり此時君の年齡僅に十八才にて即ち明治二十四年の頃なりしと云ふ其後故ありて加賀國山七の所有汽船愛國丸に乘り西は九州北は北海道を始め朝鮮及清國沿岸を廻り大に海國男子の氣慨を養へり而して明治二十七年五月該愛國丸は移民六百人を

積み布哇に渡航せり蓋し日本船にて日布間に臨時汽船を航海せしめしは之を以て嚆矢と爲す君亦た機關部員として日布間を住復せり同年七月再び愛國丸渡布につぎ君は船客として千二百人の移民と共に當布哇に來れり上陸後ホノルヽに在留すること三週間餘にして馬哇島に往き前後三年間就働せり其後二十九年春スペクルに來り製糖所に働き轉じてワイルクに出で獨立の旗を飜さんと欲し種々なる事業を試みたれども總て意の如くならざりしかば居ること一ヶ年半にて同地を去りラハイナに行き白人醫某の所にコック兼通辯として暫く勤勉せしが時恰もハナ耕地にて新道路開けると聞き再び該地に至り大請負人マケー氏の家に在りて助手として就働すること二ヶ年なりし此工事終ると同時にマケー氏に隨行してナヒクに至り通辯旁働けりナヒクの事業終りを告げしかばマケー氏に別れオアフ島に渡りエワ耕地にて就働し轉じてアイエアに移り製糖所の機關部に入り三年間勉勵せり後ホノルヽに出で又去りて馬哇島カフルイに至り一時ミシン場に働き最後に引船たる小蒸汽船の機關方として乘船し今現に多額の給料を得て活動しつゝあり

君の父正八郎氏は今尙健在なり母は明治二十四年即ち君が十八才の時病歿せりと而して君に兄弟四人ありしが令兄は既に死し令弟山本白吉氏は豫備軍醫として目下京師に於て醫術を開業せり次は榎並淳氏にて機關士なり以上兩者は征露の役從軍し君國の爲に天職を盡したりと云ふ末弟正志氏は東京芝區にて書林業を營みありと君の家世々御船手方なるが故に子弟亦た海上の生活を爲す人生の遺

傳力奇と謂ふべし

香川米吉君　（在カフルイ）

君は廣島縣廣島市皆實村の人なり明治七年三月を以て生る君五才の時即ち明治十一年に其父を亡ふ是故に君の成長は全く慈母の手一つに依りし者なり母の鞠育豈に尋常一樣よらんや朝には綠の髮を撫で夕には沐浴の勞を執り、暑に惱み寒に泣き普通以上の慈愛を以て育て擧げしなり斯る慈悲深き母の熱誠は幼年ながら君の腦裏に印して常に忘るゝ事能はざりし所なり君小學を卒業し少年の身を以て何とかして母の爲に一臂を添へんと志し種々なる實業に從事せしが事は志と乖き風波烈しき社會は此無經驗の少年をして其志望を達せしめず是を以て君斷然意を決し方針を變じ母の許諾を得て布哇に渡航する事とはなりぬ君自由渡航の旅劵を得て明治二十六年十月臨時汽船愛國丸に便乘し萬里遠征の途に上れり此時君の年齡僅に二十才なりしと云ふ君一旦ホノルヽに上陸し同郷の知人を訪ひ市街の觀光を終り自己の勤むべき職業を捜索せしが未だ適當の業あらず君が本來の希望は白人の商店に就働するに在り時に或人の勸誘に由り馬哇島ラハイナに來り白人の某ホテルに働くことゝなり居ること數年にして英語を解し財を蓄へ益々信用を得るに至れり同ホテルに長く勤續するに隨ひ白人間に多くの知人を有するに依り某白人の周旋にて白人の酒店に就働する事となり終始一の如く多年勤勉の結果多額の財を得たり君渡航以來在布殆んど十一ヶ年に及べり之より先き君ホノルヽ島本商店の女を娶り既に二子を擧ぐ是に於て一度故山に還り母を省みばやと決心し主人に暫時の暇を乞ひ住み訓れし第二の故鄕たる布哇を出發する事とはなれり

明治三十七年一月三十日妻子を伴ひホノルヽを出帆し二月十日横濱に到着し久々にて故國の土を蹈み兩三日横濱に滯在し歸省の準備を爲し而してまづ東京を見物し日光の名勝を探り東海道の鐵道を經て京都に立寄り大谷の本山に參詣し夫れより名所舊跡を歷尋し數日の後一直線に鄕里廣島に歸れり母と十一年目の對面撫かし無上の愉快なりしならむ君在國一ヶ年にして豫期の如く再渡航せんと欲し同年末に旅劵を得て翌三十八年二月廿八日單身チャイナ號便にて横濱を出帆し三月十一日ホノルヽに上陸せり當時眼撿嚴重なりしかば君はトラホームに非れども布哇の事情に精通せるの故を以て不測の難に遭はん事を慮り上等船客として難なくホノルヽに上陸するを得たり其際の船賃は邦貨三百六圓なりしと云ふ以て君が多くの貯蓄を爲せし一班を知るべし君上陸匆々ラハイナに往き元の主人たる白人某を訪ひたりしに君が歸國不在中雇員として日本人某就働しありしかば同一の日本人

にして他人に職を失はしむるは心に屑しとせざれば白人の留むるにも拘らず斷念して方向を變へ轉々して現住のカフルイ港に來り三十九年三月十七日より旅館を開業する事とはなれり其後鄕里に遺せる妻君を呼寄せ一子を擧げたりホテルの業盛大なるに連れ前住所狹隘を告げたれば昨年七月より現住の新築工事を起し九月之を竣成し大に斯業の發展に熱中せり君本年三十五才の血氣昌りなれば將來の成効期して待つべきなり

村岡兼槌君

（在カフルイ）

體軀大ならずと雖も克く時機を察して商界に巧妙なる者之を村岡兼槌君と爲す君は明治八年七月を以て鄕里山口縣大島郡蒲野村に生る君小學を卒へ長ずるに及んで商業に志し吳服の行商を以て各地を周遊せしが感ずる所ありて明治二十八年即ち君が二十一才の時渡米せんと欲し米船リョージャ子ル號にて橫濱を出帆し廿五名の同胞と直航して桑港に到着せしは同年の七月四日なりき君上陸後サンマタョーの中學に働き傍ら他の學校に通學せし事前後殆んど三年なり語學稍や成るに及んで一事業を起さんと試しが鄕里より雁信に接し止むなく一先歸朝する事に決し明治卅二年三月ペキン號にて桑港を發し途上ホノルヽに立寄り同月七日橫濱に着し直に故山に還れり居ると七ヶ月にして同年

十一月艸戸より依姫丸にて同郷人村上民之助君と與に布哇に來れり上陸間もなくペスト騒動の爲め三十三年一月消毒所に收容せらる禁解けて同年十一月まで村上商店に働けり同十一月ホノルヽを去りて馬哇島プチヽの一番に來りしに翌三十四年三月某白人に招かれ布哇島オーラア九哩の白人商店に働けり就業僅にて轉じてヒロ町濱田商店に特招せられ六ヶ月間活動せしが時恰も馬哇島カフルイ港に於ける石兼商店の轉賣せらるヽと聞き好機逸すべからずとして之を讓受け以て現今に繼續し盛に業務を擴張する事とはなれり

目下店員六名にて各耕地を往來し業務日を追ふて盛況を呈せり加之君の機敏なる靴職工三名を雇入れ專ら耕地勞働向きの靴を製出しつヽあり隨て此利益も亦大なりと云ふ君の父は過る廿九年即ち君が在米中病歿し母は今尚ほ健在なりと而して君本年三十四才の壯齡なれば將來風雲を叱咤し蛟龍を捕捉する底の好機は益々多々あるべし君夫れ勇往邁進を怠る勿れ

* * * * * *

大西善六君

（在カフルイ）

寡言沈着にして克く事理を辨じ而も交際圓滿曾て人と爭はず隨て何れの方面にも敵を作りたる事なく馬哇商界の重鎭として名聲本島に遍く現下盛に業を營み恰も順風に帆を揚るが如く日に月に隆昌の域に赴きつゝある者之を大西善六君と爲す

君は廣島縣安佐郡龜山村の人なり慶應二年を以て生る君は幼年時代より父母に孝養厚きを以て郷黨に稱せらる君二十一才の時卽ち明治十九年十一月官約移民の募集に應じ今の令閨を伴ひ和歌の浦丸に搭じ宇品港を解纜し同年十二月當布哇に到着せり此行實に四回船なりしと云ふ君上陸匆々馬哇島オロワル耕地に送られ就働する事とはなれり三ヶ年の條約も夢の間に過ぎ去りて契約解除となり玆に始て鳥の籠中を脫せしが如く自由の身とはなれり是に於て君熟々考ふらく元來主人持の勞働なる者は給料に限あるが故に幾年を經過するも多額の資財を蓄ふる事能はず依りて吾之より獨立の事業を起し以て機運をトせんと遂に精神一決し勞働の方針を變じマクラに行きて獨力農業を爲すに至れ

り君自らも耒耜を執り四五名の雇人を指麾し刻苦精勵すること前後七ヶ年に及べり爲に多くの蓄財を爲し得たれば一先故國の兩親を省せんと志し時は明治三十一年四月十二ヶ年目に錦衣還鄕する事とはなれり親子の情として久々の對顏先だつものは涙なりけりの俚諺の如く滿身歡喜の涙を以て充たされしなるべし君歸省後父母の膝下に在ること二十ヶ月なりしが世には喜あれば悲みあり生あれば死あり奪命の羅刹無常の暴風は一步も假借する事なく老若男女を驅りて黃泉に導くなり君の親父も此難に罹り君が在鄕中遂に病歿せり回想すれば君の歸國は宛ら父の菩提を吊ふが爲なるに似たり君が再會の悅びは今は却て悲みの種とはなれり何ぞ其悲慘なる君の心情察すべきなり君懇に父の靈を祀り母に別れを告げ令閨を携へ三十二年十二月三十一日臨時汽船土陽丸にて橫濱を出帆し翌三十三年一月十六日到着せり然るに何ぞ圖らんホノルヽに到着し見ればペスト騷動の爲に今や全市は火災の眞最中なりし之が爲に船の寄港は勿論一千の移民も上陸するを得ず之に依りて關係監督者等大に運動の結果キナウ號を借入君等を初め自由移民六百名を移乘せしめ各島へ配附の筈なりしが移民の多くは馬哇島に上陸せしと云ふ君は福田某と共に百七十人を引率しナヒクに向へり時恰もカフルイ港にペスト發生せし故を以て各地の交通遮斷となれり之が爲に君歸る事能はず空しくナヒクに二ヶ月を費せり禁解けて後カフルイに來り一二ヶ月間各地に於ける實業上の情況を視察し遂に明治三十三年五月ワイルクに商店を開始せり之ぞ君が商戰場裡に出馬したる初陣にして後來馬哇商界の牛

耳を執れる端緒なりしなり商業懸引上看る所ありてカフルイの中心點に新に家屋を建て同年十一月ワイルクより移轉し大に斯業の擴張を計り漸次盛大となるに隨ひ復た三十七年十一月ワイルクに支店を開くに至れり現今は本支店共に益々隆昌を極め馬哇全島に於て一二の雄を爭ふの盛況とはなれり

君本來溫厚の人なるが故に商況盛大となるも毫も人に驕るの風なく謙遜にして只だ勤勉を事とし精品を擇んで顧客に報ひ多くの店員を使役し活脫圓滿に業を營めり聞く君等發起となりて昨年四月には馬哇同業者間に聯絡を通じ圓滑を圖らん爲に商人同志會を組織せり又同年五月には馬哇報知新聞を起し同胞の發展に貧せり君は實に其會計たり以て君の信用如何を知るべきなり君の母公は過る明治三十七年十月に死亡せりと今は令閨及び二女一男ありて家庭恰も春風の吹くが如く靄々の中に二光を消しつゝありと云ふ

* * * * * *

藤中勝太郎君

（在プ子ヽ一番）

夫婦相共に眞宗二諦の敎義を信じ勤務多忙の身を以て而も朝夕勤行を怠らず法に對し耕主に對し忠實三昧の外餘念なく隨て耕主の信用厚く内外人より愛敬せられつゝある者之を藤中勝太郎君と爲す君は慶應二年九月を以て郷里山口縣玖珂郡北河内村字杭名に出生せり君幼年の頃普通學を卒へ長ずるに及んで農業の傍ら商業に從事せしと云ふ君廿四才の時即ち明治二十二年九月廿日官約移民として横濱より山城丸に乘り千人の同胞と當布哇に到着せしは同年十月一日なりし此行實に官約の九回船たりし也君消毒濟の上十人の移民と馬哇島マカオに至りホツキンボスの下に至りてソーミル事業に働けり然るに此業たるや無經驗のニウメン抔には困難の事と云ひ加之砂糖耕地に比しては時間長く勞多くして賃銀少ければ到底君等十名の耐ゆる事能はざる所なり當時監督官村浦ドクトル、ワイルク町に在りしかば一同協議の末其事情を訴ふる事となり君擇ばれて總代となりキヤンプを出立せり此事早くもホツキン氏の耳に入り途より捕はれて引歸すの止むなきに至れり歸後ボス大に詰責したれども言語は通ぜず相互の意志を疏通するを得ず非常に困難を感じたりしが君の堅忍なる兼て入獄と決心し衆に代りて大勇猛心を鼓舞し素志を貫徹せんと欲し夜密にキャンプを忍び出でワイルクに向て再び發程せり是に於てホッキン氏君の熱誠に感じ監督官等と數次交渉の上遂に君等の要求は悉く容るゝ所となれり此事件の爲め君がワイルクに往復せしは前後三回なりしと云ふ君既に至誠を捧げて自他の爲め全力を竭しゝかばボス大に君を信用し三年の契約後も尚ほ懇に留まらん事を勸めしに依り重て復た一ヶ年就働する事となれり以て君の信用程度を知るべきなりホッキン氏は現時ホノルヽビアー釀造會社の社長たりと其後マカオを去りプヽに來り水道掛りとなり普通以上の月給を得て五ヶ年間勤續せり君は元來稀有の勤勉家なるが故に多くの蓄財を爲し得たり時正に明治三十一年父の十三回忌に相當せるを以て一先歸朝せんと欲し同年十月ペキン號にて十一年目に歸途に就けりプヽ出發に望み君再渡航の志ありしかば耕主より六ヶ月間の暇を乞ひ證明書を得て還鄉せり久々にて慈母に再會せしに種々たる事情出來して再航する能はず君次男の故を以て遂には親戚故舊の勸に由り他家を嗣ぐ事となり一人の男子をも擧げたり後故ありて其家を辭し再渡來に決し明治三十四年六月今の妻君を伴ひ神戸よりコプチック號にて來布し米屋ホテルに投宿し船中の鬱を散し然る後プヽ二番に至り從前の如く水道掛りと爲り一年間を經て現今の一番に移り一軒建のハウスに住居する事となれり君再航匆々黍の高請をなせしに幸運にも一作にて二千五百弗餘の純益を得たり

と信あれば德あり畢竟これ君が至誠の致す所ならむと人皆羨望せり君は本來律義の性質にて毎に布袋然として人に接し毫釐も惡意あることなし眞に好箇の人物なり君の妻君亦た貞淑の人にて夫を扶けミシン裁縫に從事し毎月三十弗以上の收益ありと云ふ君頃時牧畜に志し勞役の傍ら目下十數頭の牛馬をも蓄へりと君の母は三十九年五月二日病歿せり孝心深き君の事とて悲歎の情一層深かるべし君の令弟は頃時朝鮮に在りて食料雜貨の大商店を開き居れるが君の之に投資せし金額亦た尠からずと君は慥に同胞成効者の一人なり

冷牟田大吉君

（在プ子、九番）

青年の頃より世路の艱難と戰ひ或は克ち或は躓き千態萬狀の徑路を經て遂に目的の曙光を認め尙ほ進んで平素志願の堂奥に入らんとする者は是れ冷牟田大吉君なり

君は福岡縣鞍手郡古月村の人明治二年十月を以て生る君漸く小學を卒業するや早くも四圍の境遇上世の潮流に掉して進行せざるべからざる運命に會せり即ち明治十七年八月君が十六才の時家政上の

都合に由り其附近なる大谷炭坑へ働く事となれり然れども君の受持仕事は普通の勞働に非ずして多くの坑夫が炭塊を運搬し來れるを一々管理點檢し之を帳簿に記載するに在り此業たるや一見易きに似たれども粗暴なる坑夫の事とて若し帳簿に誤謬ある時は忽ち一場の葛藤を生じ爲に血雨を降らす事往々なれば頗る難事の業に屬す左れど君弱齡の身を以て能く此難局に處し前後五年間即ち明治廿一年の春まで斯業を勤續せしは異數なりとして人皆歎賞せり此一事を以てするも君が青年時代より衆に超へたる智囊ありしを立證するを得べし

君一旦現職を辭し鄕に還りしが其當時岡部某氏堤防改築の請負を爲せり其價格三千五百圓なりしと君擧げられて同氏の部下に屬し專ら補助勤務を爲せしが事業半にして同氏郡役所に轉任したるに依り君其後を襲ふて工事の監督を爲し遂に成効するを得たり然れども收利の點に至りては極めて僅少なりしと云ふ之よりして君請負業に趣味を感じ遠賀川管理事務所より總ての請負を爲し明治二十七年まで繼續したれども多くは失敗の歷史を遺し請負業を中止するに至れり此時君の齡漸く二十六才なりし翌二十八年七月君軍夫として臺灣に渡り我軍に從屬して諸種の軍務に服し各所に奔走し翌廿九年十一月凱旋軍に從ふて歸國せり爾來身體健康ならず遂に肋膜炎を患ひ一時危篤なりしも藥石効を奏し芽出度回復するを得たり是に於て再び各方面に手を出し大に活動を試みたれど人生總て如意ならず天は此好漢をして天扇を啓かしめず空しく絕望の淵に沈淪する事とはなりぬ君の感慨果して

奈何ぞや左はさりながら君の沈勇にして果斷なる毫も屈するの色なく早くも方向を變じ志を海外に伸べんと欲し時は明治三十二年九月中旬日本海外移民會社の手に依り萬國丸に乘り神戸を出帆し同月廿七日當布哇に着し直に馬哇島キヘイ耕地に來り就働する事とはなれり居ること十ヶ月間に前後二回脚氣症に罹り病牀に在ること殆んど三ヶ月なりし左れど幸にも其當時米布合倂の爲め條約移民は一般に解除せられしを以て身は自由なるを得たり病漸く癒ゆるに及んでブチヽ耕地西五番に轉じ十ヶ月間勞役し又東五番に移り三年間在住し黍の請負を爲し多額の利潤を得始て愁眉を開くに至れり之れ君が後來請黍事業に成効せる端緒なりとす而して三十七年五月現今の九番に移住し盛に請黍をなし今は數千の富を作る好運兒とはなりぬ

君資性俠氣に富み同情の念に厚し是故に多くの勞働者君の部下に屬せん事を冀ふ之れ君が請黍事業に成効したる所以なり曾てホノルヽにて酒類小賣を爲せし下津氏がプチヽに於て大金を得し基因は君の助力其半を占むると云ふ以て君の俠氣ある一端を知るべきなり君の父は過る廿六年に病歿し母は現存せり君本年四十才なれども今尚ほ獨身生活を爲し三年間を期し大成功を遂げ以て歸朝せんとて目下拮据勉勵の最中なり

* * * * * * * *

友岡伊十君

（在プヽ西五番）

布哇渡航の途開けしより渡布せるに大多數を占むる者全國に三縣あり曰く廣島、熊本、山口是なり之に次ぐものを福岡、新潟、福島と爲す他は少數言ふに足らざるなり而して以上大多數の三縣は人數多き丈け隨て本國への送金高第一に位するは勿論の事なりとす

本篇の主人公友岡伊十君は元治の生れにして熊本縣玉名郡小天村の人なるが同縣人の布哇より送金するもの年と共に增加せるを目擊し勇心勃々禁ずる能はず是に於て君以爲く吾れ亦縣人の後を追ひ遠く布哇に航し多くの財を蓄へ一人の母を慰めばやと玆に决心の臍を固め明治二十四年五月馬關より三池丸に乘り出發する事とはなれり此行實に十八回船なりと云ふ航海十餘日にしてホノルヽに到着し消毒所に在ると五日間の後直にスペクルスの二番に至り就働し三年間の契約も無事に濟み滿約後は機關方の補助として一年間勉勵せり夫よりワイルク耕地に至り勞役の傍ら獨立以てコック業を開始し多額の純益を得たり居ること二年間にて去りてスペクルス下三番に轉じペンタ塗に從事すること復た二年間なり夫より再びワイルクに出で兼て蓄財せし貲を投じて獨立業を起さんと欲し百方探究せしも未だ適當の業あらず爲に空しく半歲をワイルクにて費せり偶まスペクル西五番に大コッ

クの讓物ありと聞き直に進んで讓受を了し爾來孜々として斯業に熱心し以て今日に至れり君が西五番に移りしより現今まで殆んど八ヶ年なりと

君は同地方の古參者にして有數の顏役たり是故にキャンプ內に何角事あれば必ず君の手を煩はさゞるはなく隨て君の手腕に依りて解決せざるはなし君の特性事理を辨ずる事迅速にて些の凝滯を認めず而も交際洒脫なり殊に君が膽力に至りては衆に超越せり之れ君がキャンプの人より畏敬せらるゝ所以ならん乎君の父は明治十年に死し母亦た廿八年に病歿せりと而して君に同胞三人あり妹は故鄕にありて他に嫁し舍弟は現に君と同居せり君は兒持長者にして男三人女四人ありて何れも健全なりと云ふ

西山治之助君

（在プ子ヽ西五番）

君は山口縣玖珂郡新城村の人にして明治三年の出生なり君幼年の頃小學を卒へ壯年に及んで父母を扶け專ら農業に精勵せしかば鄕黨君を目して摸範的壯年としたり當時君の地方より布哇に出稼するもの多く隨て年々多額の送金を爲すもの續々輩出せしに依り君の勇敢にして勤勉なる渡布の念を抑ゆる事能はず是に於て斷然志を決し森岡移民會社の手に由りて明治二十九年一月下旬モガル號にて

横濱を出帆し海上些の故障なく同年二月三日ホノルヽに到着しコーランテンに在ると三日間の後加哇島ケアリア耕地に百有餘人の同胞と共に送られ就働する事とはなれり三年間の契約も無事終了せしかば一旦ホノルヽに出で勞働中の憂鬱を散ぜんが爲め暫く足を停め靜養し身體快活を覺ゆるに至りて方向を變じ馬哇島ラハイナに上陸し直にスペクル耕地西五番に往き働く事となれり時正に明治三十三年なりし之より先き君がホノルヽに保養中知人等は君にホノルヽに留りて就働せん事を屢々勸告したれども君密に想へらくホノルヽの地は生活の程度高く且つ長く在住すればアイカ子も多く出來爲に出費多かるべし元來吾の此國に來りしは蓄財の目的なれば多くの友を作りたりとて何の益かあらむ、若かず田舍の耕地に行きて一心に辛抱せんにはと是を以て前陳の如くスペクルスに至る事となれり

君最初スペクルスに來るやオールメンと同一の業務に從事し一日も缺勤なく大に奮勵せし結果空しからず衆に擢んじて多くの蓄財を爲すに至れり今を去る三年以前大コックの讓物ありしにより之を買收し爾來斯業の發達に全力を注ぎしかば今は友岡コックと東西相並立して全盛を極め毎月多額の利益を收むる事とはなれり君が西五番に來りしより今日迄にて前後殆んど八ヶ年なりと云ふ八ヶ年の年月敢て短きにあらず其間少焉も他に移動せず專心三昧に同一キャンプに留りて精勤せしが爲め遂に現今の好果を收むるに至りしや論を俟たざるなり左れば世の浮萍の徒は君の經歴に鑒みて猥り

に住所を動かず一心に勉强すべきなり君の天性誠實溫和にして自己の義務に忠實なり是故に諸人の信用一方ならずと云ふ君の母は明治四十年五月彼の世の人と化し父は本年七十二才の高齢にて今に健在なりと吾人は君が尚ほ今後同一耕地に留りて益々信用の度を高め以て大功を奏せん事を希望して止まざるなり

高地鶴松君

（在プチヽ一番）

俗諺に神は正直の頭に宿るてふ事あり總て人たる者は正直の心を以て世に處せざるべからず正直なれば其心自然に神明に通ずるが故に神明の加護を享け佛陀の靈光に澤被せらるゝもの也高地君は即ち正直一邊の人なり是故に目下君の境遇は順風に帆を揚げて走れる船の如く日一日と目的の港に近きつゝあり畢竟之れ正直の賜と謂はざるべからず

君は廣島縣御調郡向島の人にして明治五年の出生なり君小學卒業後は父を佐けて耕耘を事とせしが丁年頃思ふ所ありて菓子製造を習得し而して獨立以て菓子業に從事すること七ヶ年なりしと云ふ斯業こそ君が後來當布哇に來りて人知れず多額の利益を得たる基因なりとす時は明治三十二年三月君布哇に航せんと欲し森岡移民會社の手により妻君を伴ひ橫濱より日本船キールン丸に乘り五百人の同

胞と共に渡布し消毒所に在ること一週間の後クローデン號にて同月廿日プチ丶の二番に至れり居ること半歳にして上三番に移りオールメンと同一の勞役に從ひしが兼て熟練せし菓子を製造し販賣するは之れ此秋なりと覺悟し夫婦協議の上斯業に要する諸般の準備を整へ朝は三時に起床し製造に着手し時到れば君は衆と共に農園に出でゝ働き妻君は終日君の差圖に從ひて製造を繼續せり斯の如く熱心に勉勵せし事前後殆んど三ヶ年に及べり而して此當時はプチ丶耕地に菓子の販賣乏しく且つ耕地に於ける製造者皆無の有樣なりしかば如何程製出するも尙ほ供給に不足を訴ふるの盛況なりしを以て忽ちに多くの蓄財を爲し得たり君三番に在住四ヶ年の後他に志す所ありて菓子業を一時中止し明治三十六年一番キャンプに移り勞役の傍らハック業を開始し諸人の便宜を計れり此地方はハック業者一人もあらざれば內外人非常に喜び隨て收益も莫大なりと云ふ啻にハック業のみならず君看る所ありて牧畜の業に從ひ人を雇ふて之が蕃殖の道を講じたれば今は牛馬數十頭の多きに至り將來甚だ有望なり左れど君は依然勞働に從事し一日も缺勤することなし之れ君が今日成功せる所以なり君の父母は現存にて兄弟五人あり其一人は既に死し君は實に其次男たり君に一人の娘あれど日本に在りて目下敎育を受けつゝありと君本年三十五才なれば近き將來に於て大成功を爲す事論を俟たざるなり君其れ奮勵せよ

＊　＊　＊　＊　＊　＊　＊　＊

浦田官次郎君

（在プネヽ）

三十二才の壯齡を以て英和の學に通じプネヽの大耕地に於ける日本人全躰の郵便事務を取扱些のひ粗漏なく懇篤叮嚀に衆望を滿たし且つ人と交はる圓滿にして曾て敵を作らず諸人より愛敬せらるヽ者之れ浦田官次郎君に非ずや

君は元と熊本縣鹿本郡嶽間村の人なり明治九年一月を以て生る君小學卒業後明治二十二年熊本英學校に入り專門に英書を研究すること四ヶ年なりし之れ君が將來海外に遊んで志を伸べんとするの端緒なりき其後考ふる所ありて我國輸出貿易品の第一位を占むる養蠶事業を練習せんと欲し二十七年郷里を辭し養蠶の四大本塲たる上野國に至り有名なる高山社に入り一ヶ年間研鑽怠らざりしと云ふ翌二十九年兼て練習せし養蠶業を米大陸に於て開始せんと志し同年十一月横濱より英國船に搭じオレゴン州ボートランドに到着し直に汽車に乘り桑港に至れり當時同地に日本人の設立に係る福音會ありしかば暫く同會に足を停め米國の形勢を視察せしが何分米土は日本と異り勞銀高價なるが爲め假令養蠶業を始むるも到底收支償はず殊に日本國よりの生絲は無稅を以て輸入せらるヽに由り止むなく斯業を斷念せざるべからざるに至れり是れに於て君最初の方針を變じ桑港に於て日本字新聞を

發刊し同胞の警鐘たらん事を期し同胞間有志を説き之を株式と爲し本國より活字を取寄せ遂に發刊する事とはなれり現今盛に發行しつゝある日米新聞の前身卽ち是なり君今在米せずと雖も君が遺せる印象は長く同胞間に傳へらるべきなり君在桑三年の後サンノゼーに至り日本人敎會の幹事を勤め傍ら勉學し同地に在ること前後三年間なりしが明治三十四年六月故山の書信に接し一先歸朝する事となれり歸山後同年九月或人の推薦により長崎稅關長の通辯となり多年米本土にて習熟せし英語を繰り大に喝采を博したりしが六ヶ月にして其職を辭し明治三十五年六月知人の雁信に接し布哇島に至り三十六年一月より五番店のブツキパとして精勵怠らざりしが新井喜平氏歸朝するに就き三十九年八月其後を紹ぎ現今の郵便事務を取扱ふ事とはなれり之が爲め君の收入每月數百弗に上ると云ふ君資性滑脫人を迎ふるに溫顏微笑を以てす是故に一たび君と相會すれば百歲の友たる感あり之れ君が同耕地人より歡迎せらるゝ所以にして隨て郵便事務の盛大なる所なりとす君の父は明治卅一年卽ち君が在米中病歿し母は今尙ほ健在なりと君に兄弟六人あり君は實に其次男なり吾人は郵便事業に大成功せん事を祈る者なり

* * * * * * * *

藤好治郎吉君

（在プ子、五番）

君は福岡縣三池郡三池町の人明治七年二月を以て生る君少年時代に規定の小學を卒へ後柳川町なる橘隱館に入り在學三年にして中學程度の學力を修めたり蓋し同館は舊藩主橘伯の創設に係るものなりと云ふ當時同館の學生間に保守進歩の兩派ありて氷炭相容れず而して君は進歩派に屬し保守派に對して頗る猛烈なる競爭を試みたり爲に君等六十名は館の平和を攪亂するものと認定せられ遂に館長より退學を命ぜられたりと

君兼てより深く基督教を信じ博愛の道に心を傾けしが偶々美濃地方に震災起り多くの死者を生じ隨て親を喪ひし孤兒の路頭に迷ふ者多かりしかば岡山孤兒院長石井氏現場に出張し之が收容に全力を竭したり君の知友此狀況を目擊し歸來して君に語るに石井氏の熱誠を以てす君一たび之を聽て大に感奮し衆に卒先して自家の裏手に九州孤兒院なる者を創立し以て君が常に懷抱せる博愛主義を實行せり後故ありて君が在米の際同院は岡山孤兒院に合同せりと云ふ君既に斯の如く基督教を熱信する

が爲め痛く父の憤に觸れ遂に勘當の身とはなれり其勘當中君赤痢病に罹りたれど自宅に還る事能はず幸ひ實兄が紡績會社の事務員たるを以て身を之に寄せ治療する事となりしが實兄も君の境遇を愍れみ再三父に詫を爲し吳れ漸く九ヶ月目に實家に歸ることを得たり左れど君が基督敎を信ずる點に於ては更に平素と異る事なし而して病全く癒ゆるや素志たる孤兒院の資を得んが爲め遠く米國に航せんと欲し明治廿六年友人宇佐某とペキン號に便乘し横濱より出帆せり然るに航海中機關に故障を生じ帆にて走る塲合となりしが故に竟に前後三十日間を要して桑港に到着せり上陸直に美以敎會の寄宿舍に入り後スクルボーイと爲り專心勞働の傍ら美以敎會附屬の神學校に通學し毫も倦むことなし之に依りて學業大に進み同胞間の白眉として人より尊敬せらるゝに至り終に擧げられて寄宿舍の幹事となれり以て君の人物如何を知るべきなり

君在米九ヶ年の後即ち明治三十四年十二月米本土を去りてホノルヽに來り暫く横濱正金銀行布哇支店に勤務し轉じて奥村敎會に入り基督敎靑年會々長となり且つ靑年雜誌の記者を兼ね斯敎の爲め萬丈の氣焰を吐きたりしが同三十六年十月馬哇島ラハイナに至りハクフヒルト商會ラハイナ支店に奉職し日本人部の支配人となり其敏腕を揮ひしが明治三十九年三月一旦歸朝し十五年目にて親戚故舊に面會し同年九月再渡航し直に以前のラハイナに至り舊職を繼げり時に同四十年三月カフルイ商會の支配人たるレイン氏の推薦に依りプチヽ五番店の支配人となり以て今日に至れり

君は頭腦明晰にして正義を重んずるの人なり是故に耕主ボードウヰン氏の君を信用する最も敦しと云ふ君其れ自重自愛せよ

村松彦太郎君　（在ブチ、新五番）

千里の駒ありと雖も伯樂に逢はざれば價値を顯はす事能はずとかや村松君は寫眞技術に巧妙の人なり君邊陬の地に蟄伏するが故に世人君の妙技を知らざる者多し左れど全島の同業者齊しく口を極めて君の技術を賞讃する所を見れば君の妙技神に入り到底餘人の企及する事能はざる點あるや瞭然なり然れば布哇八島内外人に通じて君を第一位に推すも誰か不可を唱ふる者あらや

君は慶應二年三月の出生にて熊本縣八代郡八代荒神丁の人なり幼にして小學に入る僅に二年間の後病に罹り久しく起つ事能はず人以て必死となす母大に之を憂ひ熱誠を捧げて鬼子母神に祈願せしに其驗やありけん遂に癒ゆる事を得たり（鬼子母神とは日蓮宗に奉安する所の神なり）是に於て君が九才の時母の命に依り報恩の爲め同地の日蓮宗本成寺貫名日誓師の徒弟となり遽に鼠の衣を着し二十才まで讀經に餘念なかりしも君大に僧道を嫌ひ百方策を講じ竟に明治二十年該寺を脱し熊本市に出で上村寫眞師に就き三昧に斯道を研究せり偶々東京の大家鈴木寫眞師此地に來るに會す依りて同

氏に就き益々斯術を勉强し廿六才にて漸く業を卒へ寫眞術の堂奥に入れり卒業の後一旦故山八代に歸り寫眞術を開業せしが此地は僻陬の事とて君が驥足を展すに足らず是故に廿七年即ち征淸の最中長崎に出で技師として某寫眞館に靈腕を揮ひ喝采を博したり時に或歳寫眞の展覽會ありしかば君妙技を揮ふて世人を驚かさんと覺悟し丸山藝妓の寫眞を撮影し之を引延ばし出品せしに東京派遣の審査官一々點檢し了り終に君一等賞の月桂冠を戴けりと云ふ居ること數年にして明治三十二年長崎より淸國膠州灣に渡り一年間開業し家事上の都合にて故郷に還り母の膝下に在りしが感ずる所ありて布哇に渡航せんと欲し明治三十五年四月自由渡航としてコブチック號に乘り神戸より解纜し同月無事ホノルヽに上陸し廿日間滯在の後馬哇島ワイルク町に至り二年間開業し而して三十年現今のプチヽに轉じ耕主に請ふて地所を借受け自ら資を投じて家屋を建設し盛に業務を擴張し以て今日に至れり

君資性磊落にして客を好む客あれば大に飮み大に謠ふ陶然として醉ひ來れば自ら巧に三絃を弄し以て快を取る實に一奇人なり君の性僻は酒を飮めば業を爲さゞるに在り聞く左甚五郎は心進まざれば彫刻を爲さゞりしと君は寫眞界の左甚五郎なり古今通じて名人となれば斯の如きものなる乎

* * * * * * * * *

曾我菊次郎君

（在パイア）

詩に曰く梅經二寒苦一清香發、人嘗二辛酸一得二後榮一と蓋し一朶の梅は三冬の苦節に遇ふて其操を顯はし一陽來復と同時に馥郁たる香氣を放ち黃鳥之を慕ふて梢に囀り其他歌に謠はれ詩に吟じらるゝに非ずや人類も亦爾り青年時代に苦修慘憺せざれば異日榮譽を得ること能はざるなりドクトル曾我君は實に其人なり君は岐阜縣美濃國惠那郡坂下村の人なり明治三年九月を以て郷里に生る君幼にして小學校を卒へ明治十九年卽ち君が十六歳の時名古屋に出で某私塾に入りて漢籍を學ぶこと一ヶ年なりし同二十年君時事に感ずる所ありて笈を負ひ上京し直に神田區にある成立學校に入校し和漢洋の學を修めたり在校一ヶ年にして君海外に遊學せんとするの大志あり是を以て芝白金臺町なる明治學院に入り專ら語學を練習せり在院二ヶ年の後時到り機熟し明治二十二年七月始て素志を貫徹し意氣衝天の勢を以て親族知人に別を告げベルヂック號に便乘し渡米の途に上れり同月下旬桑港に到着したり萬般の設備我國と異れば耳目の觸るゝ所悉く君を驚かさゞるはなし此時君が齡二十才なりしと云ふ君や學資を携へて渡米したるに非ず空手異境に入りし事なれば一方生活の途を求め傍ら勉學せざるべからざる境遇にしあれば其苦心尋常の事にあらざりしなり是故に或は庭園の丁稚となり或はスクルボーイとなり勞働に書生を兼ねて二十四年に白人小學校を卒業し轉じてギルローイに至り一ケ年間勞役の傍ら復た苦學を爲し再び歸桑して玆に始て醫學を研究せんとの志を起し其豫備としてアンダーソンアカデミイに入る事とはなれり在校前後二年間に亘りて業を卒へ明治二十七年即ち征清役の當時試驗に及第して素願通りクーパー大學に入校するを得たり君歡喜措く克はず晝夜孜々汲々として學事を勵みし結果明治三十年に同大學を終了し醫學士の學位を得るに至れり君既に月桂冠を戴きてバンクーバ、シャトル地方を周遊視察し加州に歸り桑港及櫻府に於て練磨せる手腕を揮はんと欲し開業未だ期年ならざるに故山より雁信あり曰く母大病なり速に歸朝せよと於是乎君匆々旅裝を整へベルヂック號にて歸朝の途に就けり時正に明治三十一年十月初旬なりし

君歸途布哇に立寄り小林ドクトルを訪ひ布哇の有望なる事を聞き一旦歸國し母の病を慰藉し全癒するに及んで同年十二月當布哇に渡來せり翌年卅二年二月衞生局の試驗を受け免狀を得たり從來日本人にて米國大學の卒業證ある者は試驗を要せずライセンスを交附せしに君は卒業證を有しながら試驗を受けしは例外にて實に之を以て嚆矢と爲す爾來此例に倣へりと云ふ同年四月初て馬哇に來りパイアにて開業中不幸にも君胃を患ふて健康常ならず是を以て一先づ日本に歸り靜養せばやと覺悟し

同年十一月七日ホノルヽを出帆し横濱到着後日本全國の名所舊蹟を探れり或は日光の雅致を愛し或は松島の絕景を賞し轉じて播州に至り須磨、明石の風景を詠め奈良に迂回しては古代王朝の遺蹟を慕ひ京都に出でヽは淸水の觀音を拜し金閣寺に詣でヽは足利當時の盛事を偲び又琵琶の湖水に舟を浮べて漁釣の樂を爲し瀨田の長橋、石山の月到る所に悠々自適し靜に身心を養ひたれば病痾漸次に退失し今は眞に健康體の人となれり依つて翌卅三年一月今の令閨を迎へ同年四月に相携へて再渡航し五月一日より重ねてパイアにて開業し間もなく有志の勸誘に基きワイルク町にて開業し居ること前後三年にして本國に急要事件出來せし故止むなく三十五年七月歸朝せり歸朝中支那、香港、マニラ方面を漫遊し同年十二月布哇に歸來し暫くホノルヽに開業せしが故ありて三十六年七月パイアに歸り開業し以て現今に至れり

君資性快活にして圓轉滑脫患者に接し懇篤なり是故に治を乞ふ者西より東よりす君は確に布哇刀圭家中成功者の一人なり回顧すれば君が今日までの徑路は尋常一樣ならざりしなり君は現今の好果を收めたるもの宛も梅が寒苦を經て淸香を發したるものと何ぞ異る所あらんや

* * * * * * * *

高月忠藏君

（元在パイア）

君は熊本縣上益城郡乙女村の人明治三年六月を以て生る君青年の頃普通學を修め常に父母の膝下に在りて孝養怠らざりしが一朝感ずる所ありて海外に雄飛せんと欲し君が廿六才の時即ち明治廿八年四月自由渡航として小倉幸の雇汽船インデペンテント號に便乘し八百人の移民と共に當布哇國に來れるなり到着直に消毒所に收容せられ居ると一週間にして一先ホノルヽに上陸し三日間を經て馬哇島ハナ耕地に至り二年間の契約にて就働する事となりしが幸運にも就働間もなく拔擢せられて製糖所の機關部に働く事となり隨てオールメン以上の給料を貰い得たり二年の契約中多くの貲財を蓄へたれば解約後直にコック業をば開始し傍ら湯屋業を營み專ら利殖の道を講ぜり其當時松本某の菜園賣却せらるヽと聞き之をも買收し千手觀音ならねど八方に手を伸し辛苦と戰ひ艱難に打克ち大に利潤を獲得したりと云ふ其後鑒みる所ありて以上の三事業を相當代價を以て他に讓り商業研究の爲め同耕地の支那人店に働き一年餘にして之を辭し平素の宿志を達せんと欲し明治三十四年八月獨立以て雜貨商店を開始するの機運に會せり其際在耕の同胞は六百餘名にてハナ耕地全盛の秋なりき左れど日本人の商店としては唯だ長谷川の商店のみなりしかば商業活氣を呈し販路日を追ふて盛大とな

れり然るに在住四年間の後榮枯盛衰の理に漏れず耕地全躰衰微を萠し同胞の該地を去る者夥しく爲に商况不振に陷れり偶ま君の妻君微恙に罹りたれど同地に日本醫なきに由りパイアに往き同縣人吉川ドクトルの診察を仰ぐ事となりたり其時吉川氏君の妻君に告げて曰く當パイア方面はハナと異り範圍は廣く同胞は多けれど商店に乏しければ移轉して此地に商店を開始すべしと是に於て妻君全快の上ハナに歸り君に此事情を語りしに君の烱眼なる機逸すべからずとして密に收金に着手し一方物品の賣捌を中止し諸般の準備整頓するに及んで閉店を發表し匆々パイアに移轉する事となれり人皆其機敏に驚きしと云ふ時に明治三十八年八月なり君一たびパイアに移るや兼て覺への手腕を揮ひ自らボス兼ブキッパとなり熱心に事業の發展を圖りしかば最初こそ苦辛を甞めたれ漸次隆昌となり遂には店員五名を置き車四輛馬七頭を備ふるに至り爲に毎月の賣上高三千弗内外に達せりと以て繁榮の一班を知るに至るべし元來君の商略はヱキスペンスを成るべく省くを以て大主義としたるが故に他店の表面上多額の物品を賣捌くよりは比較的純益多かりしとの事なり君既に多くの蓄財を爲し得たれば昨年歸朝せんとせし矢先き郷里より父忠七郎氏六月廿九日死亡せりとの報知に接し一層君の歸心を促したれば全年八月廿日物品の全部を田中千代松氏に讓り昨年十月遂に歸國したり

君の母堂は尙ほ健全にて君の還鄕を鶴首待ちつゝありと君一人の兄弟を有せず又一子もなし否曩に一人の娘ありしが卅六年九月病死せしを以て今は慈母と君及び妻君のみ君の不幸察すべきなり然れ

ども皆是れ因緣法なれば人力の以て如何ともする事能はざるなり

小川雲伯君　（在パイア）

布哇刀圭家の古參者として其名遍ねく世人に知れ而も患者に接して驕ることなく懇篤叮嚀を極め每に諸子百家の書を讀んで悠々自適塵界を脫出したる底の境界ある者之を小川雲伯君と爲す

君は熊本縣益城郡甲佐町の人明治元年一月を以て生る君の家は世々仁術家たり殊に嚴君は眼科の泰斗として其名遠近に轟けり君亦た夙に父祖の業を繼承せんとするの志ありき君小學を卒業し熊本の濟々黌に學び拔群の譽ありし而して明治十九年熊本醫學校に入り專ら醫學を研究せしが一ヶ年半にして同校が長崎高等中學部に編入せられしを以て君學友と共に同校に移り孜々勉學せり在學一ヶ年の後故ありて同校を退き諸方を周遊せりと云ふ然れども醫術の研究は毫も怠らざりし是を以て明治廿五年四月內務省令に基き醫術の試驗を受け及第と同時に開業免狀を得たり

君は本來讀書を以て唯一の嗜好と爲せり故に一たび君の寓を訪へば他方面に亘れる百般の典籍あるを認得すべし隨て君の心靈上に於ては世人の知らざる妙契あり或時はキリストの堂奧を窺ひ或時は佛祖の階梯を攀づ而して是等古聖の密使を帶びて君の本領たる醫術に調和融合するを以て君得々た

るの醫方あり彼の催眠術や痲睡劑の應用の如きは特に君の長ずる所なりと云ふ

君は又資性轄達豪膽にして小事に齷齪せず此に於て海外に渡り鵬翼を伸ばさんと志し日清開戰の年奮然布哇に渡航したるは明治二十八年三月なりき時恰かもよし本縣にては日本政府の授與したる開業免狀を有する人には之を詮衡し無試驗にて免狀を附與する事と定まり居りしかば君亦之に應じて本縣の醫術開業免狀を得たり之を無試驗にて免狀を得るの最終となすと云ふ夫れより日本人街の中心點たるホテル街元熊本屋隣に開業したるが同郷人は君の雷名を聞いて門前に詰め掛け他郷人亦其妙術を慕ふて診療を乞ふもの多く意外の好結果を擧げたるも同年十二月コハラ耕地同胞より切りに勸誘を受け厚意之を無にするに忍びず同地に渡り居る事一年故ありて再びホノルヽに歸り爾來三十八年春まで同地に留まり名聲大に擧れり然るに一昨年五月馬哇島パイアの同胞は同地に良醫乏しきを以て氏の來島を望んで止まず君遂に意を決して同島に移轉することゝなり多年住み慣れしホノルヽを辭して同島に渡り以て今日に至れり同地並に布哇第一の大耕地プチヽには君が同縣人殊に多きを以て郷黨の關係と君が老術とは相應じて君が業務は今や旭日昇天の勢を呈する

に至れり君が最も長ずるは眼科にして名聲嘖々たり麻醉術は又最も其得意とする所なりと云ふ君一見すれば老大人の如くなれども年歯正に四十にして前途益々多望なり

相川卯太郎君

（在パイア）

君は明治十二年六月郷里熊本縣鹿本郡大道村大字中村に生る君幼にして小學を卒へ後養蠶事業に從ひ父母の爲に竭す所ありしが壯年に至るに及んで海外に遊ばんと欲し明治三十二年八月横濱より乘船渡航せり此時君の齡僅に廿一才なりしと云ふ後クロデン號に乘り條約移民として馬哇島カフルイに上陸しプ子ヽ耕地下三番に至り勞働する事とはなれり然るに六ヶ月を經過して布哇全島契約移民の解除となりしかば恰も兎の網を脱したるの想を爲し何角適當の業を需めんとするに際しジョニシン氏が同島カイルアのデッチを請負ひ人夫の募集中なるに依り君其募に應じ一年六ヶ月間丹精を擢んじて勉强せし爲め該工事の落成に近くに及び他の工夫は漸次解雇せらるゝにも拘らず君は落成後三ヶ月間試驗の最終まで就働せりと以て君が篤實にして如何に信用を博せしかを卜知すべきなり該

工事全く終を告ぐるや君一旦ブァヽに歸り各方面に亘りて請負事業に從ひしが格別の利潤もあらざれば方針を轉じカフルイに出で棧橋に働く事一ヶ年なりし時に明治三十五年增給問題より事起り棧橋メン全躰のストライキとなり三週間就業せざりしかば遂に法廷を煩すに至れり其結果他は皆業に復したれど君は男子の意氣地より斷然該地を去りラハイナ及カナバリ方面に往き鐵道敷設の業に從ひ一年間働きしが再びブァヽに歸り製糖所に就働せり當時新製造所建設につき一番にありし舊製造所を解體するの議あり玆に於て君耕主の命を受け十一人の人夫を率ひ之が解體に從事し短時日を以て効を奏せり耕主爲に君を賞讃せりと其後ワイルクに至り故ありて白人タキスメンの家に半歲餘寄寓する事となれり時恰もカイルア及バイアにデッチ工事始まりしかば君往て此業に從ひ半年にして落成を告げしに依りバイア耕地に勞役するに至れり

人體は四百四病の器と稱するが如何に强壯なる人と雖も病に打克つ事能はざる也君多年刻苦精勵せし結果にや遂に明治三十八年二月十九日の夜より病に罹り翌三月廿九日まで殆んど四十餘日間バイア病院に在りて呻吟し人以て必死とせり君も亦死を覺悟せしが耕醫マカンキ氏の懇篤なる治療に依り起死回春の効を奏し一縷の露命を繫ぐを得たり疾病稍や恢復するに及びマカンキ氏曰く汝未だ勞働に耐るの身體にあらず是故に自今此病院に在りて働かずやと君答て曰く吾身死を期せしも貴下の厚意に由りて全快するに至れり此海嶽の洪恩死すとも忘却せず左れば之より報恩の爲め一ヶ年は仰

に隨ひ此病院に働くべしとマカンキ氏も君の義氣に感じ其儘病院內に心靜かに働く事となり以て今日に及びしが今は身を勞せずして多くの給料を受け既に多額の蓄財をも爲すに至れりと云ふ君の病は幸か不幸か天の配劑は奇と謂ふべきなり君本年廿九才なり父母は尙健在にて令妹三人は共に故鄕に起臥せりと云ふ

長谷川友次君

（在ハナ）

馬哇島の邊端にハナと稱する小耕地あり作り出しを加へて同胞の總數三百五十と註せらる此地に於て十年來商業を繼續し店員三名車二輛馬三頭を備へて盛に營業を爲す者之を長谷川友次君とす
君は廣島縣佐伯郡玖波村の人明治二年十二月を以て生る君幼にして小學を卒業し明治二十二年徵兵檢査に合格し五師團に入り砲兵五聯隊第三大隊第六中隊附と爲り一意專心に職務に忠實なりしかば中隊長須山善孝氏の厚遇を受け拔擢せられて間もなく上等兵となるに至れり在營二ヶ年の後職務勉勵の廉を以て歸休を命ぜられ歸省する事となれり以て君が勤勉なりしを證するに足るべし君一旦父

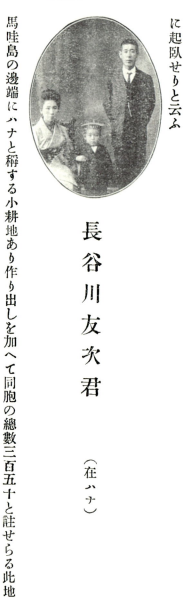

母の膝下に歸り父母を扶けて業務に精勤せしが偶〻海外渡航を志し明治二十七年五月九日自由渡航として神戸より臨時汽船愛國丸に便乘し六百の移民と布哇國に渡來せしは同年五月三十一日なりし到着後コーランテンに在ること三週間にて馬哇島ハナ耕地に二年間の條約を以て就働し月給十三弗なりしと云ふ當時オールメンの給料は十二弗五十仙なりし二年の條約も無事終了し四ヶ月を經て鄕里より今の妻君を呼寄せ共に與にミシン裁縫業を開始し二年間繼續せり此間多くの資財を得たれば之を資本として食料雜貨店を開業せんと欲し明治三十一年遂に現今の所に商店を開くに至れり何分此際は他に同胞の商店乏しき事とて販路日を追ふて擴張せられ隨て年と共に多くの利潤を得今は同胞間商店の白眉として全盛を極め居れり

明治三十七年一たび征露の役起るや君後備の軍籍に在るの故を以て召集せられたれば商店は家族の者に一任し單身妻子と別れハナ耕地を後に見て出發する事とはなれり頑是なき愛子は君と別れを惜み嗚咽流涕波止場に送り來りて號泣す爲に見送りの同胞は與に袖を沾せり君斷腸の想ありと雖も遠は軍人なり胸に萬斛の涙を抑へ萬歲聲裏に乘船すれば無情なるクローデン號は親子の愛を顧みず遠慮會釋なくホノルヽに向つて出帆せり君のホノルヽに至りモンゴリア號に乘り歸朝の途に就きしは明治三十七年十二月九日なりし君橫濱到着後衝天の意氣を以て直に歸國し其趣を申出でしに翌三十八年一月三日入營を命ぜられ隊伍に編入となりたり左れど未だ戰地に出發の命下らざりしかば再三

出陣の願書を提出し軍に從ふて國恩の萬一を報ぜん事を期したれど遂に許されず是に於て君千秋の遺憾を忍び空しく滿洲の天を仰ぎ切齒扼腕すること數次なりしと云ふ君在營九ヶ月にして平和克復となり終に除隊歸休となりしを以て三十九年二月二日神戸より日本丸に搭じ再渡航する事となれり君ホノルヽに上陸し小林ホテルに投宿し同月十一日ハナ耕地に歸り從前の商業を持續し今日に及べるなり

君の父母は現存にて鄕里に在り君に五人の愛子あり男三名女二名なりしが明治四十年夏其一人を失ひたれば現在四人なり家庭甚だ睦じく愉快に業務の發展に全力を注ぎつゝありと云ふ

金子藤太郎君　（在ハナ）

君は新潟縣刈羽郡高田村の人明治十三年二月を以て生る君小學卒業後柏崎中學に入り二年生迄進級せしが君以爲く諺に田舍の學問京の晝寢てふ事あれば寧ろ帝都に上りて修學せばやと於是乎君十七才の時即ち明治二十九年上京し先づ順天中學に入り間もなく退いて眼科の泰斗たる甲野博士の知遇を得明治三十年より三十七年まで同博士に就て眼科を專修せり其間即ち明治三十年四月一日より濟生學舍に通學し刻苦勉勵の末三十四年四月一日同舍を卒業したり之より先き明治三十二年十月東京

に於て醫術の前期に及第し同三十四年十一月後期を卒へたり此時君の齡二十二才なりしと云ふ而して三十五年五月十五日に東京顯微鏡院を卒業し三十六年九月一日醫術開業免狀を得たり然れども君之を以て尙足れりとせず以前顯微鏡院に在學中も一ヶ年間宇野博士に就て專ら外科學を修めたり是等の經歷に依るも君が如何に篤學なりしかを知るを得べし

一たび征露の役起るや君三十七年六月二十三日附を以て豫備役見習醫官を拜命し第一師團步兵第一聯隊附となりしが同年八月より第五師團に往き上級職として廣島豫備病院附を命ぜられたり同年十一月九日臨時第二輜重第一糧食縱列附となり同月十八日附を以て陸軍三等軍醫を拜命し同年十二月廿六日附にて正八位に叙せらる此當時戰局は愈よ開展し日露の運命を一擧に决せんとする奉天の大戰鬪は日一日と切迫し來り隨て多くの醫官必要の場合とは爲れり君曩に數次書を上官に呈出し戰地に赴かん事を請願したりしも機未だ到らざるにや認可を得ざりしが是に至りて遂に許さるゝを得たり君雀躍禁ずる能はず意氣得々として時は三十八年一月廿一日宇品港を出帆し征途に上れり同月廿五日清國柳樹屯に上陸し軍隊と與に進行を續け同年三月廿四日より奉天附近の大會戰に參與し至誠以て命に依り自己の天職に盡瘁せり當時君の得意想ふべきなり而して後六月四日命に依り後備步兵第五旅團に屬せしが同年十一月二十三日平和克復の爲め大連を出發し同廿八日宇品に到着せりと云ふ

君滿洲に在ること殆んど一ヶ年其間風土氣候の變遷に由り痛く健康を害したれば海外を遊歷し一は身の健全を圖り一は自己の見聞を博せんと欲し明治三十九年四月横濱よりアメリカ丸に搭じ當布哇に來りホノルヽ在留一週間にて馬哇島ハナ耕地の良氣候なる事を聞き靜養の爲め同地に至りしが近時は健康大に恢復したるに依り遠からず米大陸に渡り轉じて獨逸に遊學せんと其準備に汲々たり君在布中即ち其筋より征露役の功に由り勳六等に叙し單光旭日章及三百五十圓を授賜せられ且つ恩給條例に基き救助金として百八十圓を賜はりしと實に家門の名譽と謂ふべし君の兩親は健在にて兄弟は七ノあり舍弟一人は桑港に遊學し他は皆本國に在りと云ふ

弊店今般業務擴張の爲め米國タコマ製造元と特約し家具一式無比の廉價を以て卸小賣共販賣仕り候間多少に不拘御用命之程願上候

尚ほ古道具も賣買仕候

ホノルヽ府ベレタニヤ街壹參四

大丸家具店

電話貳壹四

郵函八九五

ホノルヽ

ホテル街十四番地

森口榮太郎

郵函(八、二九)

森口帽子店

麦藁帽子製造大販賣

羅紗帽子パナマハットは米國製造元と特約致居升

布哇製麵株式會社全景

△米國斯業唯一の公認株式會社

△機械は最新式瓦斯應用

△製造品目干ウドン、干ソバ、ソーメン、麸類一切

△原料は大陸直輸入、品質尤も精選

△商標は大黑印

△製麵界の大王

ホノルル、府ベレタニア街

有限責任 布哇製麵株式會社

布哇島之部

岩崎次郎君

（在オーラア十一哩）

布哇島請黍界の大王として夙に名聲を博し常に數百の部下を使役し別に一の大キャンプを設け每年の收入萬を以て數へ同胞實業家の白眉として其勢力の偉大なる白人と雖も後に瞠若たるものあり況んや邦人間に於てをや岩崎次郎君をして邦人間に在らしむるは恰も群鷄中の一鶴に似て君の一擧手一投足は同胞に多大の音響を及ぼし延ゐて白人までをして利害得失を感知せしむ何ぞ其行動の正々として事業の堂々たるや君の如きは眞に同胞事業家の典型と稱すべし然れども君が今日ある僥倖にもあらず又偶然にも非るなり請ふ吾人をして君が今日までの經歷を語らしめよ

君は福井縣越前國南條郡北杣山村字金粕の人慶應三年六月を以て生る幼にして頴敏常に群童と遊戲するや自ら餓鬼大將となり多くの兒童を指麾す群童も亦能く君の命を奉ぜしと云ふ此腕白の小僧他日布哇の天地に雄飛を試み風雲を叱咤して一方に將旗を飜さんとは誰ありて想ふものあらむや嗚呼世の中は三日見ぬ間に櫻かな昨日の小僧今日は實業界の重鎭たり人間の一生の富貴榮達は神にして

始て之を知るを得べし豈に人智を以て知ることを得んや君十才にして西都に出で間もなく東都に遊び叔父監督の下に成育せり當時叔父は砂糖問屋を以て其名を知られ傍らメリケン菓子の製造に從事し東都有力の素封家なりし君多年同氏の下に在りて商業上の薫陶を享けしに長ずるに隨ひて識見大に擴まり勃々の氣慨は抑へんと欲するも得べからず早くも胸に將來の計畫を建て二三の知人に說て曰く今や我國の人口は歲と共に數十萬の增加を示し殆んど底止する所を知らず此勢を以てすれば後來大に需用を增し必要を感ずるものは砂糖なり我國既に砂糖の產出ありと雖も其は一小部分の需用に應ずるのみ之が爲め輓近海外より多くの砂糖を輸入するも我商人にして產地に赴き實地之が調査を遂げ以て價格の高低を知悉し製品の良否を選擇し特約を以て直輸入を計る者未だ之れあらざる也聞く布哇國は最も日本に接近し製糖甚だ盛なりと殊に近時同胞の此地に就働する者日に月に多ければ直接布哇の砂糖を輸入するは總ての點に便宜多からん諸氏にして此議に賛同し實行を試むるとならば次郞不肖なりと雖も自ら彼地に涉り布哇全島の總產出を一手に買收し以て輸入すべければ公等須らく日本全國に亘りて之が販路を拓くべしと諄々說明し萬丈の氣焰當るべからず聽く者驚倒し君を以て大の法螺吹なりと思惟せしが尙ほ詳細の計畫を聞くに及んで君の卓見に感服し再三協議を開き遂に君の說を容れ出資其他の準備をなし君を當布哇に派遣する事とはなりぬ君が當時の得意想ふべきなり

斯くて明治二十六年三月櫻花墨江の堤上に笑ふの候を以て帝都を辭し横濱よりチャイナ號に便乘し萬里遠征の途に上れり船中君の感想果して奈何ぞや定めし君が理想の友として腦裏に印したる者は紀の國屋文左衛門錢屋五兵衛の先輩ならむ而して船は十日の航海を經て無事ホノルヽに到着せり君衝天の勢を以て上陸し在府半年間各地の狀況を探り直接に間接に製糖會社支配人に向つて一手買收の交涉を試みしに彼等其大膽なる申込に一驚を喫し且つ曰く全島現下の總產額は僅に六百萬弗なるが此地の製糖所は多くは會社組織にして粗製品のみを製出し之を米本土に輸送し以て精白とし販賣するの制なれば本島に於て直接賣買すると能はざるなりと是に至つて君が當初の計畫は根底より破壞され折角の苦心は一朝にして水泡に歸したり何ぞ其れ慘なるや之が爲め止むなく其趣を本國に通じ君は此失敗を補ひ不面目を償ふて以て還鄉せんと決心し同二十七年飄然布哇島に渡れり時恰もオーラアに山拓きの事業ありしかば直に進んで之を請負ひ大利を得たり之ぞ君が身を請負界に投ずる序幕にして後來成効せし端緒なりとす其後珈琲の栽培に從ひ邦人六十人を役し五六百エーカの大區域を有せり會々明治三十三年六月よりオーラアに新製糖所開始となりしかば君復數千エーカの甘蔗地開墾を請負ひ八九百人の部下を督し僅に四ヶ月を以て終了せり白人其迅速なるに驚けりと云ふ由來君は勞働者を操縱すると巧妙にして彼等をして一も不滿を懷かしめず是故に短時日を以て開墾地は能く整頓し白人に滿足を與ふるを得たり於是乎一層信用の度を高め岩崎ならでは信賴すべき請負

師なしとの印象を遺さしむるに至れり一たび開墾地の完成を告るや君は居をオーラアナ一哩にトし岩崎キャンプなるものを新設し請黍業を專門とし傍ら商店を開き部下勞働者の便を圖れり本年の黍作は最も豐饒なるが故に總收入十五萬弗を下らずと云ふ豈又㫖ならずや左れど君は些々たる十五萬弗に滿足すべき人にあらず將來の抱負はオーラアの全耕地を掌握し獨力以て製糖機械を運轉せんと期し居れり君の邸宅は數棟ありて室內の美麗なる粧飾の整備せる白人に一歩も讓らざるなり左れば名士の此地を過る者は必ず君を訪問して一泊を乞ふ者多し特にステーブルの階上には芝居演說等を爲すべき廣大なる設備あるは布哇全島稀に見る所なり

君は資性淡泊にして忍耐力に富み頭腦明晰にして決斷流るゝが如し特に客を好み談笑するを無上の快樂とせり君の如き奇才縱橫の快男子は恐くは布哇に多くは非ざるべし邦家の爲め君夫れ自愛せよ

田上時太郎君

（在オーラア十一哩）

君は明治十年九月を以て熊本縣下益城郡當尾村字萩尾に生る幼にして學に志し六才より郷關の小學

に入て卒業の後平山氏の私塾に遊び普通學を修め後復た緒方氏に就き漢籍を學びたりと云ふ漸く人と爲るに及び町村役場へ通勤せり當時君の父或る事情の爲祖先傳來の資產を失ひ窮乏に陥り日々の生計すら意の如くならず到底薄給の身にては父母に安慰を與ふること能はざるに由り止むなく役場の勤務を辭し專ら農事に從事し全力を擧げて慈親の爲めに竭す所あり左れど君が學事に熱心なる學海を斷念するを得ず是に於て鄕黨の靑年を集め靑年會夜學會を創設し衆と共に奮勵學に從へり而して君は推されて其の會長たり爾來靑年の風紀一變しければ人以て君を靑年指導の模範者となすに至れり

君十九才の時海軍兵學校に入らんと欲し受驗せしに身體不合格を以て入校を許されず君以て終生の遺憾とす爲に志を海外に伸さんと期し時は明治三十二年八月十五日東京移民會社の取扱にて東京丸に乘り着布直に布哇島オーラア耕地十六哩に至り條約移民として就働する事となり丹精を拔んじて勤勉せしを以て耕主及大ルナよりは第一のグドマンと稱せられ大に信用を博せしが不幸にも一朝熱病に罹り一時危篤と呼ばれしも素より信用厚き君の事とて懇切なるドクターの治療と情ある親友の看護とに依り三ヶ月を經て漸く快復するを得たり君病後の身を以て或日馬車の上にて勞働しありしに如何なる機にや馬逸走しければ君車上より墜落し車輪の爲め肩部より脊を敷かれ一時絶息し身は其儘病院に送られたり人亦た必死とせしも神佛の保護やありけん二ヶ月の後再び全快したるは平素

正直の餘澤なるべし此二回の大難にて前後五ヶ月を費せしが耕主君を信ずるの厚き其五ヶ月分の給料を支拂たりと云ふ以て君が人物の如何を知るべきなり一旦健康體に復するや大ルナのコック助手となり後間もなく辭してハカラウ耕地に至り山拓きを請負ひ四ヶ月にして之を終り轉じてピヤノ耕地の薪切を請負ひ五ヶ月を經てオーラアに歸り石寄せの下請を爲し後小野目商店員となり在勤六ヶ年の久しき一回の過だになかりしは店主の大に賞賛する所なりし遂には十一哩の小野目支店を譲受け今現に其業に從ひ信用日に増大となり相當の資を蓄へ其勢ひ隆々乎として目下オーラア有數の商店となるに至れり君の兩親は健在にて兄弟五人あり而して君は其末子なりと云ふ

寺河内宇作君

（在オーラア十七哩）

君は山口縣熊毛郡島田村の人にして明治二十二年九月の出生と云へば本年十九才の弱齡なり君郷里の小學校卒業後寫眞術に趣味を感じ斯術を研究せんと志し十五才の時母及家兄の許諾を得て廣島市に至り同市有名の片山氏に就き研鑽する事とはなれり時正に明治卅六年なりしと云ふ然るに斯道練

習中千歳の一遇とも稱すべき日露の開戰となり各師團は陸續廣島に入込み其壯觀前代未聞なりき君親しく此勇ましき狀況を目擊し何とかして征露軍に從ひ以て國恩の萬分一に報ぜんと期したれど奈何せん身は十六才の靑年なれば從軍する事能はず左れど君が一片の熱情は抑へんと欲するも得べからず是を以て某有力家に依賴し明治三十七年四月より海軍病院船に搭乘し專ら傷病兵の看護に從事する事となり始て素志を貫徹したれども不幸にも在職僅に四ヶ月の後疾を以て止むなく還り全快を俟つて而して後再び廣島片山氏の門に遊び日夜寫眞術の練磨に怠らざりし其技大に進み今は獨立して門戶を張るの力量を有したるを以て海外に遊ばんと欲し明治卅九年一月十六日マンチユリア號に便乘し同月廿九日ホノルヽ港に到着せり當時君の實兄布哇島ハカラウ耕地に在りて請負事業を爲せしが故に君直に其許に至り耕地の人情風俗を視察し間もなくヒロ市に出で四五ヶ月間住田寫眞舘に於て其技を揮ひ而して明治四十年六月現今の所に至り獨立開業し日光舘と稱して今盛に敏腕を顯はしつゝあり君未丁年なりと雖も其技量拔群なるを以て遠き九哩邊より態々撮影に來る者多しと云ふ君四才にして父を失ひ母は今尙ほ健全なり君の長兄は三田尻町にて酒造業に從事し次兄はハカラウに在り三兄は山口師範學校を卒業し現に同地の學校に敎鞭を執り四兄は四十二聯隊に在りて軍務に服し君は實に第五男たり君の姉四人は悉く他に嫁せりと君多くの春秋に富めば前途甚だ有望なりと謂ふべし

岡本龜吉君

（在オーラア九哩）

君は山口縣大島郡池田村の人明治十一年二月の出生なり資性温順にして商畧に長ぜり明治三十年母を失ひ同三十一年續いて父を失へりと云ふ君兼て郷里に在るの時商業に從事し經驗あるを以て空手海外に出て商界に成功せんと欲し明治三十一年十月兵庫縣に寄留し旅劵の下附を得自由渡航として神戸よりコプチック號に乘り海上恙なくホノルヽに到着せしは同年十一月十一日なりし着布匆々ヒロ市に至り直に池田商店に入り働く事となれり是より先き君の令兄布哇に來りヒロ方面の事情に精通せるの故を以て君半歲にして池田商店を辭し令兄と協議の上岡本某の商店を讓受け新に獨立の商旗を飜へすに至れり時正に明治卅二年なりき營業日を追ふて發展しヒロ有數の大商店となりしかば其勢に乘じオーラア九哩に支店を設け卅五年君該支店長となり多くの部下を使役し盛に營業せしが後オーラア耕地の衰頽と同時に一時閉店の止むなきに至りたり左れど君はオーラアを動かずして一年半餘耕地の狀況を觀望し時機の到るを期待せしが明治三十七年八月より現今の所に別に店舗を創

設し開業する事とはなれり是に於て再び雲を排して日光を觀るの感ありき生者必滅會者定離の佛語は上千世を貫き下萬世に亘りて一箇半箇も敢て免るゝものなし君開業の歳十一月に最愛の子を失ひ翌三十八年三月十五日重て妻を失へり君の悲嘆如何ばかりなりしぞ噫人世の不幸此上やあるべき爲に一年有餘は自炊をなし淋しく日子を送れり時に妻の死後或人の詐欺に罹り財産を押取せられ重々の災難に遭遇せしも世人の信用ある君の事とて間もなく恢復し以前に倍して業務繁榮となれり之に依りて明治三十九年新に妻を娶り今は一人の子さへ擧ぐるに至りしが故に寂寥たる家庭は俄に和氣靄々を以て充たさるゝ事となれり君の令弟元と陸軍々人として征露の役に從ひ勳賞まで得しが近時來りて君を補佐し目下店員四名馬匹數頭車臺數輛を備へて恰も旭日昇天の勢ありと云ふ又昌なりと謂ふべし

森時定君

（オーラア九哩）

君は安政三年五月宮城縣磐城國刈田郡白石町に生る君の家は世々片倉小十郎氏の藩士たり父を宣由

と云ひ君は其三男なり君九才にして佐藤學氏の松塾に遊び漢籍を修む而して十三才の時は恰も明治元年即ち戊辰の戰にして王師東北に向ふの時なりし是を以て君眞蔭流の劍道を學び悟入する所ありしと云ふ明治二年奥州の大饑饉に際し君が家窮乏に陷りしかば十五才の弱齡を以て行商を始め家政の資を供したり當時君の苦心如何ばかりなりしぞ聞くさへ同情の涙禁ずる能はざるなり踰へて明治四年九月七日片倉藩士四百名北海道膽振國幌別に移住する事となりしかば君父母に隨ひ帆船官輪丸に乘り宮城縣寒風澤沖より出帆せしに南部沖にて逆風に遭ひ漂流すると三日三夜に及び後順風となり同月十七日早朝無事函館に到着し之より開拓使御用船甲午丸に移乘し小樽に向ひしが泉澤沖合にて暗礁に乘揚げ船體破壞し辛くも一命を全ふするを得たり是に於て一先づ函館に歸り汽船にて小樽港に至り石狩町に越年し後札幌郡白石村に移住する事となり種々なる辛酸を甞め盡したり偶ま隣家の少女學術研究の爲め上京せしに由り君之に激勵され大奮志を起し明治六年四月友人千葉元禎氏と共に現今の札幌農科大學の前身たる札幌農學校に入り螢雪の窓に苦學を積み終に同校を卒業し藥掛を拜命し勤務の傍ら外科部長奥山敬藏氏に英學を習へり在職中百圓の貯蓄を成し得たれば之を學資とし海軍々醫たらんと期し明治九年九月慈親の下を辭し東都に出で甞て札幌醫學校長たりし新宮拙藏氏を訪ひしに氏大に其志を嘉し同家に居る事となり日々一里を隔てし新宮良貞氏方に通學し獨逸學を修めたり時に報知新聞紙上にて神奈川縣廳に醫科大學本科貸費生の不足を募集するを知り機

逸すべからずとして其募に應じ難なく試驗に及第し遂に身は堂々たる大學生となる事を得たり君が當時の歡喜果して如何ぞや後明治十二年在學中故ありて新宮恩師の斡旋に依り京都福島醫士の養子となり同十六年六月廿五日芽出度大學を卒業し同年京都に歸り京都府立病院に入り新技量を揮ひしが四ヶ月にて職を辭し德島病院に聘せられて助教員となり同十七年又轉じて福島縣病院に入り一等助敎諭を奉職し同二十年五月北海道公立函館病院副院長となり數ヶ月にして北海道廳公立札幌病院醫長に轉任せり而して同院長は獨逸人エフ、グリシム氏なりしと君は其助手として内外科、産科、婦人科並に眼科に從事し數年間勤續し爾來公立石狩病院及紋鼈、古宇、美國等の各病院長を奉職し十數年間一日の如く忠實に天職を盡せり之より先き故ありて福島家を辭し森の本姓に復したり

明治二十八年三月十二日古宇病院長在職中日淸戰役に際し國恩の萬一を報ひんと决心し自ら進んで赤十字社船内救護醫員となり御用船熊本丸に乘込み遼東半島と本邦　往復すること十數回なりしと云ふ平和克復の後賞勳局より從軍徽章と賞金を下賜せらる又赤十字社本部よりも其功を賞し感謝狀及慰勞金を贈與せられたりと實に家門の名譽と謂ふべし

明治三十三年北淸事變の際軍資金二十圓を獻納し又赤十字社へ新加入者六十名を勸誘せしを以て北海道廳よりは木杯と褒狀本社よりは謝狀と木盃を贈與せりと君が今日まで公共事業に竭し金品を投じたる事は數千圓に達すべく左れど數多くして今一々擧ぐるに遑なしと雖も先其二三を列記せば明

治三十年大日本武德會特別員となり同三十一年北海道協會特別會員に加盟し三十三年軍人遺族救護義會特別會員となり同年又日本體育會特別贊助員の證を得同三十四年には立憲政友會札幌支部の評議員に推選せられたり以て君の人格如何を知るべきなり

君曾て獨逸に遊學せんと欲し札幌病院長グリシム氏と約したる事あるを以て明治三十六年十月北海道廳へ歐米遊學の目的にて旅劵の下附を出願し直に下附を得て同年十一月十一日ホノルヽに來り同郷人大槻幸之助氏に邂逅せし結果暫く在留する事となり三十八年六月ライセンスを得オーラア九哩に於て開業し同三十九年九月ホノムに轉じ同胞の爲めに盡す所ありし而して四十年十月下旬カウに移り同四十一年一月又オーラア九哩に歸り百練の手腕を揮ひつゝあり

原賀房吉君

（オーラア十七哩）

天性剛膽而も機を看る敏に苟も機の乘ずべきあれば百難を排して驀直進前し毫も躊躇せず目下オーラア方面に於て耕主直轄の請黍事業に成功し傍ら商店を開き常に三百人の部下を使役し旭日昇天の勢力ある者之を原賀房吉君と爲す

君は明治二年九月を以て熊本縣玉名郡大原村豐永に生る君青年の頃普通學を修め長じて農商二業に

從事し稍や經驗を積むに及んで身を請負界に投じ大に手腕を揮ひしが君本來大膽の資を有するが故に小事に拘泥するを好まず一擧萬金の策を講ぜんと欲し百方研究せし結果一瞬間に輸贏を決するものは米相場なる事を看取し先づ熊本市に出で勝敗を試むる事となれり夫より進んで博多、下の關、佐賀、大阪、廣島の各所に於て盛に技量を揮ひ其間一盛一衰進退懸引に餘念なかりしも此事竟に失敗に歸せりと云ふ當時征淸の役起りしかば君勇氣勃々禁ずる能はず於是乎軍夫として明治廿七年七月第六師團に從ひ釜山より上陸し二十五長として深く敵地に侵入し翌二十八年五月を以て凱旋せり歸後七ヶ月父母の膝下に在りて孝養怠らざりしが大に感ずる所ありて海外に遊ばんと志し明治二十九年二月中旬鄉里を出發し神戶より千代田丸に搭じ三月四日ホノルヽに到着し直に條約地たる布哇島パパルア耕地に至りしも故ありて一週間にて同地を辭しハカラウ耕地に來り一ヶ月在留し爾來各地を周遊し機會を捕捉せむ事を期せり時に明治三十二年十一月ハマクア地方に適當なる請負業ありしかば機逸すべからずとして同地に乘込み終に二年間在留し大いに奇利を博したり次で明治三十四年秋より多くの資を携へオーラア八哩半に至り復た請負業に從ひ四ヶ月滯在し轉じて十七哩に來り四ヶ所のキャンプを有し盛に甘蔗の栽培をなせり後復た八哩半に來り商店を開始せしが又轉じて十七哩に至り請黍の傍ら商店を開き以て今日に至れり

目下オーラア耕地に於て請黍業者多しと雖も君の如き大仕掛にして且つ收利多き者は太だ稀なるべ

し君は慥に同胞成功者の一人なり君資性磊落交際圓滿にて克く部下を愛するが故に同胞三百人は謹んで克く君の命を奉ぜりと云ふ君又友情に敦きを以て知友の君を訪ふ者甚だ多しと君は克く飲み克く謠ふの人なり就中淨瑠璃、阿房多羅經の如きは本職も三舍を避くるばかりなり君が斗酒何ぞ辭せざる底の氣慨は移して以て大に大活動を成す所以なり君其れ一層奮勵して東洋のモルガンとなりカーネギーたらん事を期すべきなり

大森儀三郎君　（在ワイケア）

着實にして虛飾を好まず唯だ自己の信ずる所に向つて驀進し漫に人の言を信ぜず此特長を以て今や着々奏効し實力の點に於て他商店を凌駕し以て比類なき殷盛を極めつゝある者之を大森儀三郎君とす

君は慶應二年を以て山口縣玖珂郡愛宕村字門傳に生る君壯年の頃まで農業に從事せしが明治二十三年官約の第十八回船として渡來し直に條約地たる布哇島ワイケア耕地に至り就働し無事三年の結約を終了し尙熱心を職務に勤續せし結果多額の貯蓄を爲し得たれば一旦歸朝せんと欲し時は明治二十八年住み馴れし布哇を去りて歸途に就けり而して橫濱上陸後諸方の名所舊蹟を參拜し東海道を經て

京都に立寄り東西本願寺は勿論金閣寺銀閣寺及び知恩院淸水觀音等に詣で夫より一直線に故山に歸り在國二年の後即ち明治三十年再び自由渡航として渡來し以前のワイケア耕地に至り二ヶ年間就働せり其後オーラア九哩に往き請負業に從ひ拮据勉勵の功に由り一ヶ年間一日五弗平均の純益を得たり此多額の金を携へヒロ市に出でフロント街に水店を開き一年間徐に地方の狀況を探り以て時機の到達するを俟てり然るにヒロ及びワイケア方面に於て邦人の酒店を業とする者非ざりしかば君其筋の免許を得てワイケア、ブランテーションの傍に酒類の卸賣を開業し一方酒店の隣に弟の名義を以て食料雜貨店を開始したり蓋し同地方に於ける日本人の酒類販賣は君を以て元祖となす此當時布哇全島米國法律に基き一切の契約移民を解放しければ勞働者の動搖甚しく加哇に行く者ホノルヽに去る者又馬哇より渡るありオアフより來るもありて離合聚散殆んど拾收すべからず之が爲め多くの商店は勞働者に借倒され破產の悲運に陷る者夥しかりし君も此餘波を受け酒店の方は止むなく廢業し令弟の監理せる雜貨店を引取り專ら斯業に全力を注ぎしかば以前の頹勢を挽回し日一日と隆昌に赴き目下長足の進步を成し全盛並ぶものなきに至れりと云ふ米穀の如き其他の貨物他店に品切れとなるも君の店舗にては決して拂底するなし以て君の實力を證して餘りありと謂ふべし君は慥に商業に成功せし人なり而して家庭は妻君及令兒一人ありて甚だ圓滿なり

＊＊　＊＊　＊＊　＊＊

中澤重友君　（在ヒロ）

門閥家の兒孫未だ必ずしも俊才を生ぜず多くは凡庸の豚兒出生して其家門を辱しむるものなり若し英邁漢生じて父祖の業を紹ぎ祖先の名を汚さざる者ありとせば其は稀有の事に屬す矣

君は茨城縣常陸の産にして祖先は世々土浦藩主土屋侯に仕へて重役たり祖父大久保親春氏は夙に勤王の念に富み四方の志士と交を結び國事に盡瘁し彼の有名なる水戸藩士藤田東湖先生とは最も親交深かりしが彼の櫻田事件に就き幕府より嫌疑を受け捕れて遂に囹圄の身となり永く恨を呑んで獄に憤死せしと云ふ明治維新の後朝廷其忠節を嘉し從四位を追贈せられたり君の父は法學に精通の故を以て明治の初年より司法部に奉職し地方判事より累進し大審院判事となるに至れり在職二十餘年にして自ら職を辭し退隱の身となり地を閑靜の處にトし花鳥風月を友とし以て老後を樂めりと云ふ而して君は父の親友たる土佐藩士中澤重業氏（判事從四位）に懇請せられて其宗家を嗣ぐ事となれり今の令閨は實に重業氏の令孃なり

君幼にして學事を好み靑年の頃大阪に在りて英、數、漢の諸學を修め其の後東京に出で軍人たらんと志せしが奈何せん身は本と蒲柳の質到底其目的を達すると覺束なければとて頓に方針を變じ東京醫科大學に入り螢雪の下に苦學を積み明治二十年優等を以て別科を卒業せり夫より專攻科に移りて實地を硏究し又大澤、緒方の兩博士に就き病理學、衞生學等を硏修すると前後三年間學業大に進み漸く社會に其名を知らるゝに至れり偶明治二十四年布哇移民醫兼監督官として聘せられ當布哇に渡航し加哇島ケアリアに到り同胞の爲に奔走盡力せり是を以て同胞の君に對する恰も兒の慈母を慕ふが如くなりし其後カッパーに醫術を開業し轉じてハナペペに其の敏腕を揮へり居る事多年にして益々信用の度を高め隨て多くの蓄財を爲すに至りしが何分同地方は氣候不順にて君が蒲柳の質に適當せず之が爲に大に衞生を害し日に衰弱の徵候を現せしかば他に好地をトして療養せんと覺悟し豫め人を派して良地を探らしめ遂にヒロ市に轉住する事となりぬ君はハナペペを去るに當りてや多くの內外人は非常に別れを惜み百方止策を講じたれども保養上の事にしあれば奈何ともする事能はず爲に同胞は愛別の淚を以て盛なる送別の宴を張り君の行を送りたりと云ふ君一旦ホノルヽに出で十數日保養の後家族を伴ひヒロに到りしは三十九年の春なりし君は本來英語に熟達し兼てポルキー語に精通するが故に一たびヒロ市に開業するや白人、葡人君の門に群集して治療を乞ふ者擧て數ふべからず各方面には出張所を設け病室を新築する抔旭日仲天の勢あり以て其繁榮をト知すべきなり

君名門に生れて名門の後を繼ぎ遠く海外に在つて斯る成功を告げしは父祖の名を辱めざるものと謂ふべし

永山常太郎君

（在ヒロ市）

君は元と鹿兒島縣の人なり幼にして東京に成長し長く故山に歸省せざるの故を以て故國の事は多く記臆せずと云ふ君青年の頃より機關學を修め傍ら英學を研究し而して後明治十七年の頃まで機關師として海軍省及陸軍省に奉職せしが偶々十七年布哇領事アーヴィン氏が新聞紙上に布哇移民の奬勵廣告をなせしを見て君大に喜び俄に海外に航し一層進んで機關學を研究せんとの念を起し直に同事務所に至る吉川移住民局長に面會し親しく其事情を述べ許諾を得て遂に明治十八年一月第一回船の渡航者としてホノルヽに上陸せり當時在布の移住民局長は中山讓治氏にて同胞元年の者は僅に四名なりしと君上陸匆々小澤金太郎氏に招かれ詳細事情を語りしも身は官約の事にしあれば一時止むなく條約地たる布哇島パパエコーに往き就働する事とはなれり左れど君本來勞働者に非れば來稆を手

にする事能はず非常の困難を感じたり時に監督官木村齋次氏其情を察し別に代理者を立て君の契約を解除したり玆に於て君木村氏の厚誼を感謝し同地を去りて直にホノルヽに出府し小澤氏の斡旋に依りマヌケア街に時計販賣並に修繕業を開始せり蓋し邦人の時計業に從事せしは君を以て鼻祖と爲す居ると二ヶ月の後布哇島コハラ耕地在住の元年者で通稱清坊と云へる人出府し來り切にコハラに同道せん事を勸誘せしかば君心動き共に同地に渡り時計店を開けり其際同胞間に英語を善くする者なかりしを以て君選ばれて裁判所の通辯となり大に同胞の便を計りたり此事諸方に聞へければ復たハマクア裁判所より屆請せられて通辯となり傍ら時計店を兼業し在住六年間の後ヒロ警察署より招かれ通辯兼時計業に從事する事となれり其間明治三十五年一時オーラア九哩に至り三四ヶ月滯在し而して再びヒロ市に歸り今は專ら時計業に從ひ全盛を極めつヽあり

君は英語は勿論ポルキー語及び支那語に通ずるが故に多方面に向つて多くの顧客を有する事は世人の克く知る所なり曾て判事ジョージ氏及英人ゼー、デー、ケ子デ氏內外人の修繕し能はざる時計を持參し君に修繕方を依囑せしに君難なく之を繕ひ與へければ兩氏君の技量に感服し自ら筆を執りて技術巧妙の證明書を君に贈れりと云ふ之が爲め君の名聲一層白人間に嘖々たるに至れり

君は啻に時計術に巧妙なるのみならず繪書も亦た巧なり既に明治四十年一月マウナロア山新に噴火せし際多くの白人と與に至り其實況を二面の洋書に描き之を天覽に供せしかば同年六月十四日附を

以て宮內大臣子爵田中光顯氏より上覽に供へたる旨通牒ありたり實に家門の名譽と謂ふべし君復た近時輕便蒸滊船を案出し既に二個の模型まで調製せられたり君の語る所によれば此輕便機械を以て滊船を造らば費用僅にして事足らん左れば時來りて歸朝せば株式にて造船所を設立せんと君の抱負甚だ大なり君も亦た天下の奇人と謂ふべきなり

林　秀　二　君　（在ヒロ市）

君は福島縣相馬郡福田村字眞弓の人なり君本來謙遜にして人に對し多く自己の經歷を語らざるが故に吾人は玆に君の來歷を詳細に草する事能はざるを遺憾とす
君在鄕の際は商業を以て事とせしが夙に海外の有望なるを聞き時は明治三十二年七月故山を出發し橫濱よりグーリック號に搭じ當布哇に渡來せり上陸間もなく淺田商店に入り勞を惜まず奮勵太だ努めたり而して後故ありて布哇島パーハウに至り殆んど一ヶ年間勤勞し後ホノルヽに出府し高桑商店に聘せられ平素濫蓄の技量を揮ひ同店の爲め陰陽の別なく熱誠を傾注し盡瘁せしかば大に店主の信用を博したり之ぞ君が後來ヒロ商界に活動する地盤とはなりぬ
明治三十九年八月考ふる所ありて高桑商店を辭しヒロ市に渡り荒川商店の爲め出資せしが翌四十年

九月二十日協議の末同店を讓受け之を林商店と改稱し遂に獨立の旗を飜すに至れり開業日尙ほ淺きにも拘らず君が機敏の活動と二十世紀の商略は早くも世人の認知する所となり營業日に發展して今や激浪天を摩するの勢を以て進行し古參の店舖を凌駕するの慨あり又昌なりと謂ふべきなり

君天性沈着にして輕擧盲動せず是故に商略當を誤らず着々功を奏し目下全盛の域に進みヒロ屈指の店舖たるに至れりと云ふ

山村令吉君

（在ヒロ市）

ヒロの刀圭家中錚々の名ある者は山村令吉君なり君資性快活にして物に凝滯せず患者に接して最も懇篤なり是故に患者常に門に滿ち今や盛を極めつゝあり

君は廣島縣安佐郡深川村字川深の人なり明治六年九月を以て生る君故ありて同縣安藝郡仁保島字本浦の中川半左工門氏方に於て成長せし故に今の半左工門氏は君が爲義兄に當ると云ふ君幼にして規定の小學を卒へ進んで廣島中學に入校し明治二十四年同校を卒業し暫く故山に起臥せしが一朝感ずる所ありて醫學に志し笈を負ふて大阪に至り試驗の上大阪高等醫學校に入り螢雪の下に苦學を積み遂に同三十年十月優等の成績を以て同校を卒業し翌三十一年同校の聘に應じ助敎諭となれり昨日の

一書生今日は一躍して生徒に向ひ敎鞭を執るに至る以て君が學才に優秀なりしを證すべし後間もなく學校病院の委員を拜命し翌三十二年校の產科婦人科の主任醫長代理となり敏腕を揮ひしかば名聲次第に高まり同業者間に其名を喧傳さるゝに至れり玆に於て大阪府立產婆學校の囑に依り敎諭として暫く奉職せしが君の學事に熱心なる現狀に滿足する事能はず依て明治三十三年現職を辭し帝都に出て東京大學の產科婦人科の專攻を爲し業卒へ阪地に歸り撿疫官となり專らペストの研究に從事し大に得る所ありしと云ふ

明治三十五年君外遊の志を起し同年六月橫濱より乘船し翌七月一日ホノルヽに上陸し間もなくホノルヽ日本人慈善病院に奉職し約一ヶ年後即ち三十六年に倉本ドクトル新に日本より來布せしを以て之と交代し方向を轉じ布哇島に渡りホノカア町に於て先住の武田ドクトルと協同事に從ひ各所に出張所を設け寧日なく馬車に驅りて東西に奔走し大に得意の竦腕を揮ひ頗る喝采を博したり而して明治三十八年四月業務の發展上に由りヒロ市に出で中村ドクトルと協力開業せしが幾干ならずして中村ドクトル、カウ郡に轉ぜしが爲め君獨立以て業に從ひ益々規模を大にして病室を設け患者の便を計りし結果今や旭日の勢を呈しつゝあり

君は產科婦人科に長じ殊に解剖は最も得意とする所なり是故に同地方に大手術ある每には必ず君の立會を要すると云ふ聞く君は本年中に米大陸に遊び斯業の諸大家を訪問し研鑽する所あらんとす

と此企てや寔に善し世の小成に安んずるの徒は君が此壯擧に鑒みて奮勵一番せざるべからず吾人は他日君が新智識を齎らして布哇に歸來し同胞の爲め大に活動せん事を今より鶴首して待つものなり

伊賀松太郎君

（在ヒロ市）

君は山口縣吉敷郡名田島村の人萬延元年六月の出生なり父は明治二十年に歿し母は本年七十八歳の高齢を以て現存せり而して君は其長男なりと云ふ君郷に在りし時は諸種の仲買商として其名を知れ九州廣島及兵庫大阪等の各地を周遊し苟も利のある所は足に任せて跋渉せずと云ふとなし然れども此仲買商なるものは元是れ投機的のものなるが故に意外の大利を獲る事もあれば又大失敗を招く事もありて收利一定のものならず玆に於て君斯業の永久的性質のものならざるを看破し方針を變じて志を海外に立んと欲し時は明治三十二年六月下旬自由渡航として横濱より解纜し翌七月七日無事ホノルヽに到着し在留數日の後鑒みる所ありて布哇島ヒロ市に渡り兩三年間多方面に亘りて活動せしが會々明治三十五年又野旅館を讓らんとの議ありしかば君心に期する所やありけん進て館主又野

百合松氏より之が譲受を了し爾來熱誠を捧げて業務に勉强したるを以て頻に高評を博し四方の旅客常に室に滿つる盛況を呈し隨て家屋狹隘を感じたれば同三十八年に至り規摸を宏大にし屋後に二階三階の別室を設け粧飾善美を盡し每室寢臺を置き來客に滿足を與ふるが故に上等の珍客此地を過る者は必ず君の旅館に投宿せざるはなし豈又昌ならずとせんや君は慥にホテル業に成功せし人なり明治四十年四月故山よりの書に接し家事上の都合を以て一旦歸朝せんと欲し業務は家族に任し匇々旅裝を整へヒロを出發しホノルヽに出で同月二十六日コレア號に便乘し出鄉以來九年目を以て故山の風光に接するとを得たり在鄉中親しく慈母を慰め孝養怠らざりし而して同年十月チャイナ號に搭じ再び布哇に來り直にヒロに還り一層業務を擴張し以て今日に至れり君に五人の男女子ありて家運益々隆昌なり

荒川主馬之助君

（在ヒロ市）

君は山口縣熊毛郡岩田村字雨桑の人明治二年櫻花爛熳の時を以て生る君の生家は極めて僻陬の地と

は云へ累代積善家として其名地方に聞へ最も名望ある家系なりき君斯る春風駘蕩たる家庭に生育し天性至孝にして曾て父母の命に乖背したることなく克く子たるの本分を竭し家業を勵み冗費を省き何時も眞面目に勤勉し常に文學を好み二光を空費せず是故に下層の人物に交るを厭ひ身は恰も芙蓉峯頭の宵漢に突出したるがく俗界に跳出し博く古今の經史を涉獵し古人を友として以て自ら娯む左れば平素無意味の事に談笑するを屑しとせず特に喫茶、喫煙、飮酒博奕、碁將棊弄花等は尤も君の嫌ふ所なり夫れ斯く青年時代より心を高尙の事に傾くるを以て鄕黨の父老君を愛し青年の好典型として世人の賞賛措かざる所なりしと云ふ

君十九才にして妻を娶り丁年の時一子を擧たり曾て在鄕の際殖產に熱心し畑は適當の地を相し梨、葡萄、桑抔を植ゑ山林の瘠地には柿其他の結實樹を蕃殖なさしめ以て將來は蠶業養鷄は勿論多方面に亘り大に活動せんと試み既に多くの苗を培養し着々實行の折柄布哇國に向つて官約移民の募集ありと聞き多望なる君は又考ふる所ありて事業半に之を中止し突然鄕關を辭し當布哇に渡來せり時正に明治二十四年の春なりし到着直に布哇島ホノム耕地に至り就働する事とはなりぬ在耕中神田鶴松氏等と圖り日本人會なるものを組織し書記の任に當り會の爲め同胞の爲め盡す所ありき元來君が渡航の目的は勞役の傍ら英學の研究に在りし然れども布哇は元是れ勞働專門の地にして學術研究の好地に非ず此の點に於ては君當初に方針を誤りたりと謂ふべし由來熱帶地は身體健全ならず隨て氣力

を消耗し懶惰放逸に流るゝものなり君學事に熱心なりと雖も此自然界の天則には打克つ事能はずして希望の英學を充分に練習し得ざりしは君が尤も遺憾とせし所なり當時一般の流行として珈琲の栽培盛んなりしが君氣力を勵まし明治二十七年の春布哇島の東端プナバホアと稱する山中に移住し廿四エーカーの地所を定約し兩三年間珈琲事業を試みしが事實は世評と異り格別の利潤もあらざりしかば遂に之を廢し同二十九年六月よりヒロ市に出で現今の時計店を開業し傍ら時計の修繕金銀美術細工及彫刻物其他諸機械の仕直しに從へり左れど君天禀の才に富むが故に毫も師に就かずして如上の技術を巧に弄すると云ふ殊に君多くの貯蓄あるを以て物品は直接米本土より輸入し店員職工數名を置き業務益々盛大なり

君資性溫厚にして店員を愛し又朋友の窮乏を救ひし事枚擧に遑あらず先年ヒロ日本人會設立の際も直接間接會の爲に竭したりと以て君の人と爲りを見るべし

＊　＊　＊　＊　＊　＊　＊　＊　＊

安東管治君

（在ヒロ市）

君は岡山縣英田郡江見村の人明治十年六月を以て生る君明治三十七年に父を失ひ母は今尚現存せり君に一兄一妹ありて何れも健全なりと云ふ

君幼年より學に志し規定の小學卒業後尋常中學に入り三學期を終了し笈を負ふて東京に出で文學博士根本通明先生の塾に遊び專ら漢籍を修めたりしも時事に感ずる所ありて東京神田區の英語夜學校に入り正則に勉强し成績甚だ良好なりし時に君徵兵檢査に合格しければ明治三十年十二月一日より第十師團に入營し騎兵に編入せられ國家の干城として君國の爲に竭す所ありしが同三十三年十一月三十日滿期除隊となれり是に於て以前の學事を繼續し法律及數學を兼修し以て將來社會に立ちて活動せんとするの基礎を作れり然るに偶々君の知人米國布哇を經て歸來し海外商業の有利を說き且つ君に外遊を勸告せり之に依りて俄に渡布の念を起し父兄の許諾を得遂に自由渡航として明治三十五年九月香港丸に搭じ橫濱を出帆し無事ホノルヽに上陸せり而して暫く各地の狀況を探り心に期する

所ありしも如何せん豫期の商業に從事するには多少の資金なかるべからず爲に一旦布哇島ヒロ市に渡り三十六年よりウヲールニクルス商會に入り實地商業の練習をなし一方蓄財と會話の實習に餘念なく粉骨碎心して三十九年まで勤續し稍や目的の資を得たれば同年十一月より現今の商店を開始し爾來日に月に隆盛を極むるに至れり

君は天性快活にして英語を善くし加ふるに活動輕妙些も凝滯する所なきを以て二十世紀の商人としては眞に適當の人と謂ふべく殊に學術の素養ありて他に傑出したるグルヘッドを有するが故に他商人の企及すべからざる技量あり宜なる哉君が店舖の繁榮なる決して故なきに非るなり

木村音松君

(在ヒロ市)

君は萬延元年八月を以て鄉里廣島縣安藝郡仁保島村字丹那に生る君に兄姉七人ありしが今現に存する者は僅に四人にて君は其末弟なりと云ふ君青年の頃より商業に志し各地を奔走せしが後轉じて船乘を業とし北は北海道より西は九州に至るまで沿海殆んど足跡の印せざる所なく大に海國男子の氣慨を養へり君既に海上生活に多くの經驗を積みたるが故に竟に陸上生活に遷らんとの念を起せり會々布哇渡航の途啓け甚だ有望なりと聞き時は明治二十三年四月十五日三池丸に乘り日本を出發し翌

五月九日無事ホノルヽに到着し間もなく條約地たる加哇島ハナペペに至り二ヶ年半就働せり左れど君の機敏なる勞働は終生の目的を達する上に於て太だ遲緩なるを看取し耕主に請ふて條約を切り直に菜園を開始し二年間にして多額の利を收得したるを以て之を他に讓り資金を携へてホノルヽに出府し商業に從事したりしに意外の純益を得たれば一旦歸朝せんと欲し明治二十七年遂に故山に還り其後或人の周旋にて第五師團に入り工場の酒保となり着々順境に進みしが鑑みる所ありて同三十年一月再び渡布しホノルヽに在りて半ヶ年間商業を營み轉じて布哇島ヒロ市に渡り方向を變じ魚商を始め遠近を厭はず自ら各耕地に行商せしに勤勉の功空しからず年々莫大の收利ありしを以て同三十六年ヒロ市フロントの海岸に沿ふてホテルを開業し傍ら旅舘內に普通湯及鹽湯藥湯を開き諸人に便宜を與へしかば小酌を傾けんが爲め華客每に雲集し其繁榮一方ならず營業の發展と同時に家屋狹隘を告げしが故に明治三十九年には更に家屋を改築し大廣間を設けたれば今やヒロ有數のホテル兼料理店となれり殊に君今尙ほ魚商を繼續し居るを以て鮮魚常に客の膳に上る是故に人皆其便宜を稱し快哉を叫べり是れ君がホテルの特色なり而して君の長男は本年二十才にて君に一臂を添へ親子共に奮勵怠らざるに由り目下多くの富を作り信用至つて大なり

君は天性率直にて業務に熱心のみならず公共の心も亦厚し先年姉川艦來港の時も湯屋を公開し兵員に無料入浴を爲さしめたり君に三女二男ありて何れも健在なりと云ふ

佐藤祐之君

（在ヒロ市）

豪邁にして不撓不屈の氣慨に富み難局に處して從容自若而も自己の所信に向つては人の容喙を許さず之れ君の長所にして又短所なり之が爲め往々世人の誤解を招く事あり左れども君は慥にヒロ地方第一流の敏腕家たる事は世上一般の認許する所なり

君は熊本縣上益城郡白旗村の人明治元年三月の出生なり君明治十六年より熊本の濟々黌に入り漢學部を卒へ而して後山口縣人山縣良藏氏に就き獨逸學を修むること五ヶ年間同二十二年の冬退學し佐々友房氏に親炙して處世の妙訣を得たり後海外に遊ばんと志し明治二十五年十二月五名の知人と與に布哇國に渡來し直に小倉商會に入り一年間勤續せしに職務勉勵の賞として金五十弗を給與せらる夫より一旦商會を辭し二十世紀と稱する新聞を起し同胞の發展に資せり現今の日布時事は其後身なりと云ふ君同新聞を他に一任し目下南米ゼームスタウンに在住する古谷駒平氏の紹介にてピーコック代理店に入る事となり布哇島ヒロ市に渡れり時恰も明治二十七年なりし君赴任匆々日清役起りし

かば推されて献金募集の總代となり大に奔走し四千三百弗を集め同胞大會の決議に由り此金を携へてホノルヽに出府し島村領事の手を經て送金したり之ぞ君が同地方の公共事業に手を染めし始めなりとす爾來明治三十七年迄ピーコック代理店に勤續せしが同年征露役に際し献金問題につき紛擾起り以前設立されし中央日本人會支部將に破壞の不幸に陷んとす玆に於て君齋藤總領事の指令に基き同會の支部長となり辛くも其命脉を繫ぎ得たり是よりして君の威望益々加るに至れり而して君が征露役に就き献金せしは實に米貨五十弗なりし以て公共心に厚きを證すべし後復た義勇艦隊の爲め醵金せしが故に大勳位功三級威仁親王殿下より明治四十年一月十五日附を以て褒狀を賜はり重ねて帝國海事協會理事長男爵有地中將よりも謝狀を送られたり明治三十九年八月渡米禁止策につき同胞の總代となり外務大臣林薰氏に向て請願書を呈出したる事もあり同年九月帝國練習艦姉川號來布の時も君總務委員長となりヒロ港に寄港を請願し遂に目的を達し盛大なる歡迎を爲せり後之が爲め花房艦長より君の許に感謝狀到來したり翌四十年二月松島、嚴島、橋立の三練習艦來布の際も君總代となりて寄港を請ひ功を奏せり是等公共の爲に竭したる事蹟枚擧に遑あらざる也而して同年三月より墓地問題なるもの起りたれど幾干もなく舊態に復せり同年十月頃より復々田ノ上事件續發し布哇新報子は同月廿五日の紙上より君に向つて攻擊を開始したるに此事日布時事紙上に於ける無名氏の投書となり轉じて布哇日々新聞上に君の辯駁書出で一時電光石火の感ありしが瞬時にして新聞子の鋒挫け今は君の名譽上に何等の損傷もなく依然舊狀を維持し名聲赫々たり吾人は思ふ君にして若し長所の鋒芒を深く藏して顯現するなくんば多方面に敵を作らずヒロの天地は掌中に歸せんと妄言多謝

新舘東三郎君

（在ヒロ市）

磊落豪放の資を有し人に接して驕らず能く飲み能く談じ興に乘じては高吟一番爲に傍人をして喫驚せしむるとあり胸懷常に坦然として些の墻壁を設けず而も患者に對して遺憾なく自己の天職を全ふする者之を新舘東三郎君とす

君は明治二年六月十一日朝暾の上ると同時に岡山縣備中國賀陽郡淺尾藩邸に生る幼にして普通學を修め長じて千葉醫學校に入り明治廿一年三月業を卒へ爾來四年間尙ほ進んで高等醫學校及縣立千葉病院に於て斯道上實地の研究に從事し造詣甚だ深かりし後明治廿五年東京淺草西仲町種痘大家故大野恒德氏の養嗣子となり大に敏腕を揮ひしが當時偶々全國に天然痘流行し福島縣亦た流行地となれり依て君は後藤衛生局長の懇望に基き同縣に出張し多くの種痘を爲し歸後淺草に於て種痘の無料施術をなしたるもの實に二千人以上に達したり是を以て內務省より慰勞金東京府より三組の木盃を贈與せられたりと云ふ夫れ斯の如く漸次名聲を揚るに隨ひ遂に本所南二葉町醫學博士瀨川昌耆氏の江

東病院に聘せられ其副院長となり技術堂奥に進むに連れ其名益々喧傳さるゝに至れり後三十二年故ありて養家を辭し同三十五年十二月遠く歐米に遊んで斯道の淵源を探らんと欲し途に布哇に寄港せしに知己友人頻りに停らんとを勸誘せしに因り暫く在留と決し布哇島パパイコウに於て開業し各地に出張所を設け非常に全盛を極めたりしが同三十七年十二月二日故山の書に接し止むなく匆々行李を調へパパイコウを倉本ドクトルに讓り三ヶ月の豫定にて一旦歸途に就けり翌三十八年四月再び渡來し直にヒロ市に赴き一時向井ドクトルと共同事に從ひしが間もなく分離し規摸を大にし懇切以て患者に接するが故に今やヒロ刀圭家中の重鎭として全盛比なきに至れり

君は容貌魁偉にして一見人の渇仰を得るの資あり君人と交るに圓滿洒脫爲に常に訪客の斷間なし特に近時は心を哲理に傾け且つ禪學をも研究すると云ふ以て君の人と爲りを察すべし左れど禪の如きは實踐實行を要するものなれば只徒らに古人の書に依りて第一義門を窺はんと欲せば遂に北宗の禪となり又は野狐禪となり終らん是故に吾人が君に望む所は大死一番底の境界を得て囫地一聲下に須彌大海を掀飛し以て出頭し來らむとを

＊　＊　＊　＊　＊　＊

白石英之助君

（在ヒロ市）

君は大阪市南區内安堂寺町の人明治五年六月を以て生る而して君の祖先は元と播州の人にして世々醫を以て業を爲し其名遠近に轟きしかば關白秀吉公召して大坂城内の醫士たらしめたり當時故ありて白石姓を改めて小泉姓を冒し數代典醫として大阪に居住せしが後明治に至り今の白石姓に復したりと云ふ

幕末に方り君の父八右衛門則貞氏は京師の名醫三隅氏に就き研學怠らざりしが戊辰の際王師一たび奧羽より北海道に向ふや則貞氏軍醫に拔選せられ官軍に從屬して函館及福山、江差、方面に至り大に戰功ありしかば上官より數次賞狀を賜はりたり役終を告げ病を以て辭し大阪に還り醫術を開業し靜に餘生を送り世の人と多く交らざりしが明治十九年遂に病歿し母亦た同二十九年易簀せり而して君の母は彼の有名なる大鹽平八郎の陣笠を砲撃したる本田爲助の娘なりしと云ふ君青年の頃商業に志し大阪にて其名を知られたる佛具師小林猪之助氏方に入り職工として終始一の如く勤勉せしを以て店主大に君を信用し財産を與へ支店を出さしめたりしも君感ずる所ありて財産の全部を主人に預け身は飄然布哇に向つて出發する事とはなりぬ時は明治三十二年八月神戸より東洋丸に乘り渡布したり上陸匆々職工としてボードマン氏方に雇れ忠實に克く働きしが不幸にも翌三十三年ペスト事件の爲め主人の家屋の荷物まで全部祝融氏の災に罹り烏有に歸したり左れど消毒所に收容中大工となり就働せしが故に多くの收益を得たり一旦消毒解禁となるや君專ら工事の請負に從事し加哇島方面まで建築請負の爲め出張し莫大の利益を收めたり是に於てホノルヽ府に日本雜貨店を開き尙ほ請負業を繼續したり後明治三十五年從來の日本雜貨を歐米雜貨品に改め大に發展の道を講じたり時に君ヒロ地方の有望なる事を看取し明治三十六年十二月現今の所に移轉し日一日と隆昌の城に達したり偶々明治三十五年七月令弟の日本より來るあり又同四十年五月令兄も亦本國より來りて君の事業を補佐する事となりしかば費用の濫出なく爲に每月の純益至大なりと由來大阪は日本商業の中心點なり隨つて古來より多くの豪商輩出し一擧萬金を收得する者尠からず君亦た幼時より商業の懸引を目擊せるが故に機を看て活動する事太だ巧妙なり君が店舖殷盛なる決して偶然に非るなり

＊　＊　＊　＊　＊　＊

櫛間清一君

（在ヒロ市）

幾多の苦辛を經て醫學を研究し遂に俊秀の刀圭家となり今や布哇に來りて其敏腕を揮ひ多くの資を貯へ而も患者に接して懇篤叮嚀なるの故を以て益々名聲を博しつゝある者之を櫛間精一君と爲す

君は明治四年十月の出生にて廣島郡山縣郡八重村字寺原の人なり君十二才の時母を失ひ父亦た二十五才の時病歿せりと云ふ君規定の小學を卒へ後廣島朋道中學に入校し普通學を修めたり而して暫く學校敎員たりしが鑒みる所ありて醫學に志し笈を負ふて京都に至り府立醫學校に入り在學二年にして前期の試驗に及第せしも故ありて一時廢學し再び學校敎員となれり左れど醫學の念は瞬時も君が腦漿を去らず是故に常に醫學上の書籍を購求し獨力を以て孜々勉學せり後明治二十八年大奮志を起し帝都に出て濟生學舍に入り顯微鏡及死體解剖の研究に從事し居ること僅に半ヶ年にして後期の試驗に及第せり此間の苦學は人の想像以外に在りて到底普通人の企及すべからざる者あり古人曰く學に志せば苦學に如くはなし道を求むれば貧道に如くはなしと夫れ然り君の如きは始終苦學に由りて

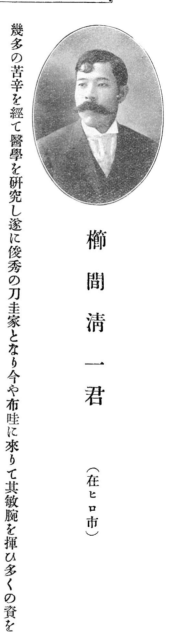

當初の目的を達せしなり古人又曰く刻苦光明必盛大也と君が今日ある決して故なきに非るなり然れども君之を以て足れりとせず尚ほ進んで實地に諸種の科目を練磨せんと欲し直に沼津病院に至り眼科專門の安藤正胤氏に就き一ヶ年間勉勵せり後東京醫科大學に入り內科を專攻すること一ヶ年にして東京御茶の水にある東洋內科病院に至り院長葛田耕安氏に從ひ實地を研鑽せり居ること六ヶ月にて去りて神奈川町に獨立開業せしが間もなく大阪曾禰崎町檢疫所より招聘せられしかば當時姙娠中の妻君を橫濱市に遺し單獨にて赴任せり在職五ヶ月にて偶々妻君難產の電報に接し遽に行李を收め橫濱に還れり時に君感ずる所ありて海外に遊ばんと欲し明治三十五年布哇國に渡來し暫くホノルヽに在り各島の狀況を探り後馬哇島ラハイナに至り耕醫と協同し同胞の治療に從事せしが突然ヒロ市より飛報あり曰く濱本ドクトル歸朝するにつき其後を襲はずやと玆に於て俄に方針を轉じヒロ市に往き開業せり時は正に明治三十六年六月なりし爾來熱誠を注いて患者に接しければ日に月に業務繁盛となり患者每に門に滿ち隨て貯蓄も尠からずと云ふ君は慥に刀圭家中成功の人なり

沖野芳松君　（在ヒロ市）

君は元治元年の出世にして廣島縣佐伯郡五海市村の人なり君の父は酒造家を以て人に知られたる人

なりしが君稍や長ずるに及んで父の業を繼承し傍ら人を使役して耕耘に從事せしと云ふ君本來力量に富めるを以て大に相撲を好み地方の花角力ある毎には必ず進んで他と力を角し壯年者中常に月桂冠を戴けり一方又柔道を學び技術拔群なりしかば鄕黨君の右に出る者なかりしなり時に明治二十一年十一月上旬海外に渡航せんと志し官約移民の募集に應じ今の妻君を伴ひ和歌浦丸に乘り千七百人と與に横濱を解纜し同月二十七日無事ホノルヽに到着せり此の行實に官約の第四回船なりと云ふ上陸匆々布哇島ハカラウ耕地に至り十一ヶ月間就働の後病魔に侵されしを以て從弟に金を與へ君の代理として勞役を成さしめ君自らは保養の爲めヒロ市に來れり當時ヒロ市に於ける同胞の重立たる人は鈴木國藏及伊庭田貞八氏の兩名なりし他に十數人ありたれど寒貧生の一團取るに足るものなし是等邦人が漸次ヒロ市に集まると雖も未だ邦人の旅館一軒もあらざりしが故に病氣保養又は所用を帶びて續々入來るも止宿に差閊へ非常に困難を感じたりし是に於て鈴木國藏氏君に勸むるに旅館を創設せん事を以てせり依りて君斷然ホテルを開始し以て大に同胞の便宜を計りたり之ぞヒロ市に於ける旅館の元祖なりとす

君一たびホテルを設立するやヒロ市は日に月に繁盛となり同砲の此地に集來する者激增しければ君の業務大々的全盛を極め兩三年を出でざるに忽ち數千弗の純益を得たり世に隴を望み蜀を望むは人情の常君既に數千弗を懷にしたれば此金を以て一事業を起さんと欲しオーラア十四哩に二十四エー

カーの地所を購求し珈琲の栽培を開始せり然るに此事意外にも不結果にて竟に三千四百弗餘の損害を招きたり後間もなく牛乳業を始めたりしも是亦六百弗の損耗なりし君玆に於て二兎を逐ふ者一兎をも得ざるの金言に感服し爾來他の事業に斷念し專ら旅館業に全力を注ぐ事となりしかば目下以前の頽勢を挽回し新に壯麗なる二階三階を增築しヒロ市旅館の牛耳を執り宛も黃龍天に冲るの慨あるに至れり汉昌ならずや

君兒童の敎育には注意を拂ふの人物なり是故に現時二人のボーイは曾我部牧師の創立に拘はるホノム學校に在學中なり而して當年十九才の娘は旣に他に嫁したれば當今は家庭圓滿にて營業三昧に閑日月を送れりと云ふ

畑貞之助君　（在ヒロ市）

渡布以來多くの辛酸を歷盡し今やヒロ市商界の牛耳を執り馬匹九頭車臺七輛を有し店員十二人を使役し以て全盛を極めつゝある者之を畑貞之助君と爲す

君は明治元年十月を以て廣島縣安佐郡山本村字東山本に生る君青年の頃より商業に從事し勤勉の聞へありしが明治二十五年五月官約の第十八回船にて三池丸に乘り同年六月上旬着布し直に加哇島マカペリ耕地に至り就働せり左れど君の志素と商業の故を以て居ると八ヶ月にて條約を切りホノルヽに出で廣瀨氏と協同し商業を開始せしが間もなく病痾に罹り止むなく明治二十六年秋八月一時歸朝する事となれり在國十ヶ月にて病全く癒へければ翌二十七年再び渡來し三ヶ月間ホノルヽに於て商業に從事せり之より先き君の令弟も渡布し加哇島ワイメアに雜貨店を開きしが故ありて二十八年歸朝し臺灣に渡り商店を開始せしを以て其不在中君管理としてワイメアに在りしが不幸にも同年令弟は臺灣に客死せり玆に於て君同店を閉鎖し二十九年四月ホノルヽに出で王堂商店に勤務する事となれり在職十ヶ月の後大に感ずる所ありて布哇島ヒロ市に至り獨立業に從はんと期せり然れども當時君落魄の身なるが故に百方金策を爲し妻君の被服まで典し漸く一臺のハックを購求し之を携へてヒロに渡れり時は正に明治三十年の暮なりし此間に於ける君の苦心察すべきなり君ハック業を營むこと三年間なりしが勤勉の結果多くの資を得たり適々三十二年末弟日本より渡來し援助を與へければ渠成り水到る喩の如く時機純熟したるを以て枯木再び花咲き遂に三十三年一の商店を開き傍ら洗湯をも開業せる爾來商業活潑を呈し順境に向ひしかば三十五年よりは洗湯を他に讓り商業の一方に全力を注ぎたり是故に營業日に追ふて發展し今はヒロ商界の白眉として勢力隆々他を壓するに至れり

之が爲め毎月の賣高一萬五千弗に達せりと云ふ又昌なりと謂ふべし人にして隴蜀の望なきものはあらじ君は啻に雜貨商のみに滿足せず明治三十九年度よりサルーンを兼業し大に利殖の道を講じつゝあり實に拔目なき人物と云ふべきなり君本來商才に長ずる人なるが故に今後如何なる程度まで發展するや測るべからざるものあり君の如きは眞個商人の好模範と稱するも敢て不可なきなり

野村岩太郎君

（在ヒロ市）

君は山口縣吉敷郡東岐波村の人明治元年十月を以て生る君の母は明治三十九年に死し父は今尚ほ現存し而して君七人の弟妹を有し君は實に其長兄なりと云ふ君故山に在りし時は農商二業に從事し奮勵怠らざりしが時事に感ずる所ありて志を海外に立てんと欲し時は明治二十九年七月四日條約移民として今の妻君を伴ひチャイナ號にて横濱港を解纜し同月十五日ホノルヽ港に到着し布哇島ペペケオ耕地に就働し契約皆濟の上隣耕地たるホノムに至り明治三十三年一月より食料雜貨店を開始せしが事は志に乖き不運にも其當時布哇八島契約移民解禁となり勞働者の移動甚しく宛ら亂痳の有樣なりしを以て耕地への貸附金は更に集らず之が爲め三年間を經て遂に閉店の止むなきに至れり此際は

啻に君のみならず全島に亘りて商店の多くは倒産の不幸に陷れり畢竟是れ勞働者移動劇甚なりし結果に外ならず是に於て君明治三十七年ホノムを去りヒロ市に出で殆んど一ヶ月地方の狀況を觀望し而して後岡某の三階樓を讓受け料理店を開きしが故ありて間もなく之を返し新に現今の所に飯屋を開業したり爾來營業の繁榮なるに連れ家屋を增築し三十八年一月より改めてライセンスを受け公然之を料理亭となし懇切と廉價を旨とし三四の雇人を置き大に勉强せしかば屈指の料理店となり來客常に斷間なく隨て每月の收益甚だ多しと云ふ要するに君が料亭の特色は來客に對し多くの利を貪らざるに在り左れば耕地よりヒロ市に來りて一盃を傾けんとする者は君の樓に登るを無上の安心とせりと云ふ料亭の繁昌せる決して故なきに非るなり

合志實男君

（在ヒロ市）

君は熊本縣南千反畑町の人明治十四年八月の出生なり父を覺太氏と云ひ明治三十五年三月病歿し母亦た次で三十七年に死亡せりと云ふ

君青年の頃普通學を卒へ後小學校に敎鞭を執り傍ら神職たり時に明治三十四年十二月コプチック號に便乘し無事上陸の上直に布哇ヒロ市に至り大和神社に奉職せり之より先き君の父覺太氏厚く神明

を敬信し之に仕ふる事太だ愼めり左れば神明の加護やありけん一夜神勅を蒙り感悟する所ありしと於是乎一層敬神の念を高むると同時に此神靈の廣大なるとを異域の同胞に知らしめんと欲し明治二十五年七月非常の勇氣と決心を以て渡來一旦布哇島ワイケア耕地に至り同塵の方便によりて衆と共に耕耘に從ひ其間直接に間接に同胞に向ひ神威の何たる事を懇諭せしに木石ならぬ同胞大に其德に感化せられたり氏機の熟するを察し東西に奔走し有志に義金を請ひ自ら石を運び材木を擔ひ雨に沐し風に梳り苦心慘憺の末遂に三十一年十一月天長の佳節に丁りワイケア街道に於て一の神殿を創立せり名けて大和神社と云ふ爾來一層敬神の念深かりしが明治三十四年神勅に因り自己の死期を感得せしを以て遠に本國に遺しある本篇の主人公實男君を呼寄する事に決し其手續を了し前記の如く同年十二月着布し親子十年目に對面し邂逅僅に三ヶ月即ち翌三十五年三月眠るが如く易簀せりと實に奇と謂ふべきなり

君既に父と世を異にしければ自ら起ちて活動せざるべからず君父の志を繼がんと欲して其旨を當局に屆出でしに三十五年神宮奉齋會より宮司に任命せられしかば爾來活動的の人となり三十七年小學校を設置し自ら敎師と爲り別に一名の助敎員を雇聘し同胞子弟の薰陶に從事し目下五十餘名の生徒あり爲に人望日に加はり隨て三十八年諸人の賛同を得て拜殿を新築し今や總ての祭典は君が主宰の下に執行すると云ふ夫れ斯の如く社運隆昌となるに從ひワイケア街道は諸人の參拜不便なるに依

り遂に明治四十年十一月地をヒロ市フロント東通りにトし神殿及び學校共に移轉し大に發展の道を講じたり而して君本年二十八才の壯齡なれば前途甚だ有望なりと謂ふべし

江口義民君

（在ヒロ市）

布哇島寫眞界の牛耳を執り其名夙に世人に喧傳せられ今や着々功を奏し多くの資を蓄へ而もヒロ市同胞間の重鎭として世上の尊敬を受けつゝある者之を江口義民君と爲す矣

君は熊本縣葦北郡水俣村の人明治六年六月を生る君の家は世々細川公の藩士たり君幼時より文武二道に志し文は普通學を修め武は殆んど一流の堂奥に詣れりと云ふ斯くて君四方の志を起し或は文に或は武に諸先輩を歷訪し大に得る所ありし時に偶々君の實兄一民氏海外より歸朝せしにつき親しく其有望なるを聞き卒に外遊の念勃興し且くも禁ずる事能はず茲に於て斷然志を決し明治三十年十月臨時船旅順丸に乘り神戸を解纜しホノルヽに到着せり左れど君本來勞働者に非ざれば將來の目的を達するには他に良法を講ぜざるべからず之が爲め探究に時日を費せしが一朝鑒みる所ありて寫眞術

を研究する事に決したり當時ホノルヽに於て布哇第一と稱する寫眞師に煤孫氏なる人あり君乞ふて其門に入り一意專心研修する所ありしが君元と天才に富むが故に幾干ならずして其妙技を究むるに至れり依りて明治三十二年即ち君の齡二十七才の時ホノルヽを辭して布哇島ヒロ市に渡り直に同市フロント街に於て獨立開業する事とはなれり然るに君の技術絶妙の故を以て開業早々名聲を博し同業者を壓し宛も群雀中の一鶴なるに似て其勢ひ隆々乎として間もなく全盛の極に到達せり爲に毎月の收益莫大なりと云ふ其後明治三十七年市區改正につき現今の所に移轉し益々奮つて妙技を發揮するに至れり

君は啻に寫眞術に薀奥を極めたるのみならず風雅の道にも志し詩歌俳偕に堪能なり號を葦水と稱し地方新聞に俳偕の懸賞募集ある時は之に應じて詠出し每に天軸を得るを例とす時に或は撰者となりて天狗連の詠草を撰評する事あり實に君は多藝多能の士と謂ふべきなり

元來ヒロ地方は紛擾の絶へざる所なり然れども君は公平無私の人なるが故に其間に獨立して何れにも附隨せず之れ君が諸人より尊敬を拂はるヽ所以なりとす而も恬澹なりと雖も君資性剛毅にして直を尊び曲を嫌ひ理に悖る事あれば抗辯屈せず飽まで自己の所信を貫徹せずんば已まざらんとするの慨あり而して友に交はるや甚だ篤實なり是故に一たび君が心に友とし許したる以上は膠膝の如く離るヽ事なし君は眞個に九州男子の本領を得たる人と謂ふべし

島本忠太郎君

（在ヒロ市）

君は山口縣大島郡油田村字油宇の人明治十一年の出生なり明治十八年即ち君が七才の時第一回船にて父母に伴はれ渡布したるなり而して父三四郎氏は布哇島ワイナコ條約として就働し三年無事終了し後復た三年間を經てヒロ市附近にて請黍業に從事したりと云ふ其間君は專ら英學を研究せしが十四才の時志を立て父母に乞ふて米國に渡り桑港に在る五年にして遂にレンコンスクルを卒業せり夫より各地を遊歷し前後在米八ヶ年の後即ち君が廿一才の際父母の膝下に歸れり君在米中父は珈琲事業に從ひ失敗を招きしかば止むなくヒロ市に於て水店を開業せり恰も好し君其當時歸布しければ父母大に悅び新にレストラントを開き傍ら君は通辯として内外人の便を計りしに君が英語の素養と篤實は一般公衆の認むる所となり大に信用を博したり之が爲め遂に裁判所の通辯に登用せらるゝに至れり彼の船越事件の當時も君は實に其通譯たりし後明治三十九年六月より今の木戸氏と協同して酒店を開始したるに元より信用ある君の事とて業務日に繁榮し目下比類なき全盛を極めつゝあり君尚

ほ多くの春秋に富めば前途甚だ有望なりと謂ふべし

木戸千松君

（島本氏と協同）

君は廣島市観音村の人にして本年四十五才なりと云ふ官約の第四回船を以て渡布したる也上陸後直にパパエコー條約として就働し三年間無事契約を了り大槻商店の爲め盡す所ありしが同商店がオノメアに支店を設くるに方り君は其支配人の資格を以て就任したり在勤三年にて多くの蓄財を爲し得たれば一旦歸國せんと欲し明治二十八年四月二日チャイナ號に搭じホノルヽを出帆し同月十二日横濱に到着し名所舊蹟を巡周し而して後故山に歸り十八ヶ月間在國し三十年商品を携へて再渡航しオノメアに雜貨店を開けり即ち今の松村商店是なり後明治三十三年ペスト騷擾の際同店を松浦氏に賣却し直にホノルヽに出府し日本品を直輸入し二年間商業を營みしが此事遂に失敗に歸せり依りて一時千屋商店に入りしも間もなく之を辭し三十五年十一月天長節前に再び布哇島ヒロ地方に至れり暫くしてホースレーカ酒店に雇聘せられ前後三年間勤續せしが偶々同酒舖を賣却するの議ありしを以

て島本氏と協議し之を買收し協同商店を開業する事となれり君は商業に經驗あり島本氏は英語に熟達するの故を以て內外の顧客日に增加し每月の純利太だ多しと云ふ今日の勢を以てすれば近き將來に於て大成功を奏する事毫も疑を容れざるなり

藤本龜太郎君

（在ヒロ市）

ヒロに一奇人あり年齒本年三十を踰ゆる僅に二才なれども工業の泰斗として人に仰がれ每に數百人の部下を使役し大小建築の請負に從事し西はヒロよりハマクアまで東はオーラア及びプナ方面まで東西殆んど百哩間に亘りて自己の勢力を扶植し未だ一人の之に匹敵する者あるを見ず其威望隆々として鯉魚龍門に登るの慨ある者之を藤本龜太郎君と爲す
君は明治十年六月を以て廣島縣廣島市金屋町に生る君の父母は今尙ほ健在にて君は其嫡男なり而して君に三弟一妹あり就中次弟は過る明治三十七年渡布し今現に君の許にありと云ふ君青年の頃より豪放快活にして小事に頓着せず而も自己の所信に向ては貫徹せずんば止まざらむとするの氣慨あり

此氣慨こそ君が今日の聲望と位地を得たる基因ならむ其は且く措き君十八才の時即ち明治廿七年四月遠大の希望を懷き自己の驥足を海外に伸さんと期し愛國丸に搭じ當布哇に來り直に馬哇島ハナ耕地に至り就働せしも同地は狹隘にして將來活動すべき地に非るを看破し居ること僅に三ヶ月の後轉じて布哇島ハカラウ耕地に渡り三年間孜々勤勉の結果多くの資を蓄へ得たり玆に於てヒロ市に出で獨立業を起さんと欲し遂に工業の請負に從事する事とはなれり君一度身を工業界に投ずるや拔群の熱誠と非凡の技量を揮ひ以て依賴者に滿足を與へしかば內外人の信用日に增加し今や凡百の工事君の手に依らざるなく君に非れば信用を措かざるの傾向を呈せり隨て多くの貲財を蓄へ總ての公共事業に手を伸す事となれり君は確に工業界に成功せし人なり目下君に一男二女ありて家庭甚だ圓滿なり君尚多くの春秋に富めば前途至て好望と謂ふべし君たる者益々奮て社會公衆の爲め全力を竭すべし

宮田初太郎君 （在椰子島）

人を使役すること恰も自己の手足を使ふが如く操縱自在の妙術を得而も是等多數の人をして一言不平を訴へざらしむる者之を宮田初太郎君と爲す

君は廣島縣佐伯郡地御前村の人明治元年十月を以て生る君の父は君が十六才の時病歿し母復た續で

亡す而して君に一弟一妹ありしが君長男と云ひ殊に妙春の時を以て父母に永別せしが故に其苦心言語に絶せり鄕黨爲に同情の涙を灑がざるものなかりしと云ふ君玆に於て絶世の勇氣を皷舞し商業に志し各地を奔走し以て幾多の經驗を積めり後船乘となり毎に大阪下の關間を往復し有らん限りの力を揮ふて一家を經營せり時に同縣下に於て官約移民の募集ありと聞き其の募に應じ今の妻君を伴ひ第二回船として明治十八年神戸を出帆し航海三十日間を費し漸くホノルヽに到着し直に布哇島ホノカアに送られ就働する事とはなれり勤續二ヶ年半にて耕主に乞ひ條約を切り一旦ホノルヽに出で四方の狀況を探り徐に將來の策を講せり然るに年と與に同胞の渡來する者益々多きを加へ盡未來際底止する所なきを察し明治二十九年にカウ郡に至りポノルーに商店を開始せり居ること三年にして之を他に讓り現今のヒロ椰子島に來れり而して後間もなく米人ヱルチーガー氏に屬し棧橋のルナとなり敏腕を揮へり君本來宏量にて人を鑑識するの明あり且つ人を使役するに妙訣を得たれば部下君に心服し之が用を爲さん事を希ふ而して其部下に屬する者毎に五十人乃至百人ありと云ふ先年故ありて君其職を解かれしに部下の葛藤絶間なく到底監督し能はざりしかばポス愈よ君の技量に感服し再び君を現職に復するに至れりと以て君が非凡の技量あるを推斷し得べし目下多額の俸給を得威望と信用は全盛の域に到達せり

君常に義氣に富み强を壓し弱を佐くるの風あり爲に一たび君と交りし者は情交長く渝る事なし君の

長男健一氏は本年十七才にして孝順なり特に英語に巧妙にて目下ハイスクールに在學し次男はポーデンスクールに入りて勉學中なりと聞く君も亦た幸運の人と謂ふべきなり

栗谷惣三郎君

（在ホノム）

溫厚篤實の資を有しホノム地方に人望を博し多くの財を蓄へ目下サルン業を營み蒼龍天に冲るの勢を以て益々功を奏しつゝある者之を惣三郎栗谷君とす

君は慶應三年十二月を以て山口縣玖珂郡高森村に生る君二十五才の時即ち明治廿四年三月十六日官約として岩國新湊より近江丸に乘り海上平穩に同月廿九日ホノルヽに到着し布哇島ホノム條約として至り翌四月十日より就働し一ヶ年半普通勞役に從ひしが君の勤勉は夙に耕主の認むる所となり擧げられてルナと爲り耕主と同胞の中間に介立し雙方の便利を計りしが爲め就任中更に紛擾を釀したる事なしと云ふ而して明治二十六年十一月よりタイムブキッパとなり六年間斯業を勤續せり此間多額の貯蓄を爲し得たれば一先歸朝し久々にて父母を慰めんと欲し時は明治三十二年八月廿五日ホノ

ムを出發しホノルヽに出でチャイナ號に搭じ踰へて九月十日横濱に到着し故山に歸れり在國三ヶ月の後同年十二月三十日再びチャイナ號にて横濱を解纜し自由渡航として三十三年一月八日ホノルヽに渡來せり然るに何ぞ圖らんホノルヽ全市は今やペスト大騷擾の爲め火神は威力を逞ふし毒焔を吐て市街を呑みつヽあり之が爲め君等は上陸匆々消毒所に收容の身となり遂に止むなく四月まで在府する事となれり禁漸く解けて直にホノムに至り從前のタイムキーパーたる事殆んど一ヶ年餘にして偶々心臟病を患ひ内外醫に就て百方治療を受けしも到底全快の見込なきを以て歸國の上名醫の治療を乞はんと志し三十四年八月ゲーリック號にて再び歸朝し播州明石町湊病院に入院し彼の有名なる二十世紀の大發明古今未曾有の湊液注射を受けしに布哇醫の匙を投じたる難病頓に全癒しければ靜養旁是地に三ヶ月間閑遊し而して後一旦歸宅し父母の膝下に在りて病後の疲勞を休め翌三十五年五月二十七日ゲーリック號にて横濱を出帆し六月六日ホノルヽに到着しホノムに歸來しルナとなり三十九年三月迄同職を繼續せり思ふに君の如く數次日布間を往復し同一耕地に歸來するも毎に重要の地位を占むるは畢竟耕主の信用敦きに由るや論を俟ざる也左れど君が平素内外の別なく克く動き克く竭さずんば安ぞ斯る結果を得る事あらんや是に由て之を考ふるも君が篤實にして素行の美良なりし一班を知るべきなり君既に多年の勤勞に依り資本豐富となりしかば一の事業を起し一層成功を大ならしめんと欲し明治三十九年五月よりサルンのライセンスを受け開業する事となりしに素より人

望ある君の事にしあれば營業日に繁榮し宛も順風に帆を揚ぐるの勢を以て進行し今や貸附の酒價のみにて五千弗を超過すると云ふ又昌ならずや

君は啻に營業に熱心のみならず公共事業にも亦熱心なり同地本願寺布敎場の如き又附屬小學校の如き苟も同胞間の公共事業と云へば衆に卒先して地方第一等の寄附を爲し更に傲るの色なし是を以て衆望一身に萃まり其名遠近に響くに至れり君の父母は現存にて君に七人の子女ありしが二人を失ひ今は五人ありて其中二人は日本に在り他は君の膝下にあり而して長男は既に十九才の春を迎へ君の一臂となりて目下活動しつゝあり君も亦た好因緣の人と謂ふべきなり

大城戸健一君 （在ホノム）

勤勉は成功の母なりとは西諺の言ふ所現今布哇島ホノムに於ける同胞中最も成功したる人を擧ぐれば先づ指を大城戸健一君に屈せざる可らず君の如きは全く勤勉の結果今日の成功を生みし故にして而も機を見るの明ある能く今日の富を致せし所以なりとす

君は明治十二年八月を以て山口縣玖珂郡高森村に生る家は農を以て業とせしが君は徒らに一農夫を以て終るを屑しとせず奮然志を立てゝ海外に航せんと欲し明治三十五年九月廿一日日本丸に便乘し

自由渡航者としてホノルヽに到着し消毒所にある三日の後馬哇島スペクルに至りしが同地の志を伸ぶるに適せざるを看て一ヶ月にして去つて布哇島ホノムに往けり是れ現在君の住する所にして初め二ヶ月間は耕地勞働に服せしが君の事を見るに敏き未だ日本人中靴製造を業とせるものなきを知り必ずや其利潤多きを看破し遂に製靴の業を開始せしに果して大に成功し日を經るに從ふて繁榮に向ひ翌三十六年七月には既に工場增築の必要を感じて取擴げをなしたるが他に競爭者なき君の業務は愈々擴張して職工數名を置き日夜孜々として業に從ふも猶足らざる盛運に向ひたれば其利する所も少からず明治三十九年六月には同地に於て邦人の家屋として稀に見る宏壯なる二階建家屋を新築するに至れり現時の大城戸靴店即ち是なり

本年二月ホノルヽの布哇日々新聞布哇新報又び布哇島ヒロ市のヒロ新聞が聯合して布哇島に於ける同胞成功者五十大家を投票に付して廣く世に紹介する大投票の擧あるや君は直に蓄財家の候補として衆人の推す所となり開票の結果幾多の布哇島在住同胞中より其最高點を占むるの榮譽を得たり由レ是觀レ之如何に君が同地に於ける成功者として人に知られしかを知るに足らむ

君が家郷には君が今日の成功を聞ひて歡喜措く能はざるの父母現存し君は其六子中の三男として最も名をなしたるの人なりとす其一弟は目下共に其家業を助けつゝあり又君は妻女との間に一男子ありて常に和氣洋々の間に益々家運隆盛に向へり其前途や實に多幸なりと謂ふべし

藤本虎藏君

（在ホノム）

君は山口縣大島郡日良居村字土居の人慶應元年十二月を以て生る長じて大工職を以て業とし縣下各地を歷遊して其技を練磨する事五ヶ年半の後一事業を企てんとして福岡縣に遊びしが明治二十七年の春布哇國に好事業ありと聞きて渡航を志し三池丸に乘じて渡布したり

當時は猶契約勞働の行はれし時代なりしを以て君も又上陸後直に布哇島ペヽケオ耕地に三ヶ年の契約者として就働し、此間能く職務に勤勉して三ヶ年の期間は無事に完了せしが耕地支配人の信用する所となり解約後も猶望まれて其職を繼續する事二ヶ年半前後合せて五ヶ年なりしが君は木工の技を有するを以て其間四ヶ年は大工の職を取りしが故に其得る所の賃金も通常勞働者と異り利益多

かりしかば五ヶ年の後に既に少からざる蓄財をなし自ら獨立するの基礎を作るに至りぬ

斯くて君はヒロ市に移り居る事半歳の後ホノムに轉じ七ヶ月間建築業に從ひ大に財を蓄へ得たれば玆に多年の宿望を遂げ日米雜貨商店を開業するに至れり是現今の藤本商店にして爾來君は又着實なる商業家として大に同胞間の信用を博し業務益々進み家運愈々隆盛に赴きつゝあり

曾て同地に日本人小學校建設の擧あるや君は又其新築工事を請負ひたるが生來公共の心に富むが故に此請負を引受くるに當りても兒童敎育の美擧に盡さんが爲め自ら得る所を薄くして熱心に其事業を助けたるが如きは大に在留者の多とする所なりと云

日露戰爭を開くに當りては君も又國民の一人として大に奉公の義務を盡さんとし三十八年十二月卒先して日本赤十字社に加入し猶多數の同胞諸氏にも入社を勸めて愛國の誠意を致さんとし東走西走の結果、賴母子講を組織して以て入社の資を作るの良法なるを案出し三十九年十月廿五日同志を募りて先づ二十一名赤十字社員に加入せしめ次で益々其斡旋に努めて遂に三十五名の多數を周旋したり君が僅に一大工職に其業を起して終に志を遂げて商業家となりしは全く其性來の着實にして且勤勉家なりしが故なり、加ふるに公共の心に富めるが如きは以て世の規範とするに足る

* * * * * * * *

河内平松君　（在ホノム）

君は山口縣大島郡平群島字東羽仁の人なり明治三年三月を以て生る父を壽助氏と云ひ本年六十八歳の高齢にて至つて健康なりと君の家世々農を以て業とせしが君は幼より膂力衆に優れたりしかば常に角力を好み郷里に宮相撲ある時は一方の大關として諸人の喝釆を博したりと云ふ時に明治二十九年九月十日俄に外遊の志を起し神戸より東洋丸に乗り海上恙なく當布哇に渡航せりホノルヽ上陸後直に布哇島ホノカアに至り就働する事とはなりぬ而して其後三ヶ月にして君の意に滿たざる所ありしかば耕主に請ふて條約を解除し匆々同地を辭しラツパホヱ〳〵に出て棧橋に働く事三週間なりし後又轉じてホノムに來りカチケンの請負に從事する事六ヶ月なりき此時正に明治三十年七月なりしと云ふ此耕地は君に如何なる因縁やありけん君の心をして長く留らんとを期せしめたり是に於て君先づ製糖場に働き遂に機關部に入れり最初は釜の水差として就業せしが日を經るに從ひ機械の構造運轉の方法等殆んどミルに於ける悉皆の事を會得したるを以て二ヶ年以後より重要の機關部に平素蘊蓄の技を揮ふととなれり現今も尙ほ其職を勤續し多額の俸給を得て耕主の信用一方ならず君が就働せし以來既に機關部長を代ゆると六名に及ぶと雖も君は現職を維持し終始變るとなし此一事を以

てするも君が職務に忠實にして如何に勤勉なるかを證明して尙ほ餘りありと謂ふべし君天性溫厚にして信義を重んず是故に一たび君と交りを結ぶ者は膠漆も啻ならずと云ふ君の如きは同胞中稀有の人と謂ふべきなり君の父母は今尙ほ健在にて君の無事還鄕せん事を鶴首待ちつゝありと而して君の實弟は陸軍に奉職し目下軍曹として滿洲に在り

岡田晴榮君

（在ホノム）

君は明治九年を以て鄕里山口縣玖珂郡柳井町に生る君幼にして規定の小學を卒へ青年の頃商業に志し各地を周遊せし事あり時に君の地方より布哇渡航者續出し成功せる者尠からざるを見聞し端なくも君奮發の心を惹起し遂に明治二十八年三月故山を去りて布哇に來れりホノルヽ上陸後布哇島ホノムに至り一ヶ年間は事業の研究に日子を費せしが大に考ふる所ありて時計店を開始し以て同胞の便を圖ることはなりぬ後明治三十七年より時計業の傍らホテル業を開きしに人望ある君の事とて日に月に隆昌となり往來の旅客は特に君の旅館に投宿すると云ふ君は本來磊落にして隔壁なき人物なり左れば時計業と旅館の二者は世人の爲め大に歡迎せられ今や旭日昇天の勢を以て進行しつゝあり豈又昌ならずや

森中又三郎君

（在ワイデア）

君は山口縣玖珂郡室木村の人なり明治十三年十一月を以て生る君の父母は今尚ほ現存し兄一人ありと云ふ君在鄕の際は農業に從事せしが十九才の時卽ち明治三十一年外遊の志を起し父兄の許諾を得て神戸に出でモガル號に搭じ當布哇に渡來しコーランテンに在る數日の後條約地たる加哇島エレエレ耕地に至り就働せしに二ヶ年を經て米布の合併となり米國法律の下に布哇全島の契約移民を解放しければ恰も鳥の籠中を脫せし思を爲し匇々行李を納めてホノルヽに出府し殆んど一ヶ年在留し各方面に向つて活動せしが後布哇島ハカラウ耕地に至り三年間勞を惜まず必死となりて勤勉せし甲斐ありて多くの蓄財を爲し得たれば之を資本となし一の獨立事業を起さんと欲し遂に現今のワイデアに時計店を開業する事とはなれり爾來營業日に隆昌となり來客每に絕間なきに至れり思ふに君が今日までの徑路は道中一の故障なく坂路なく平坦の路を步むが如く經過し來れり洵に異數と云はざるべからず而して君本年二十九才の壯齡なれども未だ妻を迎へず獨身生活を維持し營業三昧に餘念なきは珍とすべきなり

君天性着實にして機敏なり是故に今後の活動は如何なる程度如何なる方面に大發展を試むるや測る

べからざるものあり殊に齡益だ而立に達せざれば風雲を叱咤して大飛躍を爲すの秋あらむ吾人は蔭ながら君の大成功を祈るものなり

田代增太郎君　（在ハカラウ）

君は廣島縣佐伯郡沖村字畑の人なり早くも布哇に渡來し多くの辛酸を甞めて而して後明治三十四年より現今の所に珈琲店を開き今や數千の蓄財を爲し營業益々繁榮なり

豐島安積君　（在パウイロ）

君は明治四年四月の出生にて山口縣玖珂郡麻里布村字今津の人明治三十一年三月に渡布し布哇島各地を周遊し後三十三年現地に來り賣藥の傍ら時計店を開き盛に營業しつゝあり

* * * * * * * *

松本文藏君

（在ワイカンマル）

布哇在留日本人が既に出稼的移民時代を脱して眞の殖民的時代に入らざる可らざるの時機に際しては同胞たるものは宜く出稼的勞働より去つて土着的事業に從事せざる可らず而して能く同胞の實力を發展せんと欲せば各方面に於ける堅實なる業務を執るの要あり、即ち農工商業等各其得意の業に從ひて發展の基礎を强固になすを要す、吾人は此點に於て在留邦人が有ゆる事業に夫々其地歩を作らんことを望むものなり今玆に其經歷を叙さんと欲する鐵工場主松本文藏君の如き即ち吾人の希望に向ふ所の一人なりとす、君は文久二年を以て郷里山口縣玖珂郡川下村字車に生れ家は世々農を業とせしが獨り自ら決する所ありて明治廿二年九月君が齡二十七才の時當地に渡來し始め定約移民としてオアフ島ヘーア耕地に在り三ケ年の契約を無事終了したるの後ワイマナロ耕地に轉じ暫くにしてホノルヽ府に出で或は白人の家內勞働に從事し或は自ら養豚の業を營み或は汽船に乘組み種々なる經驗を積み後布哇島ラウパホエ〱に渡り居る事半年にしてホノムに轉ぜしが此の處に於て君は多年の勞働中に習得せし鍛工を以て一家を成さんと決心し自ら鐵工場を起して三ヶ年其業務に服する中クカイアウ耕主の聘する所となり、同耕地機械場に雇はれしが半歳にして明治三十四年現今の在住地たるワイカンマルに居を定め鐵工場を開設して今日に及び營々として倦む所なく精勵しつゝあり、附近在住者の信用も漸次高まり益々繁昌に赴けるは偏に君が堅實なる思想の致す所なり殊に君は甚だ義俠の心に富み能く人の爲め盡力するを以て世人之を美德とし常に賞賛せざるものなし

寺田伊三郎君

（在ラウパホエ〳〵）

多年種々なる事業を經營し多くは皆失敗に歸し最後の一戰に捷利を博し今や二人の子息に店務を一任し退隱の身となり悠々閑日月を送る者之を寺田伊三郎君とす

君は當年六十才にして廣島縣廣島市觀音村の人なり壯年の頃農商二業に従事し明治二十一年官約六回船を以て當布哇に渡來し直に布哇島ワイナコ耕地の條約として就働し三年の契約を無事終了し多くの資を携へて一旦歸朝し在國一ヶ年半の後再び渡航し間もなくホノルヽに於て食料雜貨店を開業せり然るに君が本國より携帶せし物品中腐敗したる物多く加ふるに貸賣せし代價は集まらず爲に遂に失敗に終れり是を以て俄に方針を轉じ布哇島ラツパホエ〳〵に渡り一の雜貨店を開始する事とは

なれり而して當時此地方は珈琲熱昌なりしを以て君商業の傍珈琲の栽培に從事し一擧萬金を獲んとせしが事は志と背き短年月の中に一千五六百弗の損害を招きたり之に依りて同地方に請黍業を始めたりしに何ぞ圖らん火災の爲め全部燒失の不幸に陷れり左れど君の頑强なる少しも屈するの色なく重ねて黍の植附を了せり然るに亦復た旱魃の爲め甘蔗枯死し再び失敗となれり之より先き君が再渡航の翌年鄕里廣島の邸宅悉皆祝融氏の災に罹り燒失せりと斯の如く重ね〴〵の不運に遭遇せしを以て普通の者なりせば煩悶轉倒して病歿するやも計り難しと雖も君は平素より佛敎篤信家として因緣の理を諦め居るが故に皆是れ前世の因緣なりと觀念し毫も憂愁の態なく二難三難經る每に勇氣百倍し百方奔走の末商業一方に盡瘁し辛くも一條の血路を拓き漸く雲を排して日光を觀る事を得たり爾來商業の發展と同時に多年辛酸を嘗めし結果身躰疲勞を覺へ活動自由ならざる故に本國より二名の子息を呼寄せ二名共に妻を迎へさせ店務一切を委任し今は既に孫さへ擧げ身は樂隱居の境涯となり念佛三昧に日を消しつゝありと云ふ

君に八人の子女あり就中陸軍に二人海軍に一人合計三名は身軍籍に在りて君國の爲に盡す所ありしが四男は征露の役に丁り第五師團に從屬し大小十七回の戰鬪に參加し終に奉天の大會戰に於て名譽の戰死を遂げたり役終り戰功に依りて金鵄勳章を授與せられたりと而して三男は兵曹として目下海軍に奉職せり君老いて尙榮譽ありと謂ふべし

有田專治君

（在バウイロ）

君は熊本縣天草郡佐伊津村の人明治八年六月を以て生る母は二十六年に歿し父は尙ほ健在なり而して君の弟は今現に渡布し居れりと君の家世々農を以て業とせしかば君亦た父を扶けて耕耘に從事し以て家門の隆昌を圖りたり長ずるに及んで四方の志を起し廣く諸方を漫遊せんと欲し時は明治廿八年五月露領浦鹽に渡りニコラスケ地方まで跋渉し露國の人情風俗を視察し將來君國の爲め貢獻する所あらんと期せり歸途元山に寄港し朝鮮沿岸を探り自ら得る所ありしと云ふ是に於て君以爲く我國維新已來文明の程度大に進歩し歐洲各國に比して遜色なく殊に今や淸國に克ちて國威頓に揚り東亞の覇權を握ると雖も富力の點に於ては歐米諸州に對し未だ遠く逮ばず夫れ眞の强國なるものは智力と金力二者併行して始て得べし如何に國民の智識發達するも金力の點に缺ぐる所あらば世界列强の間に伍して我の權力を伸張すると能はざるなり是故に我國をして眞正の强國たらしめんと欲せば國民擧て富の增加に努めざるべからずと君茲に見る所ありて同廿八年十二月中旬蹶然奮起し小倉幸氏の手に依りて千代田丸に乘り航海十九日間を經て翌二十九年一月五日無事ホノルヽに到着し條約地たる布哇島バウイロ耕地に至り就働する事とはなれり而して君の業務に熱誠なる三年の契約中一の

缺點だになく克く勤勉終了し尚ほ重ねて六ヶ月間勤續せり後考ふる所ありて同三十二年冬即ちホノル、ペスト騷擾以前に當りてコナに往き請黍業に從ひ一擧功を奏せんと試みたれど幾許もなく同地の製糖所經濟不如意にて倒產の不幸に陷りたれば止むなく同地を去りて再びパウイロに歸來し請黍に從事せしに着々實功を擧げ多くの利潤を得たり是に於て獨立事業を起さんと欲し幸ひ支那人所有の店舖にして之を讓らんとの議ありしを以て進んで之を購求し旅館兼レストランを開始したり爾來營業順境に向ひ從來の家屋狹隘を感ずるに至りしかば之に增築を施し室內を粧飾したるを以て玆に面目一新し益々盛大に赴けり

君は勇壯の快男子にて小事に動着せず人に接して圓滿滑脫毫も隔意なき好人物なり君其れ奮勵して當初の目的を貫徹すべし是れ吾人が切に望む所なり

平山龜治郎君

（在ホノカア）

人生の最大不幸は幼にして父母を失ひしほど甚しきはなし財を失ひしは時ありて又得るとあれど亡

き父母は再び歸來せず子として誰れか父母を懐はざる者あらむや又親にして子を遺し彼世に去るほど悲慘なるはあらじ平山君は十一二才の時を以て實父母を失ひし人なり始め本姓堤なりしが雙親と別れしより今の養父母に依りて生育するに及び平山姓を冐すに至れり

君は明治十一年四月を以て熊本縣菊池郡隈府町字隈府に生る父母の歿後平山氏に養はれ鞠育の恩を辱ふせり稍や長ずるに及んで農商二業に從事し商業の爲廣く同縣下を周遊せし事數次なりし左れど日本の商況は不活潑にして將來目的を達する上に於て君の意に滿たざるものあり於̥是乎大奮志を起し遠く海外に航し平素の願望を遂げ一は以て養家に生育の厚恩を謝し一は以て懇に亡父母の靈を祀らんと覺悟し遂に明治三十四年十二月十日自由渡航を以て亞米利加丸に便乘し纜を横濱に解き征途に就けり此時君の感慨果して奈何ぞや船中數百の同胞は多くは自己の爲のみならず父母の爲に渡航する者ならむ今吾れ彼地に至り假令巨萬の富を作り故山に還るも吾を產みし父母はなし誰ありてか眞に悦び且つ迎ふる者かある嗟呼思へば人の身の羨ましきに引替へて吾身ほど不幸なるはなしとは當時君が胸裏に浮びし感想の一端ならん船は同月廿一日ホノルヽに到着し直に布哇島ワイケア耕地に至り就働すること一ヶ月の後ピハノアに轉じ山拓きの爲め翌三十五年四月まで勞役せり然れども普通の勞働は俸給に限あれば將來の目的上得策に非ることを看破し間もなくピハノアを去りてヒロ市に出で商業の視察を遂げしに僅少の資本を以て獨立業を起すは賣藥の行商に若くはなしと覺悟し翌

三十六年まで即ち一ヶ年餘斯業によりて各耕地を周遊せに勤勉の効果茲に現はれ數百弗の資金を得たれば三十七年十一月より現在のホノカア町に來り一家を搆へ薬品及書籍化粧品等の店舗を開始し今や同地方有數の商店となり營業日に月に隆昌を極めり君天性快活にして商機を見る敏捷なり而も本年齡漸く三十なれば前途甚だ有望なりと謂ふべし吾人は君が將來を祝すると同時に孝養の心を培増し一は亡父母の靈を慰め一は現在の養父母に孝道を竭さんことを希望の至りに耐へざるなり

下村米作君

（在ホノカア）

君は熊本縣飽託郡中緑村字中本の人明治四年八月廿七日の出生なり君は兄弟四人の中其次男なりと云ふ幼年の頃普通學を修め長じて農業に從事し以て家門の隆昌を圖りしが如何せん世は開明となるに隨ひ物價は騰貴し出費は多く四圍の境遇上普通の農業にては一家を盛運に進むると容易の事にあらず殊に君は次男の故を以て將來は別に一家を興し獨立經營を爲さゞるべからず君の烱眼なる早く

も此間の消息を解し自主自營の道を講ぜんと期せり時に君の地方より續々布哇に渡航し成功せるもの尠からず君面たり之を實見し吾が素志を達するは布哇を措て他に非ることを看取し渡航の念俄に勃起し加ふるに明治二十七年父の病歿に遭ひ母の愁傷一方ならざるを察し之に安慰を與ふるには布哇に渡航し巨萬の富を作り錦衣還鄕するの外なしと觀念し母の許諾を得て同二十八年一月廿日住み馴れし故山慈悲深き母の膝下を辭しインデペンテン號に乘り神戶を出帆し翌二月九日ホノルヽに到着しコーランテンに在る一週間の後布哇島ホノカア耕地に條約移民として就働する事とはなれり君本來勤勉家なるの故を以て三年の條約中一日たりとも業を休みたることなく熱心に勤勉し尙ほ滿期後も引續きて三年間勉勵せり夫れ斯の如く終始一耕地を動かず勤續せしを以て耕主大に君を信用しければ他に優りて多額の俸給を受け隨て多くの蓄財をも成し得たれば之を資本となし獨立事業を起し以て多年の宿望を果さんと期し同三十四年より現住のホノカア町に出で斬髮店を開始し次で翌三十五年より洋服裁縫店を開業せしに元より信用ある君の事と云ひ且は勤勉廉直の故を以て斬髮裁縫共に繁榮し今や事業の發展に連れ家族のみにては顧客の需に應ずること能はざるに由り二名の職工を雇聘し盛に營業しつゝあり

君天性謙遜にして人に傲らず特に勤勉無類なるを以て來客每に絕間なく隨て蓄財も益々多きを加へ目下ホノカア有數の人物となれり畢竟是れ君が孝心厚き報酬と謂はざるべからず母は今尙ほ健在に

て君の還郷せんことを一日千秋の思をなして待ちつゝありと而して君に一人の男子あり一家和氣を以て充たされあり

武田和信君

（在ホノカア）

幾多の經驗を積み老熟の境に達し其眞摯の天性技術と相調和し以て患者に接し克く起死回春の功を奏し毫も遺憾なからしむる者即ち是れ武田和信君なり

君は廣島縣賀茂郡西志和村字別府の人なり君の祖先を討ぬるに元と安藝郡武田氏の末葉にして即ち安藝國佐東郡（今の安佐郡）安村銀山の城主（現今俗に武田山と稱す）武田氏家臣武田勘右衞門なるもの天正年間銀山落城の際志和の莊別府に轉居せり君は實に勘右衞門九代の孫にして同村に生れたり因て銀山と號す幼年の頃學に志し明治元年三月より同三年臘月まで廣島藩學問所に於て藩儒木原耤之先生に就き漢籍を學び同四年十二月十九日廣島縣士族坪井道成家督相續することを拜命秩祿二十五石知行として百石を賜はる同六年一月より時世に鑒みる所ありて廣島英語學校遷喬祉に入り英國

人ジェームス氏に就き英學を研究すると同八年三月までなりし而して同年五月より同十年三月まで廣島藩儒吉村斐山先生に從ひ漢學を修め造詣太だ深かりしと云ふ後に仁術に志し同十年六月より廣島縣醫學校に入り同十四年五月成績優等を以て卒業し直に醫術開業試驗を受け之に及第し免狀を得たり是より先き同十三年九月には廣島縣衛生委員を拜命し且つ村醫となれり然れども君之を以て滿足せず尙ほ斯道の淵源を探らんと欲し同十四年卒業後より翌十五年二月まで宮內省侍醫竹內正信先生に就き實地研究を爲せり是より君は社會に出て活動的の人とはなれり即ち同年三月には第九師管徵兵區檢查官を拜命し邦家の爲め盡す所ありし踰へて同二十年八月廣島縣賀茂郡醫會長に推薦せらる以て當時に於ける君の技量を見るべし同二十二年六月には北海道根室病院醫員となり同二十三年六月北海道屯田兵司令部隊附醫官を拜命し同二十六年二月根室外九郡役所より郡內巡回種痘醫員並に根室驅黴院檢查醫員を命ぜらる踰へて同三十一年四月廣島縣賀茂郡衛生委員に擧げらる而して同三十三年一月より六月まで廣島縣病院に於て顯微鏡應用黴菌學研究の上同講究證書を受領せり翌三十四年三月廣島縣赤十字社協贊委員を囑せられたり

夫れ斯の如く君が日本に於ける經歷は出所進退總て公明正大に且つ生涯の半面は奮鬪的の歷史なり君既に日本內地の活動に倦厭を生じたれば此技量を海外の同胞に試みんと欲し遂に同三十四年に渡布し同年十月布哇衛生局の試驗を受け及第しライセンスを領收せり是於平直に開業し今やホノカア

方面に於ける唯一の刀圭家として衆望一身に歸し名聲嘖々たり君の特色として世人の感ずる所は縦令夜間に往診を望む者あるも路の遠近を問はず至誠を以て直に出張するに在り世の多くの醫士夜間の往診は病に托して自己の天職を竭さゞるものあり君は決して然らず悦んで之に應ず又努めたりと謂ふべし君が業務の盛大は畢竟此懇篤の精神と百練の妙術相待つて始て今日の結果を得たりと云ふも敢て不可なかるべし

金谷仙太郎君

（在ホノカア）

君は廣島縣賀茂郡中黒瀬村字市飯田の人明治九年二月の出生なり君一人の姉を有するのみなりしが十五才の時即ち明治二十三年に父を失ひければ弱齢の身を以て母を扶け一家の經營を圖るべき境遇に立てり當時君の心情果して如何ぞや人間十五才と云へば腕白盛りにて母の懷に起臥すべきの時なり左れど四圍の境遇は君をして遊戯に耽らしめず爲に早くも商業に志し風波烈しき社會に活動を試むる事とはなりぬ是に於て大奮志を起し商業の爲め廣く各地を遍歴し利殖の道を講じたり時に明治

卅一年二月廿八日布哇の有望なるを聞き一人の母に安慰を與へんと欲し神戸に出て米國の臨時汽船に乘り三月十四日ホノルヽに安着し直に布哇島パウイロ耕地に契約移民として就働し一ヶ月の後條約を解除しホノカア町に至り一ヶ年間白人の經營に係はる珈琲業に働けり其後同町に於て白人の某商店に入り五年間一日の如く一身を顧りみず刻苦精勵せしかば信用次第に加はり多くの俸給を得るに至り隨て貯蓄も尠からざるを以て獨立商店を開かんと決し遂に明治三十六年七月より現今の所に日米雜貨商店を開始する事とはなれり爾來今日に至るまで誠實を旨とし價を廉にし以て華客の需に應ぜしが故に營業日を追ふて發展し今やホノカア有數の店舗となり來客每に輻輳し益々全盛を極むるに至れり又昌なりと謂ふべし

君本來實直の資を有するのみならず本國に於て多年商業に經驗を積みしを以て商業の掛引及び客に對するに妙訣を得たり是れ即ち君が店舗の今日繁盛なる所以なり君尙ほ春秋に富めば今後の大成功刮目して見るべきものならむ

* * * * * * * *

濱野幾松君

（在クヽヰハヱレ）

齊しく是れ勞働の爲め布哇に渡航したりと云ふも普通以上の腦力ある者に非れば獨立の事業を起し克く之を經營し以て効果を收むると能はざるなり即ち本篇の主人公濱野幾松君は身勞働の爲め渡來し幾多の辛酸を甞め盡し今や旅館業と商店を開始し日尙ほ淺きにも拘らず着々實効を奏し同縣唯一の有力者となれり畢竟是れ君が腦漿他に卓絕したるに基因せずんばあらず

君は廣島縣安藝郡海田市の人明治七年一月の出生なり父は二十五年五月十四日に病歿し母は尙ほ健在なりと云ふ君在鄕の際は農を以て業とせしが社會の進步に伴ひ大に感ずる所ありて齡二十才の時即ち二十七年五月十日第廿六回船として三池丸に搭じ同縣宇品港を出帆し航海十二日間を費してホノルヽに到着せり在府一週間の後布哇島ラツパホエ〱に上陸し三年の條約中終始一の如く能く勤勉せり而して同三十年七月條約滿期となりしを以て一旦ホノルヽに出府し將來獨立事業を興すべき資を得んが爲め白人の家內的勞働に住込み六ヶ年勤續せり又努めたりと謂ふべし此六年間の勤續こ

そ君が後來幸福を生むの端緒とはなりしなり思ふに世人の多くは一處に長く留らず轉々漂流するが故に空しく時日を費すのみにて蓄財は夢だも見ると能はず然に君は多年の勤勉に因つて相當の資を得たれば再び布哇島に渡り現住のクヽヰハヱレに至れり此時明治三十六年九月なりき君窃に想へらく凡そ邦人の事業を起す者は多くは小資本に甘んじて大事業に手を下すを以て十中の八九は數年を經ずして破産するを常とす左れば吾之より兩三年の勤勞を重ね一層資本を裕にし以て事業に着手するも未だ晩しとなさずと依之ヂーヂ、ヂョンス氏方に働き同三十九年七月まで勤續し遂に數千の貯蓄を成し得たれば之を資金とし同年十二月より同處に旅館及食料雜貨店を開業せしに資本の豐富と信用相待つて急速の發展を爲し古參の店舗を凌駕し目下全盛の域に到達せり畢竟是れ君が多年の勤勞の賜と言ざはるべからず君は眞箇奮鬪的の人物と云ふべし

沖村與一郎君

（在クヽヰハヱレ）

君は廣島縣安佐郡長束村字向地の人なり明治三年十一月を以て生る君在郷の際は農を以て業とせし

が由來君の地方は布哇出稼地として其名を知られ殊に年々成功して送金する者多ければ君も亦渡航の念を起し明治二十五年十一月十五日即ち齢二十三才の時官約の第廿二回船として山城丸に搭じ宇品港を出帆し航海十六日間を費して當ホノルヽに到着せり居ること三日にして直に加哇島キラウエア耕地に至り條約移民として三ヶ年の契約を無事に終了し同二十八年十二月廿日一旦ホノルヽに出府し義兄向井峯太郎氏と相議り翌二十九年一月布哇島コハラに往き寫眞館を開き同地に在る三ヶ月の後同地は區域狹隘にして將來發展の餘地なきを看取し同年三月廿三日ヒロ市に移轉しフロント街に開業し三ヶ年間專ら業務の擴張に全力を注ぎし結果多くの蓄財を爲したれば踰へて同三十二年五月に至り一層範圍を擴め孜々勤勉の効空しからず短年月の中に數千弗の純益を得たり茲に於て三十三年四月資金二千弗以上を投じて貸家十數軒を建て同胞の便を圖り加之同年八月には又同町に於て雜貨店を開始し益々利殖の道を講じたり斯業繼續四ヶ年の後土地のリース滿期となり且は市區改正により同地一躰の家屋を取除き該地を公園となすに決したれば止むを得ず同所より二三丁隔てし所に新に三軒の貸家を建てたり斯くて同三十七年十二月末に當り考ふる所ありて單身バウイロに至り寫眞業を營みしが同三十九年の頃コハラ街ワイメア地方にデツチの大工事起り數千の同胞續々入込み頗る殷盛を極めければ機を見るに敏なる君は直に同地に出張し奇利を博したり爾來工事進捗してクヽイハエレ方面に開鑿を續行せしに依り君其機を逸せず同四十年二月より居をクヽイハエレにト

し斯業の發展を計りしかば漸次に營業繁盛となり今や殆んど旭日の勢を呈せり
君は本來決斷心に富み機を見ると最も敏捷なり是故に常に機先を制して人の意表外に出ると數次なり是れ君が今日寫眞業に成功したる基因なりとす

關谷金作君　（在コハラ）

布哇島の商傑として其名内外人間に喧傳せらるゝ者關谷金作君を措て他にあるを見ず一たびコハラに遊びカパーを過ぎる者は君が店舖の宏壯なるに一驚を吃せん而して先づ店內に入れば君が傭使せる白人の男女五名及日本人數名各自擔任の場所に陣取り着實に愛嬌よく客に接す事情を知らざる者は異様の感を起し是れ白人の商店に非るかと疑ふなり迂回して奥に入れば岩田氏マ子ジャとして帳場に控へ筆算に餘念なきを認得すべし布哇八島邦人の商店多しと雖も未だ白人を使用するものあるを見ず此一事を以てするも君が邦人商界の傑物たるを證するに足るべし君は斯る大商店のボスたりと雖も毫も主人然たる顔を爲さず克く働き朝は早起して自ら戸を開き店內の洒掃をなす勤めたりと謂ふべし之れ君が店舖の今日隆昌を萠せし所以ならん乎
君は岐阜縣安八郡墨俣町の人なり吾人は君が幼年時代の經歷を知らざるが故に今玆に詳記する事能

はざれども君丁年の時徴兵撿査に合格して名古屋師團に入營し砲兵として勤務せしが膽力衆に超へ機智群を抜き好箇の軍人たるを以て上官より拔擢せられ明治十八年戸山學校に入り期定の學課を卒へ軍曹と爲り三師團に奉職せり後故ありて現職を辭し遠く海外に遊び素志を貫徹せんと欲し時は明治二十二年憲法發布の際に當り其準備に着手したれども旅券を得る事難きを以て近江丸の船員として乘込み仝年二月十八日橫濱を出帆し翌三月二日ホノルヽに到着し密に上陸せり當時君の懷にありし金額は邦貨僅に十錢なりしと云ふ君是に於て大に窮乏に陷りしが君の豪膽なる是等の艱難に克く耐へ終に白人の家內的勞働に從事し以て焦眉の急を救ふことを得たり在職暫くにして稍や布哇の事情に通じたれば何角事業を起さんと志しホノルヽを去りて馬哇島ワイクルに至り各地の狀況を視察したれども適意の事なかりしより居ること六ヶ月の後又轉じて布哇島コハラに移れり之ぞ君後來大事業を興すの好地たりしなり君來着直に全耕地の狀勢を探り將來事を爲すべき地はコハラの中心點たるカパーなる事を看取せり左れど何事業を起すも資金なかるべからず依りて白人の創說に係はるクラブステーブルに入り支配人となり每月一百弗の俸給を受るに至れり之より總ての事業順境に赴き着々功を奏し漸く世人に其名を知らるゝ事とはなりぬ

君既に多額の資を蓄へたれば是より平素の志願たる商業に從事せんと欲し今を去る三年六ヶ月前に當りて初めて現今のカパーに大商店を開始せしが營業日を追ふて繁榮となれり今は啻にコハラ全體

の商權を掌中に握るのみならず尙ほ進んで布哇商界の覇王たらん事を期せり豈又昌ならずや君は從來軍人たりし故を以て資性洒磊更に外粧を飾らず虛を避け實に就く硬骨の男子なり若し耕地に事ある時は同胞は君に倚り耕主は君を信ずるが故に君中間に介立し所辨するを以てコハラ耕地は寔に天下泰平なり君の如きは眞箇に威望あり實力あり名實兩全の好漢なればコハラに於ける同胞の大王と稱するも敢て誣言に非るべし

岩田修君 (在コハラ)

君は慶應三年三月を以て和歌山縣和歌山市六番町に生る幼にして學に志し在鄕の際規定の小學を卒へ十六才の時笈を負ふて東都に上り慶應義塾に入り三年間普通學を修め二十六才の時大志を懷き單身米國に航せんと欲し東京丸に乘り横濱を解纜せしに航海中暴風に遭ひ難船せしも纔にして身を全ふするを得て遂に渡米の目的を達し上陸後或は修學に或は勞働に幾多の辛酸を歷嘗し後感ずる所ありて明治二十七年九月米國より布哇に來れり而してホノルヽに在留すること三ヶ年にて去りて布哇島ヒロ市に渡り六ヶ年間多方面に亘りて活動し轉じてコハラに至り同胞の爲め竭す所ありしが會々同地第一の商店主關谷金作氏の知る所となり聘せられて其マチジヤとなり一切の事務を執掌し平素蘊

蓄せし技量を揮ひ今や店主の信用と同胞の尊敬を享け勢力增進と與に蓄財も亦尠からざるに至れりと云ふ

二宮禎吉君

（在コハラ）

天稟の奇才に富み行動頗ぶる輕妙にして些も物に凝滯するなく而も患者に接して懇篤なるの故を以てコハラ全民の尊敬を享け今や宏壯なる家屋を購求し土着的に益々基礎を鞏固にし衆望を收めつゝある者之をドクトル二宮禎吉君と爲す

君は廣島縣安佐郡河内村の人なり元本姓荒瀨氏なりしが壯年の頃故ありて二宮姓を冒すに至れり君幼にして普通學を脩め稍や長ずるに及んで醫學に志し明治二十年大阪に至り同地の醫學校を卒業し同二十八年東都に上り有名なる順天堂に入り外科手術の研究に從事し更に長谷川泰氏の蘇門病院に入り實地と學理の研鑽を積み技術其堂奥に至るに及んで地を墨田江畔にトし獨立開業せしかば其名漸く世人に喧傳さるゝ事とはなれり左れど君の學事に熱心なる之を以て尚ほ足れりとせず醫術の本

源とも稱すべき獨逸に渡りて研究せんと志したる折柄在布の知人より鴻毛を飛ばし君を誘ふて曰く布哇の地たるや邦人の名醫に乏し君來りて同胞の爲に盡さずや而して其收入の點に至りては遙に日本以上に在りと君玆に於て一考すらく吾海外に留學するには多額の資金なかるべからず吾が年齒未だ而立に達せざれば一時布哇に開業し其收益を以て獨逸に遊學するも未だ以て晩しと爲さずと是に於て其請を容れ匆々旅裝を整へ同三十四年五月渡布したり上陸直にホノルヽ府カリヒに設立しある慈善病院に入り親しく布哇の狀況を探り間もなく當縣政府の醫術試驗に應ず優等の成蹟を以てライセンスを受けパラマに開業し後尾山ドクトルと協同しマーチヤント街に蘊蓄の技量を揮ふに至れり偶々ワイマナロ耕地同胞の特招に依り止むなくホノルヽを去りて同地に赴き開業せしが同三十六年の末、日露の風雲急を告げ馬哇島ラハイナ在住の邦醫宮田雄次郎氏元軍醫たるを以て命に由り歸朝從軍するが故に其後を襲はずやとの報に接し忽ち心動き同地に渡り竟に開業することとはなれり而して君が在留中同耕地に大ストライキありし際は直接間接に斡旋の勞を執り同胞の爲に竭す所多大なりしと云ふ後三十八年布哇島コハラより君の大名を聞き頻に屈請し止まざれば仁術を以て天職とせる君の事にしあれば意を決して同地に移轉し開業せり然るに翌三十九年故山より君に歸國を促すこと切なるに由り止むことを得ず同年末に歸朝し久々にて親戚故舊に面會し舊を話し新を語り翌四十年一月再渡航し直に以前のコハラ、カバー町に至り一層業務を擴張し至誠を捧げて患者の治療に從ひしかば今や君の獨舞臺として未曾有の盛況を呈せり同地に一名の白人醫あれど君の勢力は其右に出で總ての難病ある時は必ず君に立會を請ふが故に君は啻に同胞間に信用あるのみならず白人全體に亘りて大に歡迎を受け居れり殊に君は英語に巧なるを以て事に望んで非常なる便宜あり君も亦た邦醫中の俊秀なる哉

森田信太郎君

（在コハラ）

實着溫順の資を有し人と交るに圭角なく殊に勤勉を以て稱せられ終始一の如く克く自己の天職を竭して毫も他を顧みざる者之を森田信太郎君と爲す

君は廣島縣佐伯郡水内村字麥谷の人にして文久三年八月の出生なり父は明治三十六年六十三才を一期とし他界の人と化し去り母は尙ほ健在なりと君幼時より至孝にて父母の爲には一身を省みず熱誠を捧げて能く盡せり鄕黨爲に其至誠を稱揚せりと云ふ明治二十年頃官廳より盛に布哇移民を募集せしかば君海外の事情は知らざれども父母に安慰を與へんと欲するの至誠より其募に應じ同年十二月九日多くの同胞と共に高砂丸に搭じ宇品港を出帆せり此行實に官約の第七回船なりし然に海上如何なる理由ありしか航海殆んど一ヶ月を費し漸く翌二十一年一月七日無事上陸するを得たりコーラン

テンに在る一週間の後直に現住の布哇島コハラに至り條約移民として就働し二十年來同一耕地に在住し以て今日に至れり思ふに布哇在住の同胞にして一所に留らず常に水草を逐ふて各所に移轉し今日は布哇島明日は馬哇と云ふが如く轉々漂流する者に未だ成功者あるを聞かざるなり君の如く長く一所に定住する者は同胞の珍と謂ふを得べし是を以て耕主の信用特に厚く隨て多額の蓄財を成すに至りしは決して怪むに足らざるなり君普通の勞働を脱し以て利殖の道を講ぜんと覺悟し同三十七年三月より請悉事業に熱心し全力を擧げて勉勵せしかば其効果空しからず頃時蓄財愈よ増加し地方屈指の勢力家たるに至れり古人云く精神一到何事か成らざらんと實に爾り君が今日ある畢竟誠意精神の透徹せる結果と謂はざるべからず古人豈に吾を欺かんや

栗原仁一君

（在コナ）

君は目下カイルア港ハッグフヱルド會社の支店に奉職し日本人係として大に敏腕を揮ひ内外人に信用を博し快活に同店の爲め活動しつゝあり而して君が同支店に傭聘せられしは明治三十八年十二月なりしと云ふ君の長兄は九州三池炭坑に在りて商店を開き盛に營業しつゝあり

君初め十七才の時渡布せんと欲し其旨を父母に語りしに弱齡の故を以て父母許さず然れども君の性

質として一旦志したる事は貫徹せずんば止まず是に於て一策を案出し假病を作り蓐に臥し食を絶すること三日父母之を憂ひ一醫を招き診察せしめしに別に疾病なしと言ふより長兄をして竊に事情を質さしめしに唯だ海外に遊ばんとの事なり父母其志の奪ふべからざるを察し遂に之を許す君大に悦び即日起床し渡航の準備に着手す時は明治二十九年九月五日父母の膝下を辭し親戚故舊に別を告げ郷關を去り門司港に出て大阪商船會社の綠川丸に乘り神戸に至りドーリック號に移乘し横濱を經て出帆し同月中旬三百人の同胞と共にホノルヽ港に到着し直にオアフ島ワイパフ條約として就働せり當時君の受持仕事は墜道の開鑿にありて弱冠の君が身にとりては甚だ難事たり君爲に病と稱し此業を避けんとせしもルナの監督嚴重にて避る事能はず依りて斷然馬哇島に向て逃亡せり後間もなく捕へられて再びワイパフに歸り通辯人を介し以前の事情を陳べ他の業務に換へん事を乞ひしに許されてスチムブラウを使ふ事となりしかば君初めて愁の眉を啓き熱誠を捧げて斯業に從事せしが故に大に耕主の信用を得たり居ること二年間餘にて耕主に暇を請ひホノルヽに出で暫く在留し悠々身の保養をなせり

明治三十三年加哇島マカベリ耕地に至り勞役せしが間もなく去りて同島ワイメアに出で白人ハフガル商店に入り陰陽なく忠實に能く働けり在職二年餘にして同店を辭し同地の白人ツタライ商會に聘せられ一年半勤續し頗る賞賛を得たり明治三十六年秋故ありてホノルヽに出で暫時休息し三十七年

布哇島コナに至り同地にて有名なるクマレウジ牧畜場に働く事となり居ること前後二年間にして同場を去り現今のハックフエルド支店に入り今は多くの俸給を得て益々得意の技量を揮ひつゝあり

君は明治十三年八月の出生にて本年二十八才の壯齡なり前途甚だ有望なりと謂ふべし而して生國は熊本縣鹿本郡內田村字山田にして父母尙ほ健在なりと云ふ君其れ努めて怠る勿れ

梅田又作君

（在コナ）

豪毅にして果斷に富み克く事理を辨じ一擧一動苟もせず一たび胸裏に計畫する所あれば右顧左眄せず直向進前し必ず成功の曙光を認めずんば止まざる者之を梅田又作君と爲す

君は文久元年五月熊本縣菊池郡菊池村字西寺に生る君兄弟三人あり長兄家督を相續し令弟既に歿す君は實に其次男たり君長ずるに及び農業の傍ら商業に從事し大に奮勵する所ありしが明治二十三年四月廿八日布哇に航せんと欲し故山を發程し三角港より淀川丸に乘り長州馬關に出で五月一日山城丸に移乘し新湊、宇品を經て同月七日橫濱に至り同九日解纜せり此行官約の第十三回なりしと云ふ而して移民の總數千三百人中大多數を占めたるは福岡、熊本、山口、廣島の四縣なりし同船のホノルヽに到着せしは同月廿三日にてコーランテンに在ること僅に二日間の後直に加哇島マキーカツパーに百五十人と與に到り就働せしが廿四年九月監督官中澤ドクターの斡旋保證にて三十五弗を支拂ひ條約を解除せられ始て自由の身となりハナペペに出で何角獨立事業を起さんとせしも適當の事あらざるを以て十二月同地を去りホノルヽに出府し間もなく從前の熊本屋旅館を讓受け名を西國屋と改稱し開業する事とはなりぬ當時日本人の旅館數軒ありしがライセンスの都合により經濟上各旅館合同し之を日本旅館と名付け君は主に領事館に對する事務を擔任し大に斯業の發展を圖りしが日本人の性癖として協同事に耐ゆる事能はず種々なる事情纒綿の下に遂に解散する事となれり是に於て君は以前の西國屋を再興し經營せしが君感ずる所ありて明治二十九年之を廢業し同年三月布哇島に渡りホノカアに於て政府の地所廿七エーカーの拂下を得て珈琲栽培せしに一ヶ年の後成蹟不良の爲め止むなく之を中止し三十年五月コナに至り再び珈琲事業に從ひたり適まコナ官道の開鑿ありしかば機乘ずべしとして之を請負ひ大利を得たり之を資として馬車業を營み益々利潤ありしを以て三十二年現今の處に商店を開始し業務の發達と共に世人に信用を博しコナの有志家として勢望を得るに至れり元來コナの地たるやコーヒの特產地として其名全島に知られ隨て斯業に從事する者年々增加し收穫亦た增大しければ同胞間に於て之が製造場を設けんとの議起り君等卒先して同志を勸誘し之を株式組織と爲し遂にカイルアに於てコナ日本人珈琲製造場と稱するものを新設せり君推されて其會計兼監査役たる事二ヶ年なりし以て君が信用と名望の一斑を知るべきなり其後三十八年一月ケア

ラケクアにて某氏の所有に係る馬車屋を買收せり其額實に一千百弗なりと云ふ此業たるや頗る有望のものにて一方パイナップル製造會社と特約を結び同社の貨物を運搬し一方各商店の物品をカイルア港より配達する事を請負ひ居れど需用夥多にして悉く之に應ずる事能はず爲に毎月の收入莫大なり目下車臺四輛馬匹二十四頭にて斯業より得る純益は却て商店の利益より多しとは君が吾人に語りし所なり

君人となり圓滿にして些の圭角なく寔に敬愛すべき人格を有せり君五才の時父を失ひ母は尙ほ健在なり君の家庭は春風駘蕩たるが如く其子女の如きは全く日本的敎育を享け人に接するや甚だ感ずべきものあり布哇同胞間には珍とすべきなり

谷本勘一君　（在コナ）

君の容貌を一見すれば何人と雖も齡既に不惑以上なりと想ふべし而して實際の年齡を問へば而立なりと云ふ抑も容貌は其人の意思を表彰するものなり果して然れば君は惜に幾多の辛酸を嘗めたる老練成熟の人なりと謂ふべし宜なる哉君が店舖の殷盛なるは決して偶然に非るなり

君は廣島縣安藝郡仁保島字丹那の人明治十一年十一月を以て生る君十一才の時母を失ひ父は現存に

て本年五十六才なりと云ふ君に兄弟姉妹七人あり君は實に其六人目たり君夙に渡布の念あり明治二十五年即ち君が十五才の時斷然志を決し令兄と共にナンシャン號に搭じ自由移民として當布哇に渡航せるなりホノルヽに在留すること約一ヶ月の後布哇島ホノムに在る長兄の許に至り商業の見習として一年間勤勉し商畧の掛引華客の意向等に就て頗る妙契を悟了せり其後明治二十八年商業上の都合に依り長兄の命を啣み一先歸朝し親しく父を慰め在國六ヶ月にて神戶より神州丸に乘り再渡航し着布匆々ホノムに至り長兄の補助を爲し專ら外務の衝に當り孜々營々大に盡す所ありしかば商業日に月に隆昌となり其結果今は同胞間第一の老舖として同地方に傑出するに至れり君勤續四ヶ年の後去りて次兄の所に往けり

當時次兄はコナ、ホロルアに於て山城商店と稱するものを開き昌に營業しつゝありし君長兄と協議の末次兄の招きに應じコナに至り働く事となれり居ること數年の後故山の書に接し次兄は明治三十七年二月二日ホロルアを出發し歸途に就けり於是乎君其後を襲ひ名を谷本商店と改稱し全力を注ひで業務の發展を圖り漸次盛大となるに隨ひ今は家屋を改築し旭日昇天の勢あり

君天性溫厚着實なるが故に暴利を貪らず是を以て人爭ふて君が店頭の物品を購ふ道がは多年練磨せし手腕と謂ふべし現下君に三人の子女ありて家庭圓滿なり

* * * * * * * *

門田良太君

（在コナ）

君は獨身生活にして淡泊の人なり或時はボスとなり或時はブキツパとなり毫も依頼者を持たず克く自ら動き自ら働く宜なる哉創業日尚ほ淺きにも拘らず今日の盛況を呈するは決して故なきに非ざるなり

君は廣島縣備後國神石郡來見村字井關の人明治九年五月を以て生る君幼にして小學を卒へ壯年に及んで商業に志し各地を巡回せし事ありと云ふ明治三十二年八月廿一日布哇に航せんと欲し一千八百人と共にチヤイナ號に乘り横濱を出帆し九月上旬ホノルヽに來着し消毒所に三日間在留直に馬哇島ラハイナ耕地に至り條約移民として就働せしが後間もなく條約移民の解除となりしを以てラナイ島に渡り四ケ月間勞役し翌三十三年布哇島コナに至り諸方を跋渉し視察を遂げレストラントを開業せんと欲したれども未だコツクに經驗なきが爲め卒に練習を思立ち三十五年ホノルヽに出で一ケ年四ケ月間白人の家内的勞働に住み込み實地に就てコツクを勉強せり斯業稍や熟するに及び再びコナに

歸來せしも資金乏しきを以て突然開業の機に至らず是を以て或人の周旋に基きケアラケクアの白人ブルナ氏方にコックとして働く事となり四年間勤續せしが君熟々想へらく元來給金を得て身を立つる事は容易の業にあらず假令幾十年を經過するも蓄財に限あれば立派に錦を故山に飾ること能はず若し夫れ商業なりせば商略如何に由りては數年の中に大金を獲るの其例乏しからず殊に吾れ故國に在りし際は商業に從事したる事もあり聊か經驗あれば强ち効を奏せざる限りにもあらず人間一生は七轉び八起きてふ事もあれば運を天に任せ一奮發せざるべからず左りとて現下資金も充分ならざれは今少し資財を蓄へて商店を開始するも敢て晩しとせずと茲に端なくも胸に將來の企望を秘しブルナ氏の宅を辭しカイナリウに來りジョージアクマン氏のコックとして就働せり而して未だ久からざるに偶々支那人商店の讓り物ありと聞き好機逸すべからずとし直に之を買收し開店する事とはなりぬ時に三十九年十二月なりし爾來鋭意奮進して店舗の構造に改革を加へ貨物を堆く積載したれば營業日を追ふて盛大となり今は古參の商店を淩ぐまでに發展せり

君天性滑脫圓滿而も精勤を以て人に稱せらる父母は尙ほ健全にて故山にありと君に兄弟六人あり君は實に其嫡男たり君本年三十二才遠からず鄕里より妻を迎ふると云ふ

* * * * * * * *

清水小市君　(在コナ)

コナ第一の蓄財家として同胞間に名聲嘖々たる者は清水小市君なり君今や巨萬の富を累ね同胞の事業に多くの資を貸與し隨て世人の尊敬一方ならず左れど君が今日の成功決して故なきに非ず君渡布以來玆に十八年なり矣其間一定の主人を更へず終始一の如く精勤せしを以て今日の好果を收めしなり君は實に我が同胞の模範と云ふも不可なきなり

君は慶應三年四月廣島縣安佐郡龜山村字四日市に生る君の家世々耕耘を以て業とせり君夙に外遊の志あり時は明治二十二年九月十八日官約九回船の移民として山城丸に乘り宇品港を出帆し十月二日海上恙なくホノルヽに到着し翌日直にキナウ號に移乘し布哇島パウイロ耕地に至れり當時同道せし邦人は二十人なりしと云ふ居ること約一ヶ月の後耕主衆に告げて曰く解約を希望する者は相當の賠償金を支拂へば其望に應ずべしと恰も好し君が妻の兄前以て渡布しコハラに就働せしを以て之に紹介し七十五弗を支出し解除を得て兄に誘はれコハラハビー耕地に働く事とはなれり就働六ヶ月にして某氏の周旋に依り白人の牧畜業者ジヨン、マングワエア氏方へ家內的勞働に住込む事となれり而して六ヶ年勤續の後即ち明治二十九年十二月同氏コナのフエ〳〵に移轉するにつき君亦た之に隨從して同所に至りコックマンとして精勵せり之より先き君の母は君が渡航の翌年即ち明治二十三年に死し郷里に在る者は唯一人の父のみなれば君が孝心に厚き多くの財を蓄ふると同時に歸心箭の如く父を憶ふの念一層高まれり主人君の眞情を察し父を君の許に呼寄する事を勸告せり君大に悦び其手續を主人に懇請せしに主人マグワエア氏ハ其當時デビス商會のエーゼントたりしを以て萬事の都合宜しく父をデビス商會に傭聘するの添書を得之を本國に送り縣廳へ出願せしに直に旅券下附となりたれば匆々渡航する事となれり

君等父子の歡喜如何ばかりなりしぞ定めし一日萬秋の思ひありしなるべし左はさりながら月に雲花に嵐は人世の常父のホノルヽに到着せし際は明治三十三年ペスト騷擾の眞最中なりしを以て各島往復の汽船は停止せられしに由り空しくホノルヽの天を望んで長歎するのみ君が心情察すべきなり之が爲め身は互に布哇の地にありながら相逢ふ事能はず荏苒三ヶ月を經て解禁となりしかば父マウナルア號に搭じコナ、カイルア港に到着せり親戚知人先づ出迎へ君遲れて主人の馬車を驅り飛が如く馳せつけたり父子十二年目の對面先だつものは唯涙あるのみ嗚呼此際の感慨果して何ぞや吾人蔭ながら君が爲め一滴の涙を濺がざる可らず思ふに父を三千里外の遠方に呼寄せ大成功の光景を目撃せし者馬哇に增田五作君あり布哇に君あり東西の美譚として長く歷史に印象を貽すべし而して兩君共に同縣同郡の出生とは奇と謂ふべきなり君父に自由を與へんと欲しカマルマルに新に家を求め之に住居せしめ互に往復し無事なる顔を眺むるを唯一の樂とせしが居ること前後四年間の後父の曰く明治三十七年は母の十三回忌に相當するが故に一先づ歸朝したしと君父の意を諒とし主人に暫時の暇を乞ひ明治三十六年十一月家族一同アメリカ丸に乘り歸國し親しく慈母の靈を吊し父に別を告げ三十七年七月コレア號にて横濱を出帆し再渡航せりホノルヽに在ること僅に一週間にて元の主人の許に來り以て今日に至れり其後明治四十年五月父六十五才を一期とし永眠せりと噫痛哉

君質直の資を有し人に接する懇篤なり是故に人多く君と交らん事を望めり君は確に同胞有數の成功者と謂ふべし君に妻あれど一人の子なきは定めし遺憾の事なるべし

青木茂雄君　（在コナ）

君は慶應二年十一月熊本縣菊池郡合志村字上の庄に生る幼にして小學を卒業し長じて農商二業に從事し以て處世の妙訣を得たりと云ふ

君明治二十二年十一月十三日官約移民の募集に應じ山城丸に乘り横濱を出帆し颶風怒濤に遭ひ辛ふ

じて同月廿五日ホノルヽに到着したり此行實に官約の第十四回船なり踰へて十二月一日條約地たる布哇島ワイケア耕地に至り就働せしに耕主君の精勤に感じ擢んでステープルボーイに採用せり之より君勞少くして多くの給料を得るに至りしと勤續五ヶ年の後一旦歸朝せんと欲し耕主に暫時の暇を乞へり耕主君の去を惜み再三停まらん事を勸告せしも聽かず是に於て耕主及び監督官伊達多仲氏君に與ふるに五年間精勵の證明狀を以てせり蓋し從來より同耕地に於て證狀を與へしものは濱名通辯と君の兩名なりしのみと以て如何に君が信用せられしかを如るに足るべし

明治二十七年無事歸國し親しく慈父の尊容に接し多年の勞苦を忘れたり翌二十八年三月小倉幸氏の親戚なる小倉嘉一郎氏の囑に依り熊本縣下に於て移民の募集を爲し大金を得たり而して同氏の依賴により移民八百人の監督として再渡航する事となれり布哇到着後君は加哇島ハナレーに至り米作を試み常に二三人を傭使したりしが五六ヶ月にして此事失敗に歸し多くの資を失へり依つて止むなく布哇島ヒロ市に至り沖野旅館に宿泊中ウイルシンの家に傭はれ二三ヶ月間勞役せしも將來の目的立たざるを以て明治三十年秋九月方向を轉じてコナカウマル〳〵に至り珈琲栽培及裁縫ミシン業を開始し前後三年間大に活動を爲したり適々カイナリウに於て新製糖場拓けると聞き機乘ずべしと爲し三十三年十月カウマル〳〵を他に讓り衆に卒先してカイナリウに至り家屋を新築し雜貨商店を開業せり是れぞ君が後來成功せる端緒なりとす

明治三十五年耕主より鐵道の敷設を請負ひ大利を得たり元來コナ地方は天水を以て飲料其他灌漑に使用するの習慣なり左れば一朝旱天に遭遇せば百草枯死し萬事歸休するに至る言はゞコナの盛衰は天水の有無に因りて解決せらるゝ也明治三十五六年の頃は砂糖屋の生命とも恃むべき此天水に缺乏を生じたるにより黍の發育非常に惡しく爲に經濟上不如意となり遂に一時閉場の止むなきに至れり君從來耕主の信用を得て一切の請負をなせしが是に至りて三千弗餘の損耗を招きたり當時黍の切らざるもの三百ヱーカー殘留しあり君之が製造を思ひ立ち林三郎氏の補助を得多くの白人及びカナカ日本人を使用し五ヶ月間にて無事終了を告げたり假令ひ一時にもせよ獨力以て自らミルのボスと爲り製糖に從事せしは布哇同胞中君を以て嚆矢と爲す此一事を以てするも君が冒險的意思に富み勇氣果斷性を有する一斑を洞察すべし其後明治三十八年三月君考ふる所ありてカナカの所有地百四十ヱーカーをリースし黍を植附たり製糖所なきに斯る突飛的事業を成すが故に世人密に嗤笑せりと然るに何ぞ圖らん三十九年に新ミル創設せられたり依りて昨年六十五ヱーカーを切りて耕主に賣渡し多くの利益を得たり人以て君の先見に驚きしと云ふ

君資性活潑人と交るに毫も牆壁を設けず實に愛敬すべき人物なり君十七才にして母を失ひ明治三十五年復た父の訃に接したりと君に兄弟三人あり君は其長男なりと君其れ自重自愛せよ

* * * * * *

森信太郎君

（在コナ）

君は文久二年九月十三日廣島縣安藝郡海田市字中店に生る君幼にして父母を失ひしかば學業を修むるの暇なく且つ四圍の境遇上止むなく十一才より十六才まで呉町湯の崎の某氏に養はるゝ事となれり世に不幸多しと雖も幼時に双親を失ひ他人の手に倚りて養育せらるゝ程不運なるはあらじ左れど一方より之を言はゞ妙齢の時より幾多の辛酸を嘗むるが故に腦力の發達は非凡なるものなり君既に世の群童と異りて艱難の迂路を辿れり、豈出格の智嚢なからざらんや

君十九才の時獨立以て業を興さんと欲し神戸に出で北長佐町三丁目に菓子店を開業し或人の盡力にて廣島及姫路の軍隊に菓子を納むる事となりしを以て業務日を追ふて盛大となれり然るに斯業を繼續すると數年の後大に感ずる所ありて海外に遊ばんと志し明治廿五年官約移民の第廿三回船として宇品より乘船し航海十三日間を經てホノルヽに到着し直に條約地たる布哇カウ郡ナーレフに至り月給十二弗五十仙を以て就働する事となれり居ること二ケ年にして成同胞と支那人の衝突ありて遂に

累を耕主に及ぼすに至りしかば之が爲め君等一部の人は條約を解除せられたり君密に之を喜び知人に別を告げ匆々行李を收めコナ郡ホケナに移れり而して後或は珈琲の栽培に從事し或はブルナ氏のコックメンとなり後又豚飼を爲し多大の利益を得たり當時米布合併につき一般移民の條約解除となりしを以て君一旦故國に歸り呉海軍の築港塲に働くこと十ヶ月なりしが日本に於ては到底終生の目的なきが故に移民會社の手に賴りて再び渡來し加哇島マナの條約として六ヶ月間就働せしも將來の見込なきに由り竟に知人と小宴を開き夜竊に逃亡し重てコナホケナに上陸せり而してケアラケクアに來りコンッラクトに從事し傍ら珈琲店を開始せしに計畫着々功を奏し多くの資を得たれば一方酒舖を開き一方に呉服店を開業せしが五六年間に二千弗の損失を招きたり蓋し其損耗は他人の爲めに借り倒されしものなりと云ふ是を以て一時非常に苦心せしも徐に再興の策を講じ今は新に酒舖を建築し傍ら旅舘業を營み珈琲店をも兼業し現下以前に倍して甚だ隆昌なり

想ふに君の如きは眞個奮鬪的の人物なり上來の經歷に徴して考ふれば幾度か蹉跌し幾度か奮起し一盛一衰實に端睨すべからざるものあり然れども克く其艱難に耐へ今や全く根底鞏固となりたれば日一日と君が希望の彼岸に到達することを期して俟つべきなり

* * * * * * *

中村伊勢松君

（在コナ）

君は山口縣大島郡家室西方村字佐連の人なり君青年の頃普通學を修め長ずるに及んで商業に從事し全縣下は勿論四國九州地方迄毎に行商せしと云ふ明治廿二年十月六日官約第十回船として故郷を出發し汽車にて一直線に横濱に到着し同月十三日山城丸に搭じ出帆せり時に十六日午後四時より暴風俄に起り激浪澎湃天を捲き遉がの巨船も爲に將に覆沒せんとするの危機に迫れり同胞一同三百名は悉く顏色を失ひ神佛に祈誓を爲すもあり或は泣き或は叫び船内恰も叫喚地獄の如し同七時頃は汽船も一時運轉を中止するに至れり折しも此暴風怒濤の爲め婦人一名船員一人は渦まく海中に捲き去られたるも奈何ともする事能はず實に悲愴の極みなりしと翌十七日午前七時よりは海上全く平穩に歸し進行するに至りしも多くの食具は流失又は破壞したるを以て移民全體に食を供する事を得ず僅にクラッカ抔を分與し一時の急を凌ぎしと云ふ彌よ船のホノルヽに到着せしは同月廿五日にして一同コーランテンに入り數日在留中移民官中山氏來りて一場の演說もありし而して十二月一日布哇島ホ

ノカア耕地に送られたり

君は元來日本に在りし時より商業家なるを以て勞働は全然適當の業にあらず之が爲め三ヶ月の後竟に病魔に侵され身體の自由を失へり於是乎ホノルヽに出で邦醫の治療を受けんと欲し其趣を耕主に歎願したれども許されず、再三請ふて終に許諾を得ホノルヽに出府し五ヶ月にて全癒せり是よりホ府に於て白人の家內的勞働に從事し傍ら英語夜學校に通學し普通の英語を解するに至れり斯くて若干の資を得たるが故に明治二十六年ヌイヌ街日本人敎會前に一の商店を開始し大に活動を試みしが二ヶ年の後故ありて之を他に讓渡し君自らは某商店に傭聘せられ三四ヶ年間勤勉怠らざりし結果莫大の貯蓄を爲し得たり是を以て一旦歸朝せんと欲し明治三十一年十二月を以て無事歸國せり翌三十二年十二月一日東洋丸に搭じ再渡航したるに間もなくホノルヽ全市は黑死病流行地と化し爲に君等は政廳裏の兵舍に移されしが君はコック長を命ぜられ計らずも大利を得たり而して四月廿五日解禁となりしを以て五月五日マウナロア號に乘りコナ、カイルア港に着し二ヶ月間商業のツライを爲せしに案外好成蹟なりしかば七月十二日を以て物品仕入の爲めホノルヽに出で知己の卸問屋より多くの貨物を求め遂に現今の所に店舖を開設する事となりぬ然るに營業は追日盛大となり到底單獨を以ては萬事不自由なるが故に明治三十四年二月廿二日新に妻を迎へ今や二子を擧げ一家睦じく業務は旭日の如く益々隆昌とはなれり君は實に布哇成功の一人と謂ふべし

横山國三郎君

（在コナ）

君は山口縣大島郡森野村字神の浦の人明治九年八月の出生なりし小學卒業後專ら農業に從事せしが明治二十九年十一月布哇の有望なるを知り自由渡航として米船アルトセ號に乘り二百人以上の同胞と與に横濱を出帆し同月下旬ホノルヽに到着し直に布哇島ホノムに至り請黍業に從ふこと一ヶ年餘にして之を他に讓り數百弗の利益を占めたり本來君は獨立自營を好むの人なるが故に他の部下に屬して働く事を嫌へり左れば君が渡布以來今日までの經歷に徵するに未だ曾て人に使役せられたる事なし君も亦た一奇人と謂ふべし君一旦ホノムを去りカウ郡ナレフに來り耕主に紹介し六十二エーカーの請黍に從事することとなれり然るに同耕地の習癖として種黍は自ら金を投じて主人より購求せざるべからず事情已に斯くの如くなるが故に請黍業に着手するには莫大の資金を要するなり是を以て耕主に現下の事情を陳述し便宜を得んとせしも言語は通ぜず隨て彼我の意思疎通せざるが爲め遂に失敗に歸したり依りて止むなく同地を辭しコナに至りコーヒの栽培に從ふこと殆んど十四ヶ月間な

りしも偶まコーヒの大下落に遭ひ到底挽回するの目的なきを以て斷乎として之を放棄したり君既に失敗に失敗を重ねたれど君が英敏なる毫も意に介せず一難を經る毎に勇氣勃興し最後の勝利者を以て自ら期せり爾後一二ヶ年は種々なる業に着手したれど多くは失敗の歴史を遺すに至れり之が爲め米大陸に渉り飛躍を試みんとせしに友人等之を傳聞し來りて懇に渡米中止を勸告せり君友人の信義に感じ渡米の念を斷てり恰も好し明治三十四年四月青木氏の家屋賣却せられしを以て友人より金を借り之を求め直に商店を開始せり左れど元是れ無一物より開業せし故を以て開店當時は金策の爲め東西に奔走し大に辛酸を嘗めたれど年月と共に漸次順況となり現今は多くの蓄財も出來コナ有數の商店とはなれり

スマイルス曰く天は自ら助くる者を助くと君の如きは眞箇自助的の人物なり將來の大成功微塵も疑を容れざるなり君の父母は健全にて故山にあり君目下獨身生活にて益々羽翼をコナの天地に展さんとしつゝありと云ふ

井芹辰藏君

（在カウ、パハラ）

布哇島一圓に於て我同胞の請黍事業に從ふ者數百を以て數ふべし齊しく是れ請黍業なりと雖も其間

に甲乙丙丁の等差なかるべからず今之を相撲番附に作らば東の大關はオーラアの岩崎次郎氏にして西の大關は井芹辰藏君を推すも誰れか不可を唱ふる者あらんや雖然君が今日ある決して一朝一夕の事にあらず必ずや其原因ありて存す請ふ聊か之を説かむ

君は熊本縣上益城郡白旗村字糸田の人明治七年の出生なり幼年の頃より沈毅英敏にして曾て人と爭はず天性尤も孝心に厚きを以て人に稱せらる長ずるに及んで倜儻大度あり特に忍耐の力に富み喜怒色に顯さず是を以て鄉黨常に君を尊重し老大人を以て稱揚するに至れり君本來頭腦明晰にして克く事理を辨じ決斷流るゝが如し是故に早くも社會の狀態時世の變遷を悟り鵬翼を海外に伸さんと欲し時は正に明治二十八年即ち君の齡二十一才の時故國の山河を蹴り胸に將來の成功を期し深く韜略を藏め遙に布哇の風雲を望んで渡來せり何ぞ其志の雄大なるや世の小成に安んずるの徒は輕擧盲動し成功を急ぐが故に計畫密ならず其結果僅に數千金を携へて歸朝するに過ぎず左れど君の如きは然らず始は三年鳴かず蜚ばず底の覺悟を以て功を十年の後に收めんとを期せり是故に君が渡航後五年間は光を韜み跡を晦まし普通勞働者の群に入り徐に全島の狀況を探り時機の到來を待ちつゝありし一朝機會の乘ずべきを看取すや蛟龍又池中の物にあらず忽ち風を呼び雲を起し布哇島カウ郡パハラに至り一の根據地を定めたり此時明治三十四年なりし爾來請桼業に熱心し着々功を奏せしに同三十七八年の候に丁り同郡全部は蟲害の爲め甘蔗枯死し製糖所は中止となり事業家は殆んど倒產し同胞の

多くは他方に向つて移動し全郡二千人と註せられしも今は僅に三百人を餘すに至れり以て悲慘の狀を察すべし君此間に處し泰然自若として動かず一盛一衰は社會の現狀なるを觀念し靜に挽回の策を講じ區々たる世評に耳を傾けざりし此の忍耐果斷の力遂に以前の頽勢を恢復し今や井芹キャンプと稱する一大城廓を構へ常に數百の部下を統率し其勢隆々乎たり畢竟是れ君が腦漿の衆に卓絕せると忍耐の力に富みたる結果と謂はざるべからず

君容貌魁偉にして風采太だ揚れり特に吾人の感ずる所は君の部下多くは同縣人を以て組織するに在り同縣人の故を以て意氣相投じ艱難相救ひ步調一途に出で團結最も力あり是れ君が成功を早めたる一因ならん乎君は眞に熊本人士の本領を具へたる偉丈夫と謂ふべし

桑崎熊吉君　（在カウ、パハラ）

君は寡言沈着の資を有し曾て人と爭はず克く自己の天職に對して忠實の人なり此故に多くの方面に敵を作らず且つ年々資財を累ねつゝありと云ふ

君は熊本縣玉名郡高道村字濱田の人明治八年十二月の出生なり君に妹弟五人あり而して君は其長子たり君二十二才の時即ち明治廿九年六月臺灣丸に乘り航海二十二日間を經て當布哇に來着せり此實に移民船の第五回なりしと君着布後直に布哇島カウ郡パハラ耕地に至り就働する事となりしが適ま政府より派遣せし土木測量技師アイ、エム、バンド氏來りてカウ郡方面の測量に從事せし際君測量に經驗あるの故を以て聘せられて同氏の助手となり廿九年十二月よりバンド氏に從ひ一はワスノよりカフク迄一はパハラより火山まで測量し平素蘊蓄の技を揮ひしかば大にバンド氏の信用を博し遂に最後まで雇聘せらるゝに至れり而して全部終了せしは三十年六月なりしと

君測量の終結と同時に其職を辭し卅年七月よりチー、シー、ウヰルストン氏方に雇はれ爾來今日まで十一年の久しき一定の主人を更へたる事なく終始一の如く克く動き克く働けり此一事を以てするも君が信用の程度と勤勉忠實なるを證するに足るべきなり由來カウ郡は請悉事業の盛なる地方なれば君奉公の傍ら人を使役して請悉を爲さんと欲し明治三十一年より着手し同三十三年まで繼續せしに其効空しからず約六千五百弗の收益ありたり然るに君の好人物なる人を信ずる自己を信ずるが如くなるが爲め同縣人某の爲めに謀られ前記の收益悉く烏有に歸したり左れば君が宏量なる之を以て更に怨とせず皆是れ天命なりと諦め却て其人の卑劣心を憐愍せりと云ふ寔に君子の行爲と云ふべきなり

君既に人の爲に多くの損害を蒙ると雖も毫も意と成さず其後更に三百エーカの地所をリースし黍作を爲し今日までに數千弗の純益を得たりと嗚呼天道は善を賛け惡を懲すものなり君が現今の幸運に遭遇する決して故なきにあらず君吾人に告げて曰く明治四十一年の春に植附の甘蔗を切らば凡そ八千弗の收益はあらんと君の得意想ふべきなり而して君普通の會話は爲し得ると雖も今尚ほ進んで英學の研究を怠らず尤もカナカ語は君の長ずる所なりと云ふ

松永金作君

（在カウナーレフ）

君は山口縣大島郡東屋代村字神領の產なり明治八年十月を以て生る君郷關に在りし際は農を以て業とせしが壯年に及んで布哇に志し時は明治三十年十月十五日臨時汽船旅順丸に乘り神戶を出帆し同年十一月一日ホノルヽに到着せり初め郷里に於て旅券の下附を得んとせしも事頗る面倒なるに依り森岡移民會社の手に由り神戶に寄留し兵庫縣廳より旅券の下附を得て遂に前記の如く目的を達するを得たり

君上陸匆々オアフ島エワ條約として就働せしも君本來の目的は商業を以て身を起すに在るが故に勞働は君の素志にあらず是を以て三ヶ月の後六十五弗を支出し條約を解除し一先づホノルヽに出で在府三ヶ月間商界の模樣を視察し了悟する所ありし然れども未だ其資を得ざるを以て轉じて布哇島ヒロに渡り一時ミシン裁縫業に從事したり後オーラア耕地に至り大工職として二ヶ年プランテーションに働けり而して稍や資を得るに及び不幸にも明治三十二年十二月廿四日より熱病に罹り延ひて九ヶ月間病褥に臥し爲に從來の貯蓄も悉く蕩盡するに至れり實に悲慘の極と謂ふべし想ふに知らぬ異域に在りて二豎の爲めに空しく病床に呻吟するほど不運なるはなし若し夫れ郷里なりせば親戚故舊もあり看護宜しきを得て速に快復するを得ると雖も布哇の如き殖民地に在りては人各々日々の勤勞に忙はしきを以て深く顧みる者もあらざる也君が當時の心情果して如何なりしぞ定めし百感交も胸間に往來し斷腸の念ひありしなるべし左れど枯木再び花咲いて健康體に復したるは意外の幸福と云ふべし君一旦本復すると雖も病後の衰弱平素の如くならざるを以て身躰を勞するの業に就く事能はず是故に賣藥の行商を開始しハカラウ方面よりカウ郡までを自己一定の區域と爲し半年間常に往復せしがカウ郡は邦醫一人もあらざるを以て賣藥業として好地位なる事を看取し三十四年ナーレフ耕地に常在し藥舖を開業する事に決したり然るに其當時カウ郡全盛の際なりしかば豫想外の利潤もあり隨つて多くの資を得たり玆に於て明治三十九年より日米雜貨店を開き着々功を奏せしに恰も好し

明治四十年十月廿八日君が隣家の支那人歸國するにつき君該商店を買收し益々規模を宏大にし今やナーレフ屈指の商店として全盛を極めつゝあり而し君が商業の方法は一人も他人を使役せず自らキャンプを徘徊して注文を取り自ら物品を配附するが故に純益は悉く君の金庫に納まれり君も亦自己の業務に忠實なる人と謂ふべきなり

青山熊吉君

（在カウナーレフ）

年歯未だ不惑に達せずと雖も其頭髪の半白なるは壯年時代より衆に超越して多くの艱難を歴盡したるを證明し得べく啻に辛酸を嘗めたるのみならず今や着々功を奏し請黍事業に頭角を顯はし陶猗の富を作りつゝある者之を青山熊吉君と爲す

君は熊本縣飽託郡健軍村字新外の人なり明治四年五月を以て生る君の家世々農を以て業とせしが君の孝心に厚き青年時より父母を扶けて耕耘に從事し他を顧みざりしは鄕黨の齊しく賞賛する所なりし而して君が布哇に來りしは明治廿五年七月三日にして此行實に官約の第二十一回船なりしと云ふ

消毒所に在る二週間の後布哇島カウ郡パハラの條約として就働し契約も無事終了し更に重ねて一ヶ年勤續せり當時コナに於て珈琲事業盛に行はれしかば君斯業に從事せんと欲し明治三十年コナに移轉し該業に全力を注ぐこと前後三年なりしも成績君の意に滿たず是を以て又同地を去りて再びパハラに歸來し土人の所有地七十エーカをリートスし黍作を爲し別に復たマヌケアに於て三百エーカを條約し呂に甘蔗の栽培に從へり然るに或事情より耕主と衝突したるに由り斯業を他に讓りオーラア九哩に至り間もなくプナに轉じ一ヶ年間ルナの職を奉ぜり適々耕主側の鐵道事業新に起りしを以て直に之を請負ひ一ヶ年にして遂に成功し大利を得たり時にパハラのマネジャ更代しければ君再び同地に歸り從來の條約地を取戻し黍の耕作に從ふこととなれり然るに一期の黍作終了し耕主と金の授受に當り端なくも一場の葛籐を惹起し遂に曲直を爭ふに至れり之が爲め交渉上の通辯としてはヒロ市より同縣人江口一民氏の來耕となり事態稍や重大に赴きしが代言人某仲裁の爲め交渉し來りしかば君素と事を好むの人に非ざるを以て其請を容れ四千餘弗の所を三千弗領收して終に落着を見るに至れり君此事件に消費せし金額一千五百弗なりしと云ふ君殘額を携へて明治三十七年三月モンゴリア號に乘り一先づ歸朝せり

同年十二月二日再渡航と決し橫濱よりコレア號に搭じ同月十一日無事ホノルヽに到着し二ヶ月間肥後屋ホテルに投宿し後馬哇島ラハイナに至り轉じてキヘイ耕地に行き黍切を請負ひ一年間在留し而

して後馬哇各地を周遊し明治四十年四月廿七日再び布哇島バハラに至り間もなくナーレフ耕地に赴き現今の所に一のキヤンプを設け盛に請黍業に從事し目下六十人を使役し大に斯業の發達を圖りつゝあり君の父母は明治二十四年に病歿せりと君に兄弟姉妹十人ありしが今殘る所僅に四人なり而して君は實に其三男なりと云ふ

松本竹藏君

（在カウナレーフ）

凡そ商家の六韜三畧と稱すべきは愛嬌を以て客に接するに在り若し愛嬌なければ假令店舗に陳列せる商品精選にして且低廉なるも華客の一顧を買ふと能はざるなり松本君は無愛嬌の商人なり然るに君の店舗は特更に繁榮し耕地全體先を爭ふて物品を購求することは奇と謂はざるべからず

君は山口縣佐波郡防府町の人慶應三年七月五日の出生なり青年の頃普通學を修め後商業に志し十七歳にして馬關に下り某烟草商店に入り三年間刻苦精勵せり此間に於て商業の掛引人心の意嚮を悟了せりと云ふ爾來東都に出で商業の爲め前後三年間横濱品川横須賀間を往復し益々商家の秘訣を習得

せり是より先き君丁年の時徴兵檢査に遭ひ抽籤の結果豫備兵籍に編入せられたりと二十三才の時所用を帶びて九州に下り四五ヶ月各地を巡遊し一旦歸國し閑日月を送りしに君俄に外遊の念を起し明治二十七年十一月下旬官約第二十二回船として山城丸に乘り岩國新湊より出帆し翌十二月十三日海上一の魔事なくホノルヽ埠頭に到着し直に布哇島カウ、ナレーフ耕地に至り就働する事となり二年一ヶ月と十三日間勤續せしに偶々同地に日支人の衝突ありて騷擾一方ならず君其首領と認定せられ契約未濟中遂に放逐の身とはなれり君却て條約の苦痛を脱したるを悦び匆々同地を去りて加哇島に渡り前後四年間各地を周遊し而して後ホノルヽに出府し大和新聞社に入り六ヶ月間同社の爲め盡す所ありし時に同三十三年一月よりホノルヽに於て白人の家內的勞働に住み込み一ヶ年間勤勉し夫よりワイアルアニに至り鐵道事業に從ひ八ヶ月目より一方の監督に採用せられ都合二年間繼續し再びホノルヽに出で一ヶ年在留せり時は明治三十五年なりし翌三十六年布哇島ヒロ市に渡り三ヶ月を經てオーラアに轉じ有名なる岩崎氏方に在る一ヶ月半にして最初の就働地たるカウ郡ナレーフに往き中本商店に聘せられ在職六ヶ月にて征露の歲同地の牧野商店に働き二十ヶ月の後同商店主歸朝につき之を讓り受け始て獨立業に從事する事とはなれり始は故ありて他の名稱を以て開業せしが明治四十一年より改て君の名義となり一層業務を擴張して其勢力隆々たり

君の店舖はキャンプ內に設けあるを以て營業上甚だ便宜なり君は本來學力と云ひ應接と云ひ同地同

胞間に一頭地を抜くが故に大に邦人の尊敬を享く是を以て物品の賣附貸金の回集總て命令的なり左れど斯は君の特質として人も許し居るが故に毫も不平を言ふ者なし夫れ斯の如くなるを以て一仙たりとも損害を蒙る事なし爲に純收益の點は到底他店の及ぶ所にあらず君の如きは布哇商人中實に一奇人と謂ふべし

弘中鶴太郎君

（在ホノアポ）

君は明治三年の出生にして山口縣玖珂郡麻里布村字裝束の人なり幼年の頃小學校に入り長ずるに及んで農業に從事し父母の爲に一臂の力を添へたり後思ふ所ありて海外に遊ばんと欲し明治二十三年十一月廿八日官約の第十一回船として新湊より山城丸に乘り故山を出發せり翌十二月十二日海上平穩に布哇に到着しコーランテンに五日間を費し消毒解禁後直に布哇島ワイアケア耕地に至り就働する事とはなれり君本來勤勉家なるを以て三年の條約中一日も缺勤するなく克く動き克く働き尚ほ條約解除後も同地に留りて奮勵し前後六年間勤續せり人以て異數とせり玆に於て一旦歸朝し亡き母の

墳墓を吊ひ且つ現在の父を慰めんと欲し多年貯蓄の大金を携へ耕主より勤勞證明書を得て三十年九月故郷に還れり而して在國十ヶ月を經て再渡航せんと志し時は明治三十一年六月二十日自由渡航としてコブチック號に便乘し神戶より解纜し踰へて七月四日ホノルヽに上陸したり左れど君は再渡航の事と云ひ布哇の事情に通ずるの故を以て普通勞働界を脫し一擧千金の策を講じ幸ひホノルヽの隣耕地アイヱアにポンプの創設ありしかば君直に進んで之を請負ひ六十人の部下を率ひて工事に着手し間もなく效を奏し大利を得たり君此勢に乘じ益々勇氣を鼓舞し請負事業に成功せんと欲し三十二年四月加哇島に渡りケアリアの貯水工事に從ひ後ワヒヤワアに轉じ三十七年まで請負師として同地に活動し殆んど二千弗の收益ありたり依りて一時歸朝せんとせしが玆に一つの魔事を生じ忽ち多くの金を失ひしかば止むなく同地を去りて一先ホノルヽに出府し馬哇に渡り後三十八年布哇島コハラに至りデッチ工事に働き同三十九年四月下旬同島カウ郡ホノアポ耕地に就働し目下製糖所に在りて勤勉怠らず爲に多くの蓄財を爲し同耕地有力の人とはなれり

君資性溫厚にして職務に忠實なり是故に交際圓滿にして未だ曾て人と爭はず眞に愛すべきの好人物なり母は明治二十五年に歿し父は今尙ほ健在なりと而して君は嫡男にて弟妹八人ありと云ふ

* * * * * *

日本食料品雜貨卸小賣商

ホノルヽ府ベレタニア街アヽラ公園前

小林商店

店主　小林徳三郎

郵函（八七四）

電話（三五八）

横濱正金銀行布哇支店

電話貳七九　郵函番號八六八

資本金　貳千四百萬圓
同拂込高　貳千四百萬圓
積立金　壹千四百五拾五萬圓

▲布哇支店預金利子左の通り

定期預金
三ヶ月　年三分
六ヶ月　三分五厘
一ヶ年　四分

▲横濱本店預金利子左の通り

一通知預金　年四分
一定期預金六ヶ月以上一年年五分

▲本店　横濱南仲通三丁目

▲支店　布哇、桑港、紐育、龍動、里昂、孟買、香港、上海、漢口、芝罘、天津、北京、鐵嶺、奉天、遼陽、牛莊、旅順口、大連、安東縣、長崎、神戸、大阪、東京、長春

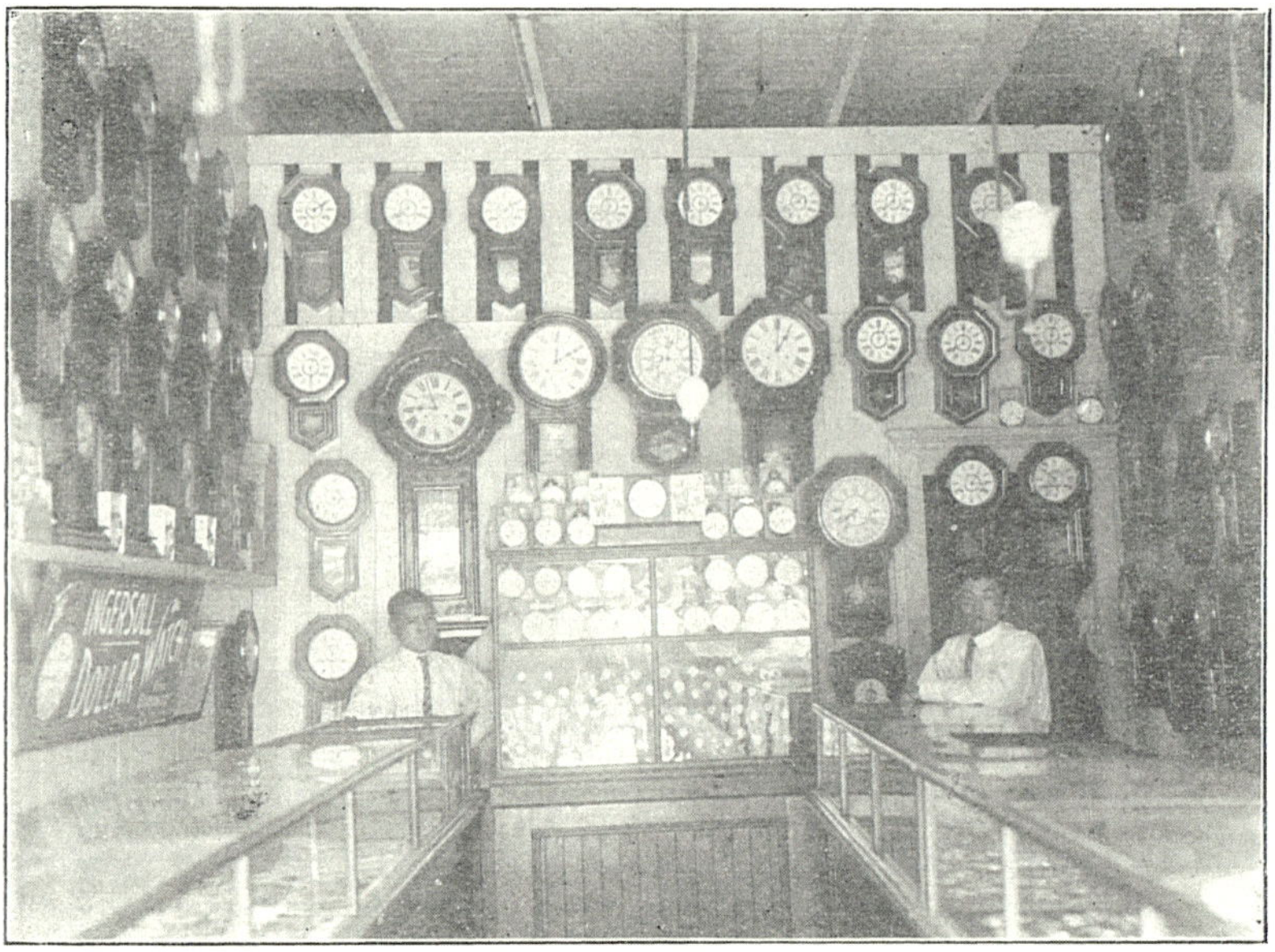

藤本時計店内容實寫及店主兄弟

加哇島之部

君島桂三君

（在コロア）

君は栃木縣栃木町の人なり君幼にして學を好み稍や長ずるに及んで經學を修め歷史を涉獵し以て一は孔孟の道を窺い一は古今の成敗を觀る是に於て君以爲く仁義道德を以て世に立つものは長く榮へ權謀術數を以てする者は終に衰ふ左れば吾れ不敏なりと雖も道義に依準して以て世に處せんには如かじと茲に精神一決し仁術たる醫道の研鑽に從ふ事とはなりぬ

君初め栃木英語學校に學びて次て同縣の醫學校に入り螢雪の窓に苦學すること數年其功空しからず遂に明年八年同校を卒業し故山に還り患者の治療に從事して大に名聲を博し同地方に於ける刀圭家中錚々の聞へ高かりし然れども君は本來進取的の人なり何ぞ縣醫學校卒業を以て足れりとする者ならんや是を以て匆々笈を負ふて帝都に出で宮內省侍醫局長醫學博士池田謙齋氏の門に遊び同氏の助手たること正に四年其間內科、產科、病理等の諸學を研究し其蘊奧を盡し將に帝都に於て旗幟を翻さんとするの際會々舊布哇政府の同國公使の手を經て我內務省衛生局に五名の醫官選定を依賴し來りたるに依り醫官の監督官として選定せられ移民と共に西曆一千八百八十六年二月を以て當布哇に來れり君と同船渡來したる中には小野目文一郞、岩井（赤十字醫員）の兩氏もありしと云ふ君は上陸直に加哇島コロア駐在を命ぜらる同年三月ライセンスを受け一千八百八十五年より一千九百〇一年迄コロア耕地主任醫となり内外の患者を救濟し大に信用を博せり君は其後ハナペペに三角商店なるものを創立し同地方同胞の便宜を圖りしが故ありて後今の篠田、飯田の兩君に該商店を讓り渡し新にコロアに於て君の居宅前に一大商店を開設せり左れど斯は君の本業にあらずして言はゞ樂半分の事業なりき爾後明治三十六年都合上商店を閉ぢ患者の治療に從事し昨年よりハナペペ及マカパイヤに出張所を設け毎週巡回して大に敏腕を揮へり特に本年一月は新に病院を建築し以て患者の入院に便しければ遠近の病者每に輻湊し全盛比類なきに至れり

君は資性快活にして客を好むの人なり客あれば直に令閨に命じて酒肴を出さしめ快談放言客をして倦厭せしめず共に飮み共に笑い和氣靄々洵に好箇の快男子なり君は慥に加哇全島の重鎭にして君が爲に同胞の益を得ること少々に非るべし君の令夫人亦た才氣に富み克く夫を扶けて内顧の憂なからしむと云ふ吾人は君が益々健康にて邦家の爲め同胞の爲め大に盡瘁せられん事を希望の至りに耐へざるなり

*　*　*　*　*　*　*　*

西島榮次郎君

（在カパー）

君は福岡縣三井郡北野町の人明治七年十月を以て生る君は元と商家に成長せし人なるが君の叔父に赤星研造氏と云ふ人あり同氏は明治維新前に黑田公の命を受け獨逸に留學し十ヶ年間醫學を修めて歸朝し帝國醫科大學の敎師となり後仙臺病院長となり當時海內比類なき刀圭家の泰斗たり君其狀況を常に目擊せしを以て幼時より醫道に志し明治二十六年迄久留米の明善中學に入り三年の課程を卒へて二十七年より京都に至り獨逸語學校に入り翌二十八年四月より京都府立醫學校に學び螢雪の窓に苦學を積み遂に明治三十二年六月同校を卒業し而して後四ヶ月間同校に在りて內科の助手となり研究する所ありしが一旦故山に歸り二年間在宅し患者の治療に從事せり適々九州生命保險會社の醫員に囑托せられしを以て諸方に運動する所あり左れど君の天性として斯る小事に滿足すべきに非ればば斷然該囑托醫を辭して海外に遊ばんと欲し明治三十四年十二月十三日亞米利加丸に便乘し同月廿四日ホノルヽに上陸し翌三十五年一月規定の試驗を受け直にライセンスを得たり踰へて翌二月現今のカパーに來り開業する事とはなれり然るに君資性磊落にして曾て人に接するに牆壁を設けず特に患者に對して懇篤なるが故に門前毎に市を爲し全盛を極めり隨て多くの貯蓄をなし得たれば遠から

ず凱旋の曲を奏し芽出度歸朝すべしと云ふ君は確に刀圭界に成功せし人なり

寺岡藤作君

（在カパー）

轉々漂流長く一所に止まらず水草を逐ふて毎に他耕地に移動する者は自ら耕主の信用も薄く隨て自己の目的を達する能はざるなり之に反して終始一耕地に止まり勤續動かざる者は成功の曙光を認むる事至つて迅なり寺岡藤作君は就働以來一耕地を代へざるの人宜なる哉今日の大成功決して偶然に非ざるなり

君は山口縣玖珂郡麻里布村字柱島の人慶應三年九月の出生なり君壯年の頃迄農業に從事せしが時世の變遷に連れ早く海外に遊ばんと欲し時は明治廿二年官約移民の募集に應じ第十四回船として當布哇國に渡來し條約地たる加哇島カパア耕地に來り就働する事とはなれり然るに君の勤勉なる事一日も業を怠らず陰陽の隔なく克く動き克く働きたり此事自ら耕主の耳に入りしかば就働一ヶ年の後拔擢せられて耕主の家內的勞働に住み込む事となりしを以て爾來勞尠くして多額の俸給を得るに至れり居ると前後三年餘にて莫大の資を得たれば一旦歸朝し一人の母を省みんと欲し遂に意を決し明治廿五年の秋鄕里柱島に歸來せり而して滿一ヶ年間母の膝下に在り孝養惰らざりしと云ふ四十二章經

に曰く天地鬼神に事へんよりは其親に孝するに如かずと君既に孝心に敦し將來の幸運豈に一身に萃らざらんや同二十六年九月母に暇を告げ再渡航し直に以前のカバーに至りしに耕主大に喜び君が信義の厚きを感じマキーブランテーションカパア支店に勤務する事を命ぜり茲に於て君一層丹精を抜んじ全力を擧げて耕主の爲に竭す所あり爲に信用其度を高め隨て同胞間に其名嘖々たるに至れり當時君はカバヘーに住居してカパア支店に通勤し明治三十九年まで勤續せり時に耕主店舗の改革につきカパア支店を賣却するの議あり之に依りて君同支店に與に勤務せしポルキー某と協議の上合同して同店を買收し一意專心に斯業の發展を圖りしかば今や同地方第一の商店となり顧客日に多く物價甚だ廉なり斯く繁盛を極むるが故にカパヘーより通勤するは至つて不便を感じ明治四十年二月新にカパアに住宅を建築し益々奮つて業務の發達を講じつゝあり加ふるに三十五年三月令弟渡來し君の補助を爲したるが爲め一層成功の度を早めたり

君天性溫順にして人と交はるに信義を重ずるを以て衆望一身に歸し現下巨萬の富を蓄へ加哇全島有數の人となれり畢竟是れ孝心に厚き報酬と謂はざるべからず語に云く孝は百善の基と吾人君に於て愈よ其然るを信ずるなり

＊　＊　＊　＊　＊　＊　＊　＊

和泉玉之助君

（在カバイア）

君は明治八年九月廿九日を以て郷里廣島縣安藝郡仁保島村に生る君幼にして父を失ひ一人の妹を有せり是故に君の生育は全く慈母の手一つに倚りしなり左れば君が母に對する觀念は尋常一樣にあらず稍や長ずるに迨んで益々親を思ふの念厚く一身を賭して母の爲に竭さんと期せり是に於て商業に志し諸方を奔走し大に收利の道を講じ母の慰藉に日も亦足らざりしと云ふ時に明治二十六年九月二日即ち君が十九歲の時海外に遊び大利を得以て母を安慰せんと欲し自由渡航として臨時汽船愛國丸に乘り五十人の同胞と與に神戸を解纜し同月二十六日海上恙なくホノルヽに到着し直に加哇島コロア耕地に至り通稱廣島店即ち仁井商店に入る事となれり而して前後四年間一身を顧みず同店の爲に盡す所ありしかば店主大に君を信用し遂に其店務一切を擧げて君に委するに至れり稍や資を得るに及び想へらく男子此國に來るも長く人の部下に屬し業を執るは心中愧る所なり如かず吾獨立業を興し以て生涯の運命を决せんにはと玆に端なくも大奮志を起しコロア耕地を去りカバイアに至り時計店を開始する事とはなりぬ然るに君篤實と勤勉を以て事に當るが故に信用日に昻進し漸次隆昌の域に達し顧客の增加と共に店舖狹隘を告げしかば今より三年前目下の地所をリースし自ら資を抛ちて

店舗及住宅を建築せり此一事を以てするも君の得意思ふべきなり

君既に時計業に成功し多額の資を得たれば別に新に事業を起さんと欲し明治四十年九月より日米雜貨店を開き精品を選び價額を廉にし以て四方華客の需に應じければ日尙ほ淺きにも拘らず商勢日に發展し今や古參の商店を壓し宛も旭日昇天の慨あり而して從來營業せし時計店は其儘繼續せられ雜貨店と並行して隆盛を極めつゝあり君カパイアに移轉せしより茲に殆んど十一ヶ年言はゞ君は同地方古參の人なり是故に知己も多く隨て信用の程度も厚し之れ君が成功せし所以なり

君質朴にして溫厚なり曾て人と爭はず誠心誠意を以て世に處するが故に今後の大發展期して待つべきなり現下君に五人の子女ありて一家圓滿なり

村重平太郎君　（在カパイア）

君は本來山口縣玖珂郡平田村の人明治六年を以て生る然るに幼年の時君の父僻陬の生活を嫌ひ岩國町に移轉せしかば君亦た父に隨ふて家族と共に同町に移住せり而して後故ありて君一家の戶主となり目下籍を岩國町に有せりと云ふ

君壯年の頃農業に從事せしが當時同地方の者多く布哇に航し錦衣還鄉するを見て渡航の念禁ずる事

能はず是に於て明治二十八年十月移民會社の手に倚り臨時汽船リヨウ號に乘り渡布したり到着匆々コーランテンに移されしも其際恰も天長の佳節なるを以て同胞全躰消毒所に於て種々なる競技を演じ我　陛下の萬歳を祝したり而して解禁の上間もなく加哇島リフヱ耕地に來り條約移民として就働し契約解除の後尙同耕地に在りて一の事業を起さんと欲し種々研究する所ありし君元來天才に富み手藝に長ずる人なるを以て攻究の結果洋服裁縫に兼て斬髮を業と爲す事と決したり然るに人望ある君の事とて開業早々より大に隆昌を極め殊にキャンプの事にしあれば多くのヱキスペンスを要せず之が爲め實收の點に至りてはタウンに於て開業する者よりは却て好都合なりし爾來明治三十六年迄同耕地に在りて拮据奮勵し多くの資を蓄へ營業の發達と同時にキャンプ内の家屋狹隘を告げしかば同地の附近なるカパイアに移轉し規模を擴張し四方顧客の需用に應じ供給甚だ努めたり時に明治三十七年夏同地數軒の家屋火災に罹り全く燒燼せり君も亦た厄に遭ひ一時失望せしも勇氣ある君は少しも頓着する所なく直に家屋を新築し再び以前の如く開業する事となれり人以て其機敏に驚きしと云ふ君は天性快活の男子にして活動輕妙なり是故に事に當りて躊躇する所なく自己の所信に向つては宛も無人の境を往く如く奮擊突進して毫も他を顧みざるなり是れ君が今日成功せし所以なりとす明治四十一年一月加哇週報紙上に於てホワイトミシンを懸賞とし本島裁縫師の人氣投票を行ふに方り君は最後の決戰場裏に三千二百七十二點の大多數を以て遂に當選せり以て君が實力の點人氣の上

に於て優勢なるを證すべし吾人は君が益々奮闘して大々的成功せん事を祈る者なり

山本百松君

（在カバイア）

君は山口縣玖珂郡愛宕村字尾津の人安政五年の出生と云へば本年正に五十二才なり君の家世々農を以て業とせしかば君亦た耒耜を採りて耕作に從事し父母の爲めに盡す所ありし然るに君長ずるに隨ひ膂力衆に優れ郷黨一人も其右に出る者なかりしと云ふ之が爲め相撲道に志し地方に宮相撲ある毎には必ず進で力を角し常に月桂冠を戴けり其技發達するに連れ大に相撲に趣味を感じ遂には足跡の到らざる所なく巡遊したり時に明治二十年政府より布哇渡航の移民を募集すると聞き俄に渡布の念を起し其募に應じ第四回船として和歌の浦丸に乘り當布哇に到來せり而して直に條約地たる加哇島リフエ耕地に來り五ヶ年間終始一の如く勤續せしかば耕主君を信ずる事厚く爲めに擢んでられて耕主の商店に働く事となれり在勤二年の中偶々妻君の病死に遭ひ且つ二三の子まで失ひしを以て平素の勇氣頓に挫け世を憂きものと觀念し竟に耕主の商店を辭しナベリ〳〵に下り米作に從事し以て田園の生活に聊か憂鬱を慰藉する所ありたり斯業を繼續する二年餘にして之を他に讓りカバイアの附近に菜園を購求し專ら野菜の耕作に從ひしが是とて豫定の利益あらざれば二年間の後廢業し身は一

介の伯樂となれり萍や昨日は東今日は西何れを其れと定めなく轉々として諸方を流寓せしが數年の後君熟々想へらく吾此國に來りて已に十五年空しく貴重の光陰を費すのみにて未だ一事の成すべきなし若し此儘に過ぎ去らんか老後の此身を如何に所置せんと端なくも玆に一道の光明を認め時は明治三十五年六月よりカパイアに於て馬車業を開始し非常なる熱心を以て努力せしかば營業日に月に發展し宛も急流に舟を泛べて下るが如く急速の進歩を爲し今や數多の車臺と馬匹を蓄へ數人の部下を使役し加哇全島有數の事業家となり随て多くの貯蓄も成り君自らは在宅して手脚を勞するの煩もなく悠々として二光を消しつゝあり

君元來朴直の故を以て世人に愛せらるゝ之れ君が營業の繁榮なる所以にして今日の成功せし基因なりとす而して過る明治三十年新に妻君を迎へ目下家庭甚だ圓滿なり

田中勝太郎君

（在ナウヱリヱリ）

君は熊本縣益城郡餅富村字南田尻の人なり幼年の頃より膽氣衆に超へ人後に墮るゝとを嫌へり是故に

常に餓鬼大將を以て自ら任じ群童を指麾して以て樂とせり小學卒業後は村夫子に就き漢籍を學び精神の修養に努めたりと云ふ十九才の時酒造検査官となり甲州地方を遍歴せしことあり時に明治二十一年俄に外遊の志を立て當布哇に渡來し同二十六年より布哇政府の巡査を拜命し克く忠實に活動せり後病の爲め一ヶ年現職を辭したりしが再び同職に復し官民の間に介立して精勤したれば大に官廳の信用を博したり同二十九年故山の書に接し三ヶ月の暇を乞ひ一旦歸國し間もなく再航し前職に就き十一ヶ月の後復た歸朝し在國三ヶ月を經て再々渡來し同ポリスメンを拜命し今や加哇島に在留し公職の爲に盡瘁しつゝあり君の如く邦人にして外國の巡査となり長く其職を繼續しつゝある者は殆んど稀なり特に舊冬職務勉勵成績優等を以て增給したりと云ふ

君天性活潑にして氣力拔群なり之れ君がポリスメンとして今日成功したる所以なり吾人は君が益々奮勵して以て同胞の爲に竭さんことを希望の至りに耐へざるなり

＊　＊　＊　＊　＊　＊

吉永浅太君

（在ワヘヤワ）

君は熊本縣飽託郡川淵村字二町の人明治三年七月の出生なり君の父母は今尚ほ健全にて君に兄姉五人と弟二人ありと云ふ

明治二十三年の春官約第十六回船として近江丸に乘り神戸より出帆しホノルヽに到着直に條約地たる加哇島マカベリ耕地第六番キャンプに到り就働し一ヶ年半の後耕主の信用を得てルナとなり同館府に在ること五年間にして二番キャンプに移り六年間在留せり其間諸種の請負に從事し意外の大利を占め得たり而して後明治卅三年ワヘヤワア耕地に移動し江口増田の兩氏と協同し大仕掛の請黍事業に從ひ君は勞働者の總指揮人として大に敏腕を揮ひしが其結果二千餘弗の損耗となりしを以て之を尾崎商店に讓與したり然れども君は依然勞働者の總指揮を爲し多くの資を蓄へたり茲に於て米大陸に渡り一事業を興さんと欲し二三の隨員を伴ひ明治卅五年七月渡米せり桑港上陸後各地を巡視し遂に加州フレスノに於て福岡屋と稱するホテルを買收し營業せり而して之を三隅某に監督させ君自

らは日の丸亭と云へる料亭を買收し之が營業に從事したり左れど格別の利潤もあらざりしかば是を他に讓り明治三十八年十一月再び布哇に歸來しオアフ及馬哇の各島を周遊し一旦ホノルヽに歸りしに加哇島コロアに貯水池の請負事業ありと聞き急行該地に赴きしも君の意に滿たざる點あるを以て去りワヘヤワアに來り九十人の部下を率ひて黍切の請負に從ひ純益尠なからざりしと云ふ夫より諸種の請負を業とし後ケカハに至りデッチを請負い一方ワヘヤワアに於ても就業し每に兩所を往復し熱心事に從ひしが故にマクブライド會社より精勤確實の證明書を與へしと以て君が勤勉の一班を推知すべきなり一たびケカハの工業竣成を告るや君ワヘヤワアに常在し目下水路の總指揮となり多額の俸給を得て威望隆々比ぶものなしと云ふ

君は本來熊本人の本領を有し資性活潑の快男子なり左れば苟くも自己の信ずる所あれば獅子奮迅底の勇を鼓して猛進し飽まで貫徹せずんば已まざるの氣慨あり此の氣慨こそ君が今日の地位を得たる所以なり而して君現時獨身生活なるを以て人多く之が配偶者を周旋せんともすれど君考ふる所ありて斷然之を拒絕し獨身生活を繼續しつヽあり君も亦一個の奇男子と謂ふべきなり

*　*　*　*　*　*

加哇島の部

菅良雲師

（在ワヘヤワア）

師俗名を倉太郎と稱す安政二年五月を以て廣島縣豊田郡大乘村字高崎に生る五才にして備後國三原町松壽寺法雲禪師に就き出家得度し良雲と命名せられたり聞く法雲禪師は學內外を兼ね特に禪定家を以て稱せられし人なりと然るに同禪師は師が十才の時化を他界に遷せしかば其後繼大應和尙に就き禪敎二門を研鑽せしに和尙又師が十六才の時入滅せしを以て十七才よりは身を白雲流水に托し天下を兩脚下に蹈破する事とはなりぬ初め石州米子總泉寺の潭嶺和尙に隨從したれども機緣適はず去りて周防岩國洞泉寺に至り天下の老宗匠たる默禪老漢に從ひ次で同禪師の法嗣たる默應和尙に就き與に和尙の現住所たる京都府下三田町に至り三昧に自己を究明せしも未だ打發する所あらず踰へて二十才の時加州大聖寺町實性院の大結制に列し西堂の奇雲老漢に入室す老漢師に授くるに香嚴樹上の話を以てす師屢々下語すれども合はず却て室內より打出せらるゝと數を知らず師茲に於て大勇猛心を皷舞し佛祖の靈前に誓て曰く吾れ此結制中に箇事を究明せずんば死すとも下山せずと爾來霜に

泣き雪に座し瞋棒熱喝を喫すること擧げて數ふべからず一夜鷄鳴の音を聞き廓然として省悟し恰かも桶底の脫するが如し依りて入室所解を呈す老漢爲に印可す時に明治六年なりき制解けて奇雲禪師は東京に遷れり師は越前龍雲寺に至り梅園和尙に相見し又轉じて河內國篠田蔭涼寺の吾有和尙に就き朝參暮請修行地大に進む二十二才にして亡師の松壽寺に歸來し同冬備後甲奴郡安田村西福寺に於て豫州今治大仙寺の道光禪師を西堂に聘し立職す後二十四才まで同禪師に隨身し參究須臾も懈らざりし後曹洞宗務局の奬勵に基き廣島專門文校に學び又轉じて尾の道天寧寺の默仙老師に就けり之より先き師廿三才にして豐田郡荻路村耽源寺丸山玄光師の嗣法となりしが師の齡三十の時玄光和尙遷化せられしを以て師一旦歸寺し其職を襲へり後廣島縣曹洞宗第一號宗務局副取締に推薦せられたり以て師が同宗內に於る聲望如何を知るべきなり師又奉公の念に厚し彼の征淸の役に方りて單身寒行を爲し其施物を以て海陸軍に獻納したり其後靑森地方の饑饉に際しても寒行の施物を寄送せりと云ふ時に明治三十七年二月山命に依り布哇同胞の慰問使として渡布し仝年八月までオアフ島一圓を周遊し同年加哇島現住所に涉り留錫し翌三十八年二月布敎所を新築し傍ら日本人小學校を起し自ら敎鞭を執り布敎と敎育を兩肩に擔ふを以て今や衆望一身に歸し名聲日に月に旺盛なり特に師は第一義門を俗諦に應用し殺活自在の技量を揮ふが故に多くの同胞は慈母を慕ふが如く諸人の尊敬一方ならず且つ師は性來飮酒肉食せず妻子の俗累もなきを以て俗流を超越し眞箇禪者たるの本領を有せり聞

く師は明春を以て錫を故國に移さんとすと布哇同胞の爲め惜むべき事と謂ふべし

菰田藤吉君

（在ワヘヤワア）

君は香川縣三豐郡和田村字美濃浦の人明治五年を以て生る君壯年の頃故ありて鈴木姓を冐せしが後今の本姓に復したり君の兩親は現存し兄弟三人あり君は實に其三男なりと云ふ

君郷里に在りし時は農商二業に從事し父母の爲に盡す所ありしが明治三十二年十月故山を發程し横濱に出で亞米利加丸に搭じ當布哇に渡來し消毒所に在る一週間の後加哇島ワヘヤワア耕地に至り十ヶ月間條約人の大コックを爲し勤勉怠らざりしが君本來大希望を有するの人なるが故に斯る小事に齷齪するを好まず是に於て身を請負界に投じ專ら利殖の道を講じければ年々歳々効を奏し貯蓄も尠からざるに至れり現にエレ〱ランデングの如きは君が加哇レールコンパニーより請負て建築せしものなりと聞く而して君が一旦請負し事業は一も手拔きをなしたる事なく懇切を旨とし以て需に應ずるが故に白人の君を信用する尋常一樣に非ず既に明治四十年五月にはマクブライド會社より君に

證明狀を贈與せりと以て君の人となりを證すべし目下君は請負の傍ら人を雇ひ大コックを爲しつゝありのが爲め毎月の收益は甚だ大なり元來布哇の同胞移民は熊本、山口、廣島、福岡、新潟、福島等大多數を占め君の縣人は至つて尠し是故に君の同縣人は多く君を訪ね來り以て就働する者夥し君も亦是等來訪者を克く遇し之に業を與へて更に厭ふことなし君は啻に同縣人の爲に竭すのみならず總ての公共事業には金を投じ勞を惜まず熱誠を傾倒して奔走盡力せり聞く所に依れば或人某商店に於て大借債をなし百方策窮して逃亡間もなく捕へられて被服まで剝取られ今は奈何とも爲す能はざる悲境に陷りしを聞き君同情の念に耐へずやありけん自ら衣服を携へ彼に惠み加之其借金を負擔し彼を自宅に連歸り職を與へしかば彼其恩義に感泣し爾來身命を顧みず克く努め竟に該借金を償却したりと云ふ若し其當時君なかりせば彼は終生廢人となりしならむ啻に此一事のみならず君は陰德家として多方面に人を救濟せし事枚擧に遑あらざるなり夫れ斯の如く君衷心より事を處するが故に人望博く諸人の信用一方ならず君は眞に得がたき人物と謂ふも敢て誣言にあらざるなり宜なる哉君が今日の位地と資財を蓄へたる理數の當然と云ふべし目下君に四人の男子ありて何れも健に成育しつゝあり

＊　＊　＊　＊　＊　＊　＊　＊　＊　＊　＊　＊　＊　＊

牧三藏君

（在ワヘヤワア）

着實溫厚の資を有し而も自己の職務に忠實なる者之を牧三藏君と爲す君は明治九年十一月を以て熊本縣菊池郡泗水村字豐見に生る君幼にして學に志し規定の小學を卒へ而して後笈を負ふて諸方を遊歷し始め漢籍を修め後醫學を研究し某病院に入りて實地を練習する事數年なりしと云ふ

明治三十二年十月一日即ち君が二十四才の時羽翼を海外に伸さんと欲し兩親の許諾を得て故山を發程し橫濱に出で同年十一月十日東洋丸に乘りて出帆し同月二十四日海上一の魔事なくホノルヽに到着し直に加哇島ワヘヤワア耕地に來り就働する事とはなりぬ君勞役僅に二ヶ月を經て耕主君が醫術上に經驗あるを知り拔擢してプランテーションの病院に入れしめたり是に於て看護の補助として二ヶ年間勤續せしに君が懇切と精勵は內外人の齊しく認むる所となりしを以て三年目よりは累進して專務の看護手となり傍ら通辯として同胞の便益を圖りしかば名聲漸次に昂り諸人の信用一方ならざりし君斯業に從事する前後七ヶ年なりしと云ふを看ても其の精勤と信用の程度推知すべきなり君既

に多年の勤勞に由り尠からざる資を得たれば一の獨立事業を興さんと欲し遂に意を決して耕主の認許を得明治三十九年五月より同地に藥舖を開業せり由來同耕地には邦醫一人もあらざりしが故に同胞の病に罹りし者は甚だ不便を感じたりしが一たび君が專門の藥舖開始せらるゝや人皆其便を稱し隨て收益の點も太だ多しと云ふ加之開業と同時に君の居宅をワイメアなる風間ドクトルの出張所と爲し君之が補助として老練の手腕を揮ひしかば藥舖と兩々相待つて益々盛況を呈し今や日に月に全盛の域に達しつゝあり

君は啻に業務に熱心のみならず凡百の公共事業にも亦熱心なり是故に該地方に於ける公共の事は概ね君の手を煩さゞるものなし是れ君が地方の名望家として喝采を博する所以なり聞く君に姉三人ありて君は實に家督相續者たり而して親は今尚ほ健在なりと

大橋松太郎君

（在ワヘヤワア）

君は元治元年を以て郷里千葉縣長生郡一松村に生る幼にして母を失ひ明治二十三年に重ねて父を失

へり稍や長ずるに迨んで普通學を修め更に進んで同縣下に有名なる相馬翁に隨ひ漢籍を學びたり學已に通ずるに至りて商業に志し縣下は勿論毎に東京及横濱間を往來し商界の活舞臺に立ちて敏腕を揮ふ事とはなれり時に明治二十五年五月君奮然志を立て海外に鵬翼を展さんと期し横濱より三池丸に乘り官約の第十八回として渡布し馬哇島スペクル耕地に至り三年の條約中熱心に勤勉し尠からぬ資を得て一旦歸朝し鄕里に於て再び商業に從ひ一方森岡及廣島兩移民會社の依囑に基き移民を募集せしに元より布哇の事情に通ずる君の事にしあれば縣廳の信用も厚く爲に二回まで移民を輸送し大利を得たり第三回目に於ては君其監督を托せられ移民と與に渡來せり而して君が斡旋せし移民の多くは加哇島に就働する事となれり君も亦三十三年一月加哇島ケカハに來り身を勞働界に投ぜしも幾干もなく布哇全島契約移民の解除となりしかば君は諸種の請負に從事し全力を擧げて奮勵せり然れども事意の如くならず依りて請負業を中止し製糖又は勞働者の監督等に從へりと云ふ後明治三十六年中央日本人會設立さるゝや君は會長齋藤總領事の命に由り支部長となり又推されて代議員となり以て公衆の爲め竭す所尠からざりし當時ケカハ耕地に於て未だ日本人小學校の設けなきが故に諸人之を憂ひたりし適々君中央日本人會の定期會議ホノルヽに開かるゝに方り出席し而して後議事終結を告げ歸耕するに際し君獨斷を以て一人の學校教員を雇ひ伴ふて共に歸れり依りて俄に學校を設立せん事を諮りしに衆與に之を賛し忽ち開校の域に達せり若し君微りせば同地の學校容易に建設を見

るに至らざりしならむ君は實に同地學校の柱石と謂ふべきなり

元來中央日本人會なる者は同胞一切の出來事を擔任すると宣言したるが故に其後同耕地に增給問題起りしかば君支部長たるを以て其衝に當り耕主に談判を試み一方數次齋藤會長に紹介する所ありしも確答を得ざるに由り一身を犧牲に供しホノルヽに出府し耕主組合に嚴談する事となれり君耕地出發の際衆に告げて曰く事若し成らざれば再び歸耕せずと此際に於ける君の決心は恰も佐倉宗五郎と同一般たりしなり左れど不幸にも事調はざりしを以て歸耕するに至らざりしは幸か不幸か心ある者は君の爲に一掬の涙を濺がぬ者なかりしと云ふ

君は公共の念に厚き人なり彼の愛國婦人會赤十字社及軍人遺族救護會等にも大に盡力する所ありたりと君既に歸耕せざるに決したれば同三十九年ワヘヤワアに移り目下時計業に從事し地方の人心を得て熱心に自他の爲め盡しつゝあり蛟龍池中の物に非れば異日風雲を叱咜して大飛躍を試むべきの秋あらむ

池田勝藏君　（在ハナペペ）

君は山口縣熊毛郡伊保庄村の人明治六年四月の出生なり五歲にして父を失ひ母は尙ほ健在なり而し

て君に一人も兄弟なしと云ふ君農を以て業とせしが十六歳の時故ありて四國に遊び十九歳にて北海道札幌に一ヶ年在留せりと蓋し同地に叔父ありしを以てなり後二十二歳にして朝鮮に遊びし事あり征清の役に當りては五師團に從屬して清韓兩國に轉戰し役終りて凱旋したり偶々感ずる所ありて明治二十九年二月自由渡航として神戸より出帆し三月ホノルヽに到着し直に加哇島マカペリ耕地に就働し一ヶ年間勉勵せり而して後一旦ホノルヽに出で二三ヶ月在留し寫眞術を研究せんと欲し檜垣寫眞師に就き學ぶ所ありしが間もなく去りて布哇島ヒロ市に至り一ヶ年間隅田寫眞師に從ふて斯術を磨けり業成るに及んではハマクア町に開業し一ヶ年の後即ち明治三十二年の冬現今の所に來り森重氏と協同して開業せしが故ありて後之と分離し獨立以て經營し名を大和寫眞舘と稱し盛に營業しつヽあり而して技術の如きは近來大に進み師の隅田氏の如きは後に瞠若たらざるを得ざるに至れり殊に此地はマカウエリ全部及ソヘヤワの大耕地を控ゆるが故に收益の點は意外に莫大なりと聞く豈又昌ならずとせんや

＊　＊　＊　＊　＊　＊　＊　＊　＊　＊　＊　＊　＊

中島與之助君

（在ハナペペ）

君は明治八年二月の出生にて廣島縣安藝郡仁保島村字淵崎の人青年の頃より工業に志し造詣甚だ深かりしと云ふ時に明治廿九年九月四日自由渡航として三池丸に乘り三百六十餘人の同胞と與に纜を横濱に解き海上難なく同月十八日ホノルヽに到着したり兼て知人がエワ耕地に在りしを以て之を訪ね居ること二週間にして去りて加哇島キラウエアに至れり蓋し此地には實兄ありしを以てなり就働七ケ月の後君鑑る所ありてホノルヽに出府し白人に就き車の製造を練習せり時に明治三十年なりき勉强一ケ年にて斯業を習得したれば再びキラウエアに歸り二ケ月滯在し兄と將來の計畫を談じ三十一年七月カパイアの桐村方に斯業を以て働く事となれり踰へて三十二年四月まで同氏方に働きしが技術の巧妙なる事は早くも衆人の認知する所となれり遂にリフエ耕地エブルス氏に招かれ其敏腕を揮へり四ケ月を經てエブルス氏マクブライド會社に入る事となりしかば君亦た伴れて共に同會社に勤務する事とはなりぬ此時正に明治三十二年七月なりしと云ふ其後氏の許を辭しマカベリミールに

至り働きしが同三十三年ワイメア町に轉じ宮本氏と協同開業せしが偶々病に罹り且つ契約の齟齬にて斷然之と分れワヘヤワアに歸れり明治三十五年九月一日よりハナペペに出で內藤氏と合同事に從ひ十八ヶ月間勉勵し多くの資を得たり是に於て君想へらく邦人の協同事業は多く末を全ふする者少なし左れば吾れ之より獨立業を起さんと覺悟し明治三十七年三月より現今の所にハウスを新築し獨立の旗を飜すに至れり先年蹄鐵業者の試驗あるや君當時之に應じ優等を以てライセンスを受けたりと以て君の技量如何を知るべきなり之が爲め層一層名聲を博し大名遠近に轟き依賴者日に增加し今は加哇有數の車臺製造兼蹄鐵場となれり君は慥に斯業に成功せし一人なり

君は資性溫厚の故に衆より愛せらる是れ君が業務の繁盛なる一因ならん歟君一男二女ありて家運益々隆昌なり

隈部文藏君

（在ハナペペ）

君は熊本縣玉名郡川添村字久井原の人明治八年二月を以て生る二才にして母を喪ひ十七才にして復

父に別る而して君三人兄弟の中實に其末子なり君既に兩親を失ひしかば生育は全く令兄の加護に頼りしなり爲に兄弟互に睦じく一尺の布尚ほ縫ふべく一斗の粟尚ほ春つくべく骨肉の情は和氣靄々の裏に行はれ共に與に努力して一家を經營せざるべからざる境遇に立てり世に不幸多しと雖も幼時に双親を失ひし程不運なるはなし商業其他に於て失敗を招きしは又挽回すべき時もあらむ左れど黄泉に赴きし父母は復び歸來せず嗟呼人世の一大慘事

君の家農を以て業とせしが君末子なるが故に丁年に及んでは兄の力に憑らずして自ら終生の運命をトせんとの志ありき是を以て明治二十九年に當りては新版圖たる臺灣に渡り一事業を起さんと試みしが格別の利潤もあらざりし居ること一年餘にして郷に還り俄に方針を變じ外遊に決し明治三十年二月十三日チャイナア號に乘り横濱を出帆し同月廿三日ホノルヽに到着し直に條約地たる加哇島マカウエリ耕地二番に至り就働する事とはなれり勞役二年半にて同三十三年ハナペペ三角商會に入り勤務せり在勤一ヶ年の後西暦一千九百一年十二月即ち我が明治三十五年に各傳道師合同出資して一の商會を起さんとの議あり君既に商業に就て幾多の經驗を重ねしを以て招かれて其支配人となり平素練習せし手腕を揮ひ前後三年間之が經營に餘念なかりしと云ふ其後種々なる事情湧出し一時商會を解散せんとせしを以て君奮然として知己友人間を奔走し金策を回らし遂に之が全部を讓受る事となれり後日君當時の苦心談を爲す毎には悲憤交も起り感慨措く能はざるものあり以て其際の苦境を

察すべきなり然れども苦は樂の因にして人は盤根錯節に遭はざれば其利器を表現する事を得ず君が多年の苦心は茲に顯はれ今や同地方屈指の商店として營業日に發展し顧客四方に遍ねく其勢隆々たるに至れり畢竟是れ艱難の賜と云はざるべからず

君溫厚實着にして業務に忠實に而も忍耐の力に富む是れ君が今日ある所以なり目下君に四人の兒童ありて一家太だ平穩なりといふ

秋元坂藏君 （在エレ〳〵）

君は山口縣熊毛郡室津村の人明治二年十月三日を以て生る幼にして普通學を修め稍や長ずるに及んで同縣萩町に至り山縣時直氏方に仕ゆること三年なりし同家に在りて總ての家族的敎育を受けたりと云ふ後明治二十二年九月官約移民の募集に應じ横濱より出帆し無事ホノルヽに到着し直に馬哇島ハナ耕地に至り二ヶ月間就働の後同地の警部ルータ、マイ子ツキ氏方に傭はれ三年勤續せしに同氏君の着實溫厚なるを愛し遂に同氏の盡力にてハナストアに入る事となれり之ぞ君が後來商店員として成功せし端緒なりとす時に同三十一年同店の用務を帯び一旦歸朝し所用を辨じ同年四月再び渡來せり而して以前の商店に就任し居ること一ヶ年の後加哇島ワヘヤワア耕地に至り三ヶ月間キャンプに在りて普通勞働に從事せしが君が廉直にして而も商店員に經驗あること耕主の耳に入りしかば聘せられて竟にヱレヱレなる耕主の商店に在勤することとなれり勤續二ヶ年にして故國の音信に接し遽に再歸朝する事となり在國數月の後即ち明治三十六年重ねて渡航し再びワヘヤワアに歸來しければ耕主君が約を違へず歸布したるを喜び信用以前に倍して重用するに至れり之が爲め近年多くの蓄財と同時に同胞間の信用殊に厚く隨て勢力隆々たり君は愷に商店員として成効したる一人なり君天性寡言率直にして信義に敦し是故に一たび他と約したることは毫も違背したることなし是れ君が今日の地位と信用を得たる所以なり而して君に目下三人の令兒ありて家庭甚だ圓滿なりと云ふ

柴尾健太君

（在ワヘヤワア）

君は安政元年熊本縣玉名郡木葉村字山口に生る君故山に在りし時は商業を以て事とせしが明治二十四年三月七日九州三角港を出帆し而して後玄洋丸に移乘し官約の第十六回船としてホノルヽに到着せしは同年四月一日なりと云ふ上陸匆々加哇島コロア耕地に就働し無事三年の契約を終了し同地を

去りて明治二十七年マカベリに轉じ勞働すること六ヶ月を經てケカハ耕地に至りピラオフルのルナとなり二ヶ年間丹精を擢んじて勤續せしかば大に耕主の信用を博し竟に俸給の外二十四弗の賞與を得たりと以て君が職務に忠實なるを知るべし後明治二十九年キラウエア耕地に鐵道の工事ありと聞き直に進んで之を請負ひ三十四人の部下を使役し遂に効を奏し多額の潤益を得たり而して後同三十一年現今のワヘヤワア耕地に移り内堀某の大コックを讓受け爾來殆んど十年間斯業を繼續し懇切を旨として克く働き克く勤めければ毎に君がコックに聚まる者五十名を下らずと云ふ豈又昌ならずとせんや

君は同耕地に於ける人望家なり是故に曾て中央日本人會設立の當時支部の評議員に推薦せられし事あり以て君が平素克く公共の爲に盡し衆望を擔へるかを知るべきなり

森岩五郎君　（在ハナぺぺ）

君は熊本縣鹿本郡三嶽村字寺島の人なり而して本年齡五十才なりと云ふ君農を以て業とせしが明治十年西南の役に丁り二十人長として從軍し官軍の爲に竭す所ありたり其後布哇渡航の途啓けしかば君官約の第十六回船にて渡來し加哇島キラウエア耕地に至り就働せり居ること七ヶ月にして故あり

て契約解除となりしを以て同島マカベリ耕地に轉じ二ヶ月間耒耜を擔ふて勞役せしが君一朝感ずる所ありて明治二十六年マクプライド會社の所有に係る水田を借受け稻作に從事したり試業二ヶ年の後ハナペペのマオカに移り四エーカーをリースし專ら米作を爲し如何なる旱天と雖も曾て斯業を廢したる事なく耕耘三昧に從事せしかば其効果著しく今や多くの富を作り歳と與に盛運に向ひつゝあり君は米作の外に獨立を以て精米所を創設し自己收穫の米粒は勿論地方公衆の需に應じ精米を爲すが故に諸人の便益一方ならず隨て之より得る所の純益も尠からずと云ふ君稻作に從事せし以來茲に十年間なり古人曰く艱難は幸福を生むの母なりと君が十年一日の如く艱難と戰ふて遂に今日の結果を得る元より然る所なり君は慥に米作に成功せし人と云ふべし

西村太郎吉君

（在ハナペペ）

布哇に日本移民渡航の道開けてより茲に二十餘年渡航者の數十二萬餘に達し成功者も又少からずと雖も勞働者の多數は年月を經るに從ひて最初の志望を挫折し折角汗に依りて得たる金錢を空しく酒

食に費して錦を故郷に飾る能はざるは勿論遂には身を破るに至るもの又尠からず左れば非常の忍耐と勤勉に依らずんば素志を貫く事難し恁る中に西村太郎吉君は少壯青年の身を以て渡來し居ること僅にして全く空手より起りて自ら獨立商店を經營するに至る洵に青年立志の龜鑑とするに足るべし

君は山口縣玖珂郡川下村字小今津の人明治十四年三月を以て生る兄弟五人あり君は其第三子なるが早く海外に雄飛するの志あり明治三十二年齡漸く十八才にして布哇渡航を思ひ立ち同年四月一日神戶發のゲーリック號にて日本を出發し同月十四日ホノルヽに上陸し後加哇島リフエ耕地に至りて就働すること八ヶ月間なりしが商業に志してハナペペなる尾崎支店に入り五ヶ年の間誠實に勤續したれば大に其業務に熟練すると共に地方人の信用を博し加ふるに君の性行堅實なるを以て蓄財又少からず竟に多年の宿望を遂げて三十七年五月を以て同地に自ら獨立して雜貨食料店を開業するに至れり回顧すれば往年赤手にして渡航したる一少年は今や十年ならざるに既に一方の商店主とはなれり而も君年少氣銳にして多くの春秋に富めば其前途や春海の洋々たるが如く太だ有望なりと謂ふべし

* * * * * * * * * * * * * * * * *

篠田勝四郎君

（在ハナペペ）

加哇全島に於て三角商會と云へば誰知らぬものなき大商店にして財產萬を以て數へ盛に業を營み同島中商業の覇權を握り其勢隆々として他を壓するの慨あり而して之が主公たる者は實に本篇の篠田勝四郎君及飯田清吉氏なりとす

抑も同商會は初め君島ドクトルの創立なりしが後兩君の引受る所となり以て今日の盛況を呈するに至れるなり而して君は栃木縣下野國栃木町の人明治二年五月十日の出生なり幼年の頃普通學を卒へ長ずる及んで獨立の氣慨に富み倜儻にして大度あり特に勇に富み義を重んじ人と約したる事は必ず遂行せずんば已まざるなり是を以て鄕黨君を畏敬し事ある每には常に君の指麾を仰ぐに至れり君も亦人中の奇傑なる哉

世の進步に伴ひ君熟々以爲らく否れ皇國の民と生れし以上は國家の爲に盡す所なかるべからず殊に近時我國の人口は年々三十餘萬の增加を示し面積漸次狹隘を告げつゝあり此勢を以て進行しなば帝

國の將來は土地と人口の平均を失し自ら滅亡を招くに至らむ左れば此時に丁りて國家百年の大計を畫するには海外移住を奬勵し年々增加せる民を其地に移さゞるべからす曩に我政府は布哇國と盟約し官約を以て切りに移民を布哇に送ると聞く然れども其渡航者の多くは中國九州人なるが如し我地方の如きは殆んど絕無の有樣なり斯く一方に偏しては海外移民の主義に悖り實効を擧ると難し畢竟渡航移民が彼地に多くして我地方に絕無なるは我地方人の海外思想に乏しきを證するに足るべし若かず吾れ卒先して彼地に涉り以て地方人の睡眠を打破せんにはと玆に於て平素の勇氣を皷舞し時は明治二十六年十月九日三池丸に乘り橫濱を出帆し同月廿四日無事ホノルヽに到着し上陸後加哇島コロア耕地に至り直に移民監督官君島ドクトル方に働けり蓋し君島氏は君と同鄉の人なりと云ふ間もなく同氏の經營に係はるハナペペ三角商會に入り蘊蓄の敏腕を揮ふとはなれり後飯田氏と共に同商會を讓受け苦心經營の結果今や同島隨一の店舖となれり思ふに篠田君は百折不撓の勇氣あり飯田氏は溫厚精勤の人なり二者一は剛にして一は柔此剛柔相依りて始て完璧を得るなり三角商會が同胞間に信を博し益々盛運の境に向ふ豈に偶然ならんや

君は資性磊落にして克く飮み克く談ずるの人なり九才に父を失ひ母復た三十四年一月に易簀せりと而して君三人の兄弟中其末子なりと云ふ目下君に三人の令兒ありて何れも健全に成育しつヽあり

* * * * * * *

飯田清吉君

（在ハナペペ）

君は山口縣玖珂郡藤川村字關戸の人慶應元年一月の出生なり吾人は君の幼時を知らざれども十七才までは父母の膝下に在りて成長せしと云ふ左れど君本來外遊を好むの性なるが故に十八才の妙齢を以て父母の下を辭し三ヶ年間賣藥の行商にて東海道より東京に出で奥羽地方を跋渉し遍ねく名所舊蹟を觀光し歸來直に今の妻君を迎へ間もなく一男一女を擧げたり爾來兩三年故山に起臥し世の動靜を窺ひたりしが帝國の膨脹と同時に海外渡航の途開け同胞の布哇に出稼する者年と與に增加し其成績太だ見るべきものあり素と外遊を好める君爭か之を看過すべきぞ茲に於て渡布の念頻りに勃興し竟に明治二十二年十一月下旬妻君を伴ひ山城丸に搭じ横濱を出帆し翌十二月中旬ホノルヽに到着しコーランテンに在る五日間の後加哇島コロア耕地に就働することとはなりぬ勤續二ヶ年半にして同耕地の監督官君島ドクトル方に至り家内的勞働に從事すると半歲の後同ドクトルが新にハナペペに於て三角商會と稱する食料雜貨店を開始せしにつき君選ばれて其店員となり終始一の如く克く勤め

克く働きたり會々明治二十九年一月同商會はドクトルの都合上他に讓與するの議ありしかば君篠田勝四郎氏と相議り協同して遂に之を引受け同商會を繼續する事とはなれり爾後營業日に發展し宛も破竹の勢を以て進行し今や同島比類なき盛況を呈せり

之より先き明治二十九年即ち君が渡布後八年目三角商會を引受け根底既に鞏固なるに及で故國に遺せし令息を呼寄せ敎育を施しゝかば學業大に發達し地方の白人學校を卒業し尚進でホノルヽに出で白人中學に入り卒業の期近きに及び不幸にも二豎に罹り止むなく靜養の爲め昨四十年故國に還れり聞く今や殆ど全快しれば遠からず再航の途に上ると吾人は蔭ながら斯くあらんことを切望する者なり

君資性沈毅溫厚にして職務に忠實なり父は過る三十六年に病歿し母は尙ほ健在なりと而して君の妻君は貞淑溫雅の聞へ高く布哇婦人中稀に見る所なり君が今日ある妻君の幇助多大なりと謂ふべし由來岩國地方人の布哇に於て成効せる者乏しければ君たるもの大々的成効を告げ以て地方人中の白眉たるを期せざるべからず

米田文助君

（在ハナペペ）

凡そ布哇に於て獨立事業を起し之に依りて成効せる者は多少故國に在りて經驗を積みたる者多きが

如し若し夫れ無經驗の者なりせば操縱畧を誤り竟に失敗の歴史を遺すに過ぎず米田文助君は故國に在りし時業に已に身を商業界に投じ多くの經歴を累ねたる人なり

君は山口縣熊毛郡室津村の人にして明治二年十一月の出生なり幼年の頃普通學を修め長じて商業に志し初め郷關に之を試み稍や經驗を得るに及んで大阪九州間を往復し遂に進んで北海道に渡り幾多の辛酸を嘗め商略上大に悟る所ありしと云ふ古人云く艱苦は良師なりと人苟くも壯年の時に多くの艱難を歴盡せざれば後來に好果を歛むると能はざるなり君既に多年の實驗に由り商機に自在を得たれば此手腕を海外に揮ひ以て終生の目的を達せんと欲し時は明治二十七年五月二日宇品より三池丸に乘り官約の第二十六回船として發程し同月二十八日海上一の魔事なくホノルヽ埠頭に到着し直にコーランテンに數百の同胞と共に收容せられ六日間を經て消毒解禁の身となり加哇島エレ〳〵耕地に送られ就働する事とはなりぬ爾來契約三年間は誠實を旨とし陰陽の別なく克く勤め克く働きしかば耕主の信用一方ならざりし然れども普通勞働は君の本志にあらず君の期する所は商業に在るを以て契約解除後は斷然同地を辭し現住のハナペペに來り尾崎支店に入り豫て練磨の竦腕を揮ひ同店の爲め畫策する所尠少ならざりしと云ふ居ると二年間にして同所の三角商會に聘せられ又二年間勤續し布哇に於ける商業の掛引を了得し以て後日大飛躍を試むべき基礎を作れり斯くて多年の勤勉に依り尠からざる資を得たれば最初の目的たる獨立商業に從事せんと欲し明治三十四年十一月現今の所

に商旗を翻し今や多くの顧客を得て營業甚だ盛大なり
君の父は三十四年十一月に歿し母亦た三十八年五月に亡せりと左れば双親の病歿は君が渡航以後に在るを以て再會するとを得ざりしは君が終生の遺憾とする所なり而して君に兄弟五人ありしが君は實に其三人目なりと云ふ

桐村義英君

（在ハナペペ）

温厚篤實の刀圭家として夙に名聲を博し諸人の信用と云ひ技術と云ひ同業者間に一頭地を抜き其勢力隆々宛も鯉魚龍門に登るの慨ある者之を本篇の主人公桐村義英君と爲す
君は京都府下福知山町字内記の人明治元年四月三日の出生なり君の家は世々福知山藩主の家臣にして現今の枥木子爵は其主公なりと云ふ君幼年の頃より學に志し將來敎育家として世に立んと欲し長ずるに及んで京都師範學校に入り苦學數年の後同校を卒業し地方學校に敎鞭を執る事とはなれり而して君の實兄義堯氏は仁術を以て福知山町に開業し就中外科術は尤も長ずる所なりし此の因縁を以

て君朝夕兄の病院に出入し教育の傍ら施術の補助を爲し造詣する所尠からざりしが不幸にも明治二十九年八月三十一日福知山地方大洪水の爲め多數の溺死者を生じ君の一家も此の災禍に罹り實兄及び祖父母妻子等一も遺す所なく家族全滅し唯殘れる者は君一人のみなりしと云ふ何ぞ其の悲慘なるや斯かる意外なる災害の爲め盛大なりし刀圭の家名も一朝烏有に歸し斷絶せんとする狀況に陷しかば君大いに奮慨し何とかして實兄の名蹟を紹がばやと覺悟し晩學ながら醫道に志し同三十年京都府立醫學校に入り勉學することとはなれり聞く君が醫學校に入りしより日夜獨逸學に八時間を費したりと以て其の苦學の狀を察すべし斯くて同三十四年同校を卒業し尙ほ進んで諸大家を歴訪し外科產科婦人科を研究し大いに得る所ありたり後ち三十六年二月論文を提出して醫學得業士の稱號を受け益々斯道に深き趣味を感じたれば醫學の淵源たる獨逸に遊學せんと欲し同年香港丸に便乘し横濱を出帆し先づ米國に渡らんと期せり然るに同船中に於て熊本縣人ドクトル栗崎道誠氏に邂逅し語るに事情を以てせしに同氏君に勸むるに共にホノルヽに上陸することを以てせり於是乎一旦上陸し布哇の狀況を探り次便の船を待つて直ちに渡米せり而して翌三十七年再び布哇に歸來し尾山栗崎兩ドクトルの懇篤なる勸誘斡旋に基き暫く在留することとなり衞生局の試驗を受け優等を以て及第しライセンスを得同年加哇島ワイメアに至り八ヶ月を經て同三十八年現今のハナペペに移轉開業し以て今日に至れり

君人となり誠意着實にして而も患者に對し懇切なるが故に今や衆望一身に歸し門前宛も市を爲し殆んど全盛の域に達し隨て年々の收入莫大なりと云ふ

内藤藤吉君

（在ハナペペ）

君は慶應元年三月を以て廣島縣安藝郡仁保島村字淵崎に生る九才の時父を失ひ母は今尙ほ現存せり而して君三人兄弟中其長男なりしと云ふ左れば君等兄弟は幼時に父を喪ひしこととて一家は宛も闇夜に燈を失ひしが如く一時悲歎の淵に沈みたり當時母の心情果して如何なりしぞ聞くだに同情の涙禁ずる能はず之が爲め君等の成長は全く母の鞠育加護に賴りしなり是を以て君等兄弟が母に對する感想は特に深きものあり君長ずるに及び嫡男の故を以て一家を經營せざるべからず君の任や重且つ大なりと謂ふべし依之君は農に商に百方振興の策を講じ母の爲に全力を傾注せり君の苦心や思ふべきなり會々布哇渡航の途啓け太だ有望なりと聞き君大に喜び勇奮一番該地に渡り一は以て慈母の厚恩に酬ひ一は以て終生の目的を達せんと覺悟し官約移民の募集に應じ明治二十二年九月十三日第九回船として山城丸に乘り宇品港を出帆し同月廿七日無事ホノルヽに到着し直に加哇島キラウエア耕地に至り就働する事とはなれり然るに君の境遇上普通勞働者と志を異にするが故に同耕地に留ると

前後殆んど十ヶ年の長きに及び就中二ヶ年は普通勞働以外の事業に從ひ莫大の潤益を得たり左れど君之を以て尙ほ足れりとせず同地を去りて同島ワヘヤワア耕地に往きプランテーションに働く事復三年なり斯くて多くの貯蓄をなし得たれば一旦故山に還り一は亡父の墳墓に詣し一は現在の母を慰めんと欲し時は正に明治三十四年十一月住み馴れし布哇を去り同月廿日橫濱に歸省し十三年目にて故國の山河に接し二三の名所を觀光し匆々母の膝下に還れり此際此時親子久々の對面如何ありしぞ先立つものは唯だ感淚の滂沱たるのみ若し今父の在さば如何ばかりか悅び給はんにとは君が當時の感慨なりき親は子を哭し子は親を哭す嗟呼儘ならぬは人世の常是故に子たる者は父母の存命中に孝養の道を盡さゞるべからず君母の膝下に在ること旣に七ヶ月に及びしかば再び渡布せんと欲し同三十五年六月十八日橫濱より出帆し着布直に加哇島ラツイに至り居ること一ヶ月の後轉じて現住のハナペペに來り現職の車臺製造及修繕業を開始せしに孝心の德やありけん營業日に月に發展し今や無比の盛況を呈し隨て收益甚だ大なりと云ふ君は慥に車輛製造業に成効せし人なり

*　*　*　*　*　*　*　*　*　*　*　*　*　*

渡瀬嘉六君

（在ハナペペ）

君は安政三年十二月の出生にて廣島縣佐伯郡平良村字上平良の人なり四才の時父を失ひ別に兄弟なく母は尚健在なりと云ふ左れば君の生育は祖父の手に倚りしなり八才にして學に志し十一才の時今田良哉氏の私塾に遊び漢籍を學ぶと三年なりしが偶々戊辰の役に際し今田氏奥羽追討軍に從ふて出陣せしかば止むなく他校に轉じ普通學を修むる事となれり而して十七才より農業に從事し餘念を交へず勤勉せしを以て夙に村內より摸範青年と稱せらるゝに至れり夫れ斯の如く衆望ある君の事とて遂に明治九年四月には同村民の請願に依り村總代に擧られ同年五月戶長附屬を命ぜられたり此時君の齡未だ丁年に達せざりしと踰へて同十三年九月民選戶長となり三年の後再選せられ同十七年七月官選戶長として千田知事より同郡伏谷及葛原兩村の戶長を拜命し此間公共事業に盡力する事尠からざりし翌十八年九月辭表を提出し依願本官を免ぜられ之より先き鄉社速谷神社の堂宇及道路大修繕につき莫大の費用を要し君が先任の戶長某該公借の爲め故ありて自殺を遂げたり君後任の事なれば

敢て之が爲に心を勞する必要なしと雖も君が淸廉潔白にして且つ素封家なるの故を以て慨然志を決し祖先傳來の財産を抛ち公借の全部を支拂しかば人皆其義氣に感じ今に美談として人口に膾炙せり其後再修繕を爲すに當り君佐伯郡中を奔走し醵金を得て其目的を達したり時に明治二十年十二月なりし君其落成式を擧行し直に官約第四回船として渡布し上陸匆々加哇島ケカハ耕地に至り就働する事となれり回顧すれば以前戸長の榮職に在りし身の一朝勞働者の群に入るは君が心情に於て如何ありしぞ乍去君皆天命と諦むるが故に更に意に介するなく克く職務に努力せり而して三年の契約中共濟會長安藤太郎氏よりケカハ常置員に任ぜられ又移民監督官桂馨五郎氏よりは二十一年にケカハ地方の日本人取締役を囑托せらる之が爲め信用日に增大し耕主よりルナを命ぜられ解約後即ち廿四年には製糖事業に從ひ多額の俸給を得るに至れり翌二十五年君島ドクトルがハナペペに於て新に三角商會を起すに當り君聘せられて簿記掛となり在職一年間にして支那人耕作の米を引受け日本人キャンプに販賣すると二ヶ年なりし斯く多年拮据勉勵の結果多くの資金を得たれば獨立事業を起さんと欲し同二十八年現今の家屋を買收し後規模を大にし以て珈琲店を開き傍らホテル業をも開始し今日迄殆んど十三年間繼續せり

以上列記する所は君が經歷の一端に過ぎざれども君が今日までの道程は多趣多樣にして頗る見るべきものあり豈に普通勞働者を以て目するを得んや過る三十六年第二回の中央日本人會設立の際は地

方代議員に推薦せられ數次ホノルヽ、の同大會に出席し會の爲め竭す所尠からず殊に教育事業に就ては最も熱心し既にハナペペ學校新築委員として斡旋し竟に効を奏し今現に學務委員たり以て君が人物の全豹を窺ふに足るべし

大江宇三郎君

（在マカウエリ）

君は萬延元年六月を以て郷里山口縣熊毛郡平生町字立ヶ濱に生る家は世々農を以て業とせり君十五才にしゞ父を喪ひ二十五才にして重ねて母を失へり是故に君妙春の時より社會の波濤に掉して奮鬪せざるべからざる境遇に立てり時に明治二十七年五月征清役に丁り糧食縦列の軍屬として出征の途に就き先づ釜山に上陸し平壤を經て義州に出で鴨綠紅を涉り九連城に戰ひ鳳凰城を過ぎ田庄臺に至り而して海城に奄留すること殆んど三ヶ月後二十八年六月凱旋軍に從ふて歸朝し在國一ヶ年にして海外行に志し仝三十年一月神戸より出帆し當布哇に渡來し三十一年二月十五日加哇島マカウエリ製糖所に至りミウラメンとして各館府を巡業せしが後便宜上により現住の二番キャンプに來り三十二年末より大穀工を開始し傍ら馬車業を營みしに君が老練の手腕と信用は年と共に其度を增し殊に同一キャンプに前後九年間も在住するを以て古參の顏役として衆望一身に蒐まり隨て多くの蓄財を爲

し今や遠からず錦を故山に飾らんとせり
君の令息は本年十九才にて隣國廣島の商業學校に在學し俊才を以て人に稱せらる君が胸裏の愉快想ふべきなり

甲斐原梶平君

（在マカウヱリ、ミル）

君は文久元年六月を以て鄉里熊本縣上益城郡六嘉村字伊寺に生る君在鄉の際は農を以て業とせしが時事に感ずる所ありて外遊を志し明治二十五年二月山城丸に乘り第十五回船として神戶を出帆し同月下旬ホノルヽに上陸し直に加哇島に渡りコロア條約として就働し三年の契約を無事終了し去りてカツパアに至り米作に從事すると三ヶ年なりし後リフヱに轉じ一年間耕地開墾の請負を爲し大利を得たり是に於て請負業の有利なるを看破し一旦ホノルヽに出で直にワイパフに至り一ヶ年レール路の請負に從事し復大利を收めたり而して明治三十三年一月ホノルヽに出府し棧橋事業に從ふと六ヶ月を經て加哇島ワイヤワア耕地に至り黍植に從事すると八ヶ月半にして去りて同島ケカハに往き請負業を專門と爲し傍ら大穀工をなすと前後六ヶ年なりし其後現今のマカウヱリ耕地に來り製糖所に就働し同四十年五月より大コツクを開始し以て今日に至れり

君天性溫順精勤の人なるを以て到る所に歡迎せられ信用を博せり西哲曰く信用は第一の財產なりと君が今日多くの富を作りたる決して故なきに非るなり君に三人の子ありて二人は日本に在り長男は先年此國に來り君と共に勉勵しつゝありと云ふ

西村作平君

（在マカウエリ、ミル）

君は熊本縣八代郡有佐村字下有佐の產にして當年五十三才と云へば安政年間の出生なり君家に在りし時は耕耘を以て事とせしが會々布哇渡航の途開け同縣下より多くの移民續々渡布し成効せる者尠からざるに由り端なくも君心動き渡航の念禁ずる能はず於是乎明治二十二年一月官約移民の募集に應じ三角港より大阪商船會社の船に乘り馬關に至り豫て待設けたる山城丸に移乘し千餘の同胞と共に同月下旬ホノルヽに到着し直に馬哇島スペクルス耕地に至り三昧に精勵せしかば耕地第一のグルメンを以て稱せらるゝに至れり三年の條約も無事に終了したるが故に三百五十エーカーの請黍業に從事し四十五人の部下を使役し奮勵せしに天の惠みやありけん大に利益を占め得たり時に耕主君の

勤勉實直なるを愛し曰く汝希望あらば陳述せよ吾れ汝の請を容れんと君此懇切なる言に對し歡喜措く能はず依りて大コックを開始せん事を以てせり耕主微笑して曰く何ぞ希望の小なるや左れど希望とあらば許すべしとて君が爲にハウス一棟を與へたり爾來君コックを專門とし年々の收入大なりし偶々明治二十九年加哇島マカウエリ在住の石田某氏態々君の許に人を派し曰く此地に有望の事あり君來りて就業せずやと君此懇篤なる知人の恩誼に感じ前後の考もなく差しも盛大のコックを他に讓與し匆々行李を納め加哇島に渡れり直にマカウエリ耕地に至り石田氏に面會し實地を探究すれば何ぞ圖らん事實相違して折角の耕地も水泡と化し一時失望の淵に沈みたり畢竟石田氏の粗漏より斯る結果を生じたるに外ならず之が爲め一ヶ年は困厄の裏に二光を消せしが斯くては將來の爲ならずと觀念し勇氣を鼓して同地に留まる事に決し耕主に履歴書を提出し就働する事となれり勤續數年の後君の着實なると早くも耕主の認むる所となり拔擢せられてミルのワッチメンとなり勞少くして多くの俸給を得るに至れり爾來信用の加はるに連れ耕主より大コックの命を受け今日まで斯業を繼續せり君が此耕地に來りしより在留殆んど十三年間の長きに亘り終始一の如く克く勤めたるを以て同地同胞の重鎭として名聲次第に昂り隨て貯蓄も尠からずと云ふ君は慥に邦人成効者の一人なり

＊　＊　＊　＊　＊　＊　＊

成瀬清君

（在アナアナ）

年齢未だ三十に達せざること三年なれども多くの經歷に富み一切の辛酸を甞め盡し今や大商店の主公として利殖の道に抜目なく傍ら養鷄事業に着手し着々効を奏しつゝある者之を成瀬清君となす君は東京府芝區公園地内の人明治十四年四月を以て生る小學卒業後航海の事に志し東京航海學校に入り斯道の研究に從事したり業卒へて後米國に航し遍ねく異域の山河を跋涉し或時はスクルボーイとなり或時はハンチに就働し加州オレゴン、ワシントン、チバタ、ユタブ、アルジニア等の各州を遍歷しナイヤガラの瀧を詠めては舊來の心膓を一洗しロッキーマウンテンに登りては濶大の氣慨を養ひ時に或は自ら養豚養鷄の事業を起し有ん限りの活動を試みたり其後布哇の知人より書を寄せ來布を促すこと甚だ切なり是に於て卒に米土を辭し渡布する事とはなれり時に征露の前なりし君一度此地に來るや豫て米國に於て鍛錬せし手腕を揮ひ以て一事業に從はんと欲し加哇島に涉り居を現今の所に占め竟に日米食料雜貨店を開始したり然るに開業早々より商略宜しきを得て營業日に發展し今や新築の店舖に堆く貨物を積載し商况太だ活潑なり君は米國にありて鷄業に經驗ある事とて二臺の孵化機を備へ昌に之が蕃殖の道を講じつゝあり而して現今は既に其數六百を超へ未だ曾て一羽も斃死したるものなしと云ふ君吾人に告げて曰く凡そ養鷄業は成るべく天然を遠からざるを要す若し天然を遠かり人工分に過れば鷄の發達を妨げ夭折する者多く到底滿足の結果を得ること能はず又孵化後四五ヶ月を經れば悉く之を販賣するの要あり六ヶ月に達すれば發達するものに非ずして唯だ多くの資糧を費すに過ぎずと其說く所淳々として盡ることなし君の如きは何れの方面より觀るも敏腕衆に超ゆるの人なり

君は頭腦明晰にして烱眼機微に徹す特に交際滑脫の資を有し談話に長ぜり君が今日の効果を收めたるもの豈に故なからんや

一瀨敏一君

（在ワイメア）

君は大阪市南區天王寺町の人なり而して生國は紀州和歌山なりと云ふ君幼にして學を好み維新後生地の小學校を卒へ尙ほ進んで德義學校に入り普通學及び漢籍を學び續で舊堺縣中學校に轉じ明治十五年同校を卒業し其後某小學校の校長に任ぜられたり左れど君天性自由を好むの人なるが故に郡長

始め上長官等と意見毎に適はず其結果遂に放逐的他校に轉務を命ぜられたり以て君の人と爲りを看るべきなり當時君の地方は國會開設の準備として在野の政客東西に狂奔せしが適々東京より自由黨の名士等遊獵を名とし來遊すると聞き君大に歡び自己の教職に在るをも顧みず有志者間を奔走し剩へ君が管理する學校を政客に貸與し政談演說を開かしめたり之が爲め忽ち警察より召喚せられ兩三日拘禁せらるゝと同時に免職とはなれり然れども此事君の豫期する所なれば更に意に介するなく恰も弊履を棄るが如く感念し一切の書類を丙丁氏に附し豫て希望せる自由勞働の目的を以て飄然神戸に出で洋館に入り園丁となれり之れ君が世界的勞働界に出る初陣なりとす

君勞役中或る奇男子に誘はれ帆船に乘込み南洋諸島を始め印度地方より世界を周遊し遂に米國に於て久しく勞働せしが明治二十五年一旦歸朝し更に同胞數名を率ひ太平洋汽船支那號に乘り數次支那日本、布哇を經て米國間を往復し豫想以外の大利を得たり其航海中布哇の有望なるを認め單身來布せしは明治二十八年なりし爾來絕對的永住の目的を立て鄉里より妻君を迎へ今は子まで擧げ多くの富を作り家庭太だ圓滿なり特に感ずべきは君が從來嗜好せし酒と煙草を禁じたるに在り蓋し飲酒喫煙家は總ての場合に失敗多く加之兒童教育上有害なればなり

頃時君は職務の外にサンデン電氣帶及電氣ブラシ空氣治療具等の販賣方を囑托せられたりと而して君が該器を販賣するに至りし濫觴を討ぬるに明治三十九年君の親戚某渡布せんと欲したれど眼病の

故を以て撿査に合格せず爲に東京に出で專門の名醫に就き百方治術を受けたれど遂に全快せず時に或人よりサンデン商會にて發賣せる空氣治療具は如何なる眼病も全癒すべき旨を聞き直に之を購ひ治療せしに適が難治の眼疾も僅々三週間にて拭ふが如く全快し無事撿査に合格し同年夏渡來し君の許に至り其苦心と實驗を語り且詳細なる說明書を示したり君取りて之を見れば何ぞ圖らん該商會の總支配人は君が曾て在米の際愛遇を受けし恩人ならんとは是に於て其趣を通信せしに其支配人より返信し來り且つ布哇に於て該器械販賣の交涉を以てせり然れども君は布哇を以て永住地と定め居るが故に自ら實驗したる上に非れば容易に諾する事能はず幸ひ君慢性胃病と腦病なるが爲め早速電氣帶を取寄せ久しく實驗し自ら全癒したるを以て始て其有効なるを確め交涉の結果之が使用法及修繕等の傳習を受け終に昨年八月より布哇代理販賣人となり弘く布哇八島に販賣するに至れりと既に布哇に於ても此器具に依りて治療の効を奏したる者も亦た尠からずと云ふ

＊　＊　＊　＊　＊　＊　＊　＊　＊

風間熊吉君

（在ワイメア）

加哇の醫界に錚々の名を博し患者に接して懇篤叮嚀なる是れ風間熊吉君にあらずや君は福島縣磐城國若松市北小道の人なり吾人は親しく君の經歴を聞かざれば今玆に詳細を記すると能はず然れども記者曾て會津に遊び君が堂々たる門戸を張り敏腕を揮ひつゝありしとは今に能く記臆に存する所なり君天性快活にして豪放磊落毫も小事に着するなく其天眞爛熳の氣風は醫術の妙技と兩々相待つて克く發揮し患者をして少分も遺憾なからしむ而して君が布哇に渡來したるは明治三十七年七月なり上陸匆々日本慈善病院に入り豫て薀蓄の靈腕を揮ふと七ヶ月の後本縣衞生局の醫術試驗に及第しライセンスを得てホノルヽ府クヽ井街に開業し多くの患者に接して仁術の本分を盡したり君總ての醫法に巧妙なれども就中眼科は最も長ずる所なりと云ふ開業七ヶ月を經て加哇島ワイメアより君の大名を聞き屆請して已まざれば其請を容れ遂に三十八年同地に移轉し一方ワヘヤワアに出張治療所を設け熱誠を捧げて天職を竭しければ地盤漸次に鞏固となり今や聲望信用旭日の慨あ

り茲に於て昨四十年本國より令閨を迎へ一層業務を擴張し一般患者の爲に全力を傾注せしかば隨て多くの蓄財をなすに至れりと云ふ

田原龜吉君

（在ワイメア）

君は福岡縣三潴郡三潴村字田川の人明治四年十月の出生なり母は過る明治二十四年に病歿し父は今尚ほ現存せりと而して君の家は耕耘を業とせしが君は本來世界的周遊を好むの質なるを以て明治二十二年には北海道に遊び居ると二ヶ月にして歸來し暫く故山に起臥せしが仝二十七年征淸の際には奮て淸國に渡り國家に貢獻する所ありしが一たび臺灣島我新版圖に入るや同二十八年卒先して同島に至り畫策する所ありたり翌二十九年には方向を轉じ露領浦鹽に渉り地方の狀況を探り歸來直に濠國に漫遊し二ヶ月半にして去りて故國に還れり在國年餘の後大に鑒みる所ありて布哇に渡航せんと志し時は明治三十一年十月下旬横濱よりチャイナ號に乘り翌十一月天長の佳節を以てホノルヽに到着し條約地たる加哇島マカウヱリ耕地一番に就働する事とはなれり左れど君が本來の希望は普通勞働に非るが故に僅に十一ヶ月にして耕主に交涉の末契約解除を得て現今のワイメア町に來り豫て練磨せる斬髮業を開始せしに忽にして高評を博し爾來年と共に盛況を呈し九ヶ年餘一所を動かず勤勉

せしかば今や多くの財を蓄へ同地方成効者の一人として名聲嘖々たり君人と爲り溫和眞摯なるを以て人望甚だ多し是れ君が今日成効せし原因と謂ふべきなり

佐山常吉君

（在ワイメア）

君は明治九年三月十一日を以て山口縣玖珂郡麻里布村字今津に生る君故國に在りし時は商業に從事せしが一朝感ずる所ありて明治廿九年十月二十日金州丸に搭じ神戸を出帆し同十一月三日ホノルヽに到着せり君元來自由渡航と云ひ且は其目的商業に在るの故を以て上陸匇々加哇島ハナペペに至り尾崎支店に入り二三年間刻苦勉勵し次で同店を辭しケカハ耕主の商店に轉じ一年有餘必至に勤勉したれば自然多額の蓄財を成し得たり是に於て再渡航の覺悟にて一旦歸朝せんと欲し同三十五年五月十日ホノルヽに出で日本丸に便乘し同月二十日横濱に歸着し東京日光の觀光を畢り東海道を經て京都に立寄り兩本願寺其他名所舊蹟を巡拜し漸く歸省せりと云ふ在國八ヶ月の後ち同三十六年一月一日香港丸に乘り横濱を解纜し再渡航の途に上れり而して同月十一日海上恙なくホノルヽに到着し難なく上陸するを得たり君熟々考へらく吾再渡航するも以前の如く他人の店舗に使役せられては思ふ儘に活動すると能はず既に古人も寧ろ鷄口となるも牛後となる勿れともあれば若かず獨立事業に從

はんにはと依之直に加哇島ワイメアに至り食料雜貨商店を開始し多年練習せし敏腕を揮ひしに着々効を奏し今や豐富なる資金を運轉し同地方唯一の店舖とはなれり君人と爲り廉直にして私なく懇篤叮嚀なるを以て甚だ人望ありと而して君の母は廿九年に歿し父は現存なり且つ君に十一才の嫡男ありと云ふが今は故山に在りて專ら日本的敎育を享けつゝありと云ふ

横竹勝君

（在ワイメア）

今玆に君の傳記を草するに當りては順序として先づ君の父松四郎氏の事を叙せざるべからず松四郎氏夫妻は元廣島縣安佐郡北の庄村の人官約の第四回船を以て明治十八年此國に渡航し加哇島マナ耕地條約として就働し勤勉の聞へ高かりし而して君は明治二十三年マナに於て呱々の聲を擧げしなり君に弟妹十一人ありとは珍と云ふべし爾來父と與にマナに在りしが今を距る八年前父米作の爲め現今のワイメアに移轉したれば君亦た隨ふて移住し同地の白人學校に入り多年勉學の結果遂に同校を卒業したり是故に英語は最も君の長ずる所なり左れば同地方に於て外人に交涉する事あれば必ず君を介して所用を辨ずると云ふ君の父母は今尚ほ健在にて從來の米作を繼續し經營且くも懈ら

ず爲に貯蓄も尠からざるに至れり
君稍や長じ社會の事情を解するに至りしかば父母と協議の末一の食料雜貨店を開始することとなり明治四十年七月新に店舗に要する家屋を建設し翌八月開店せり然るに君の地方には同胞の事業家約二百餘名常在せるを以て君が店舗一手販賣の狀を呈し隨て收利の點は他店の企及すべからざるものあり是故に開業日尚ほ淺きにも拘らず營業日に月に發展し今は古參の商店を凌ぎ旭日の勢を以て擴張しつゝあり

高丘武一君

（在ケカハ）

ケカハ耕地の重鎭として夙に名聲を博し常に公私の別なく同胞の爲とし云へば一身を犧牲に供し世の譏譽褒貶に耳を傾るなく善に賛し惡を懲し正々堂々として正義の在る所に向ふて進行する者之を誰とか爲す即ち本篇の主人公高丘武一君なり
君は明治二年八月十三日を以て廣島縣安佐郡河内村字中調子に生る君胎内に在る時父を失ひしかば

父の顔貌を識るべき由なし之れ君が終生の遺憾とする所なり而して君が渡布後即ち明治二十九年に重ねて母を喪ひしが故に君毎に天の無情なるを歎じつゝありと云ふ君壯年の頃耕耘に從事せしが大に鑒みる所ありて寫眞術を研究し其堂奥を窺へり然れども君本來天禀の奇才を有するを以て師に就て斯術を學びしにあらず自ら專心工夫して得たるものなり君既に斯術の妙技を了得したれば布哇に渡り斯業を以て成効せんと志し明治二十七年七月四日官約移民として三池丸に乘り千三百餘人と共に渡來し五十八名の同胞と現時のケカハ耕地に來れり蓋し官約移民は之を以て終結とせり君一旦ケカハに來着する三年の條約中半は普通勞働に從事し半はコックとして耕主の邸宅に働きたりと稍や資を得るに及びて豫て練磨せし寫眞術を開業せんと欲し耕主に乞ふて土地を借受け新に家屋を建築し遂に獨立開業する事とはなれり同地には未だ一ヶ所も寫眞館の設けなければ人々其便を稱し隨て意外の收益を見るに至れり

君は啻に寫眞術に依りて成効せるのみならず公共の事には最も熱心なり過る三十六年中央日本人會の設立されし際は卒先して之が成立に努め大橋氏が支部長たりし時は君推れて副支部長となり後大橋氏其職を辭するに及んで君專任の支部長となれり以て衆望の歸する所を見るべし且つ同地に於て未だ日本人小學校の設なきを慨して君等發起となりて同胞間を遊説し竟に効を奏し今日の盛大を致せり君が威望と信用ある決して故なきに非ず聞く君久しく獨身生活なりしが征露の役に丁り望月圭

介氏軍人遺族救護義會々員を募集の爲め同地に立寄し際同氏の周旋にて本國より現今の妻君を送りしものなりと云ふ爾來交情日に厚く能く婦道を守り君の爲に竭す所尠からずと洵に奇縁と謂ふべし

保本八百一君

（在ケカハ）

君は廣島縣安佐郡河内村字中調子の人明治十一年五月を以て生る父母は今尚ほ健在なり而して君は其嫡男にて弟妹五人ありと云ふ君の家世々農を以て業とせしが君二十一才の時即ち明治三十一年十二月布哇の有望なるを聞き渡航の念勃興し横濱より天津丸に乘り翌年一月七日海上恙なく布哇に到着し上陸の上直に加哇島ケカハ耕地に來れり蓋し此地には君の同郷人高丘武一氏のあるを以てなり君旣に來耕すると雖も未だ布哇の事情に通ぜざる故を以て一旦ケカハの作出したるマナに至り普通勞働の辛酸を嘗むると十四ケ月なり後某の斡旋に基きハクフヒルド商會の支店に入り六ケ月間必至に勤勉せり偶々マナ耕主君の眞摯廉直なるを聞きボーイとして招きければ君其知遇に感じハクフヒルド支店を辭し耕主方に家内的勞働に住込み一ケ年間勤續し而して後故ありてワイメアに出でハフ

カード方に一年二ヶ月勤勉し後又白人ノニホテルに雇聘せられ三年間精勵し多額の俸給を得るに至れり然るに同ホテルは經濟上不如意の爲め廢業するの不幸に陷りしかば止むなくワイメアを去りてケカハ耕地に歸りコックとして耕主の家に働き目下多くの給料を得隨て蓄財も尠からずと云ふ君資性溫順にして曾て人と爭ひたる事なく自己の天職に向つては至て忠實なり是れ君が到る所に信用を博し愛顧せらるゝ所以なりとす君尙ほ多くの春秋に富めば前途太だ有望なりと云ふべし君其れ努めて怠らずんば後來大々的成効すると毫も疑を容れざるなり吾人が特に感ずる所は君が孝心の敦きに在り假令布哇に來り數萬の貲を貯ふるも父母に不孝なる者は最後に好結果を收むると能はず君が今日の地位と信用を得たるもの畢竟孝心深き報酬と云ふべし吾人が切に望む所は君父母存命中に充分の目的を達し錦を故山に飾り以て一層孝道の實を擧げんとを語に云く孝は百善の基と古人豈に我を欺かんや

* * * * * * * * * * * * * *

倉本爲藏君

（在ケカハ）

二十二年間同一耕地に在りて曾て一の缺點だになく自己の職責を全ふし遂に多くの富を作り今や獨立商店を開始し耕主及び同胞の信用を博し名望日に月に隆々たる者之を倉本爲藏君と爲す宜なる哉明治四十年加哇週報社が同島に於ける二十大家を募集するに當り君多數同胞の賛同に依り當選の榮を得たる豈に偶然ならずとせんや

君は本年四十六才なるが元廣島縣安佐郡河内村の產なり在鄉の際は農を以て業となし父母を扶けて家門の隆昌を圖りしが時事に感ずる所ありて早くも外遊の志を起し時は明治二十年十月官約募集に應じ出稼移民として同胞三百餘名と共に和歌浦丸に搭じ同縣宇品港を出帆し當布哇國に渡來し直に加哇島ケカハ耕地の作出したるマナ耕地に二十八人の邦人と與に來耕し就働するとはなれり然るに就働間もなく君の精勵朴直なると耕主の認むる所となり招かれて耕主のボーイとなり家內的勞働に仕込み後幾許もなく水揚ポンプの機關方として活動を始め月を閱するに從ひ總て機關の構造及使

用の方法等に精通するに至りしかば進んでスチームプラウの機關師に擧られ破格の俸給を受る事となり又累進して耕地使用の汽事を運轉し益々天禀の技量を發揮するに至り常にマナ、ケカハ、及ワイメア間を往復せり夫れ斯の如く渡航匆々により俸給多き事業に就き殊に勤儉を主義として二十年來一日の如く克く勤め克く働きたるを以て蓄財次第に增加し同耕地唯一の蓄財家を以て目せらるゝに至れり玆に於て同地に邦人の商店なきを幸ひ獨立商業を營まんと欲し耕主に許諾を求めしに素より信用ある君の事にしあれば耕主快諾を與へたり依て明治三十七年七月十五日食料雜貨店の開業式を擧行し爾來業務の發展と共にマナ耕地に支店を設け多くの店員を使役し全力を注いで營業を擴張せしに萬事順境に向ひ今や同耕地の商權を雙手に掌握し恰も蒼龍天に冲るの慨あり畢竟是れ多年同一耕地を動かざりし結果と謂はざるべからず因に云ふ君の父母は目下尙ほ健在なりと云ふ

笠原康三郎君　（在ケカハ）

君は名門の出と云ひ特に軍人の故を以て資性快活小事に齷齪せず自ら大人の風あり蓋し君の如きは

布哇同胞中太だ稀有なるべし

君は宮城縣登米郡石森村の人明治七年七月を以て石森の館に生る父は元と仙臺藩士にして名を笠原内記泰康氏と云ひ世々一千石の高祿を領せり而して母は佐藤氏なりと云ふ君明治二十年三月石森高等小學校を卒へ後仙臺市に遊び中學校に入る同二十二年十二月軍人となり國家の爲に竭さんと欲し陸軍敎導團に入り成績優等を以て卒業し軍曹となり同二十四年三月第二師團步兵第四聯隊附を命ぜられ累進して步兵曹長となれり時に征淸の役起るに及び奮て軍に從ひ威海衛及臺南に轉戰し殊功を せ奏り同二十九年一月凱旋し第二師團司令部附となり仝年六月戰功に依りて白色桐葉章及年金を賜ふ同年十月轉じて福島聯隊區司令部付を命ぜらる同三十年六月陸軍恩給例に依り年額六十圓を下賜せらる同三十一年三月現役滿期となり後備役に入れり同年同月多年の勳功實力によりて文官適任證及善行證書を授與せられたり是に於て同三十一年五月遊學の爲め東京に出で硏學怠らざりし當時君熟々想へらく今や我國淸國に克ち武威を宇內に輝し東洋の覇權を握ると雖も富力の點は未だ幼稚の域を脫せず將來數年を出でざるに我帝國は極東の天地に於て某國と覇を爭ひ修羅の大活劇を演じ雌雄を決するとは我々軍人の齊しく認知する所なり此時此際我の武力彼を壓するは堂上の螺紋を睹るよりも瞭なれども軍資の點に於て或は彼に一步二步三步を讓らざるに至るやも圖られず是故に今の時に方りて眞箇我帝國の安全を計るには富の充實を以てせざるべからず聞く布哇の地は富を作るに

甚だ容易なりと左れば吾れ之より彼地に渡り自らも貲財を蓄へ人をも勸めて以て後來國家の爲に貢獻する所あらんと覺悟し時は明治三十二年三月渡布し實地勞働に從事すると年餘而して三十四年十月より王堂商店及菊水商會に勤務し同三十七年十月より現今のケカハストアに入り精勵せし結果今や多くの富を造り稍や當初の目的を達したり君も同胞中の偉丈夫と謂ふべきなり

渡邊春平君

（在ハナペペ）

日本在住の者は海外の事情に通ぜざるが故に布哇と聞けば直に砂糖製造を聯想し他に事業はなきが如く思惟せり尤も布哇渡航の途開けし當時は邦人全躰糖業に從事したるに相違なけれども年所を經るに從ひ諸種の事業勃興し或は牧畜に或は米作に又は珈琲の栽培に又は蜂蜜の製造に其他鳳梨事業に從ふ者商業を營む者其種類擧て數ふべからず是等の事業は皆邦人の經營に拘はるものにて隨て各業に成効したる者も亦尠からず即ち本篇の主人公渡邊春平君は米作事業に成効したるの人なり

君は熊本縣鹿本郡三嶽村字寺島の人にして本年四十八才なり君は明治二十三年五月一日官約の第十

八回船として横濱より出帆し同月十五日ホノル、に到着し直に加哇島に渡りカッパア耕地に就働し一ヶ年間普通勞役に服せしが機敏なる君は普通勞働は終生の目的を達する上に於て不可能なるを看破し耕主に請ふて條約を解除し同地に於て米作に從事し一ヶ年半にて豫期に違はず大に効を奏したり斯く成効したるを以て君一層勇氣を皷舞し同二十六年二月同島ハナペペ、マオカに移住し以前の米作に從ひしが着々効を擧げ年々の純利益二百五十弗宛なりしと云ふ君斯業に從事すると前後十七ヶ年の長きに亘り毫も退屈の色を顯はさず熱心に精勵せし結果今や多額の蓄財を爲し得たれば將に本年六月を以て故山に錦を飾らんとすと君の如きは眞に立志篇中の人物たるに耻ぢざるなり

由來在布の同胞にして成効したる者は多くは同一の事業に長く服務したる者に限るが如し之に反して不成効に終る者の多くは毎に一定の業務に服せず而も長く繼續せざるものに似たり君の如きは多年同一の事業を繼續し加ふるに不撓不屈の精神を以てしたるが故に竟に異數の効果を收めたるなり君資性朴直にして信義を重んず是を以て常に世人より愛敬せらる左れば君が今日ある理數の當然と云ふべきなり吾人は玆に君の傳記を草するに方り君が芽出度凱歌を奏して故山に還るを祝する者なり

*　*　*　*　*　*　*　*

跋

余曩。遊于布哇。次而航米國。居殆一年有半矣。明治征露之夏。再來于此國。遍環各島。無所足跡之不印焉。淹留雖未滿六歳。至知邦人消息。固信無匹儔也矣。我布哇日々新聞社長鶴島君。及。主筆木村君者。余未生已前之畏友也。昨夏。欲編同胞成功者實傳。祓囑余於纂輯。雖然。余也。才識謭劣。加無董孤之觚。不能與今新進輩竝轡而騁。爲固辭焉。然竟不聽。於是乎。蹶然而起。洽跋涉全島。經十箇月。而稿漸成矣。一繙此篇者。不咎余之闒茸下材。知諸氏嘗辛而奏効之蹟。則編者望足矣。豈敢望他乎哉。覽者察焉。因自跋。于時明治戊申之夏五月。於布哇國首府僑居。自照居士島田軍吉識。

明治四十一年七月十七日印刷
明治四十一年七月二十日出版

編輯發行所　米領布哇國ホノルヽ府キング街　布哇日々新聞社

編輯主任　島田軍吉

印刷者　大日本東京市京橋區西紺屋町廿六七番地　小松操

印刷所　大日本東京市京橋區西紺屋町廿六七番地　株式會社秀英舍

和洋酒類卸小賣

住田酒店

店主　住田多次郎

郵函七四七

電話五三二

ホノルヽ府マウナケア街

食料雑貨一切

勉強の親玉

ホノルヽ府リヽハ街とパラマの角

樫原商店

店主 阿部由太郎

純良藥品販賣廣告

一九〇六年制定發布されたる純良藥品法に準據せる

●醫用藥品

●工業用藥品

●消毒繃帶材料

醫家處方に據り調劑の依頼に應ず

ヒロ市フロント街

電話一一五
郵函……四

町田藥舖

内外科一切の診
察治療に應ず

布哇ラハイナ港

ドクトル
黒澤勝吉

電話ドクトル(クロサワ)
郵函(一二二)

日米雜貨
食料品一切
酒類卸小賣

布哇島ホノム

谷本商店

Puunene Stables

KAHULUI. 馬哇島

葬式車

客馬車

ステージ

（半額）

貸馬車

貸馬

荷馬車

プウネ、ステーブル

持主　徳永直太郎

（電話プウネ、ステーブル）

診察治療の需に應ず

布哇島ホノカア町

正八位勳六等

ドクトル

東福寺子四郎

電話トーフクジ

内外科婦人科産科一切

入院の便あり

布哇島パパイコー

倉本醫院

最新大發見石神研究所肺病治療法施行

【原書】
◇布哇成効者實傳（1908年）23㎝
編輯　：布哇日々新聞社
發行所　：布哇日々新聞社（ホノルル）

【初期在北米日本人の記録】第四期：《布哇編》第二十六冊
布哇成効者實傳：Biographies of successful persons in Hawaii

平成27年2月6日 発行
定価はカバーに表示してあります

Bunseishoin Digital Library

監修　奥泉栄三郎
協力　グッド長橋広行
編集・発行者　小沼良成
印刷・発行所　株式会社　文生書院
〒113-0033 東京都文京区本郷6－14－7
Tel (03) 3811-1683 Fax (03) 3811-0296
e-mail: info@bunsei.co.jp

乱丁・落丁はお取り替え致します。

ISBN978-4-89253-575-8